木村史人
渡名喜庸哲
戸谷洋志
橋爪大輝
[編]

アーレントとテクノロジーの問い

技術は私たちを幸福にするのか？

Hannah Arendt and
the Question of Technology:
Does Technology Bring Happiness?

法政大学出版局

はじめに

こんな問いを立ててみよう。ハンナ・アーレント（一九〇六―七五）は、『人間の条件』において、人間の行う活動性（activity）を、生きるために行う「労働（labor）」、物を作ることである「制作／仕事（work）」、異なる人びとの間でなされる「活動（action）」の三つに区分した。それでは、本書がテーマとする「テクノロジー」や「科学技術」は、これらの三種の活動性のうち、どれに該当するだろうか？

一見したところ、「制作／仕事」がそうであるように思われるかもしれない。そのような回答は決して間違いとは言えないが、しかし本書で確かめるように、現代のテクノロジーがすでに「制作／仕事」には収まらない性格を持っていることを考えると、不十分な回答といわざるをえない。

今世紀は、ＩＣＴ（情報通信技術）、ビッグデータ、ＡＩ（人工知能）、ＩｏＴ、バイオテクノロジーなどの急速な発展・普及によって、政治・社会のあり方が大規模に変容していく時代であり、その変容をわれわれは日々体感している。気候変動、原子力発電所の過酷事故、新型コロナウイルスの蔓延などの事象を経験しているわれわれは、テクノロジーの進歩発展について、素朴に、正しい／良いことであるとは言えなくなっている。しかし、一昔前は楽観的であったかといえば、実はそうではなく、現在のテクノロジーの黎明期にすでに、さまざまな懸念が――いわば現在からみれば――「予言」的に表明されていた。本書が手がかりとするアーレントもまた、第二次世界大戦後のアメリカでテクノロジーについて深く思考したうえで、懸念を表明した一人といえる。

本書は、二〇二一年に採択された、科研費基盤研究(c)「テクノロジー時代の人間の条件――アーレント思想の応用可能性」(JP21K00042)での数年間の成果を基に、ハンナ・アーレントの思想を手がかりに、テクノロジーについて多角的に検討するという主旨で編まれた論文集である。テクノロジーをテーマにした類書との違いは、第一に、執筆者が皆、テクノロジーを実際に開発・運用する科学や技術の専門家ではなく、いわば人文学的・思想的な立場から研究する者たちだという点である。この点は、常識的に考えると、テクノロジーの開発や運用の最先端からは遠いという意味で、本書の「弱み」のように思われるが、しかしアーレントの考えでは、実はそうではない。彼女は、科学技術とは政治的な問題を孕むものであるため、むしろ科学者などの専門家以外の市民がこういった事柄について「思考」し、発言し、議論することの必要性を提唱していた。アーレントがどのような理路で、専門家ではない者が議論に参加することが必要であるとするのかについては、本書の論考(特に、コラム、第5章、第6章)を参照してほしいが、テクノロジーの専門家ではない者たちの「思考」によって編まれているという意味で、本書はアーレントの思想を忠実に継承するものであるといえる。

さらに第二に、思想的・哲学的に考察する際に、特にハンナ・アーレントの思想を手がかりとする点が、本書の特徴である。哲学的な技術論としては、「存在の歴史(Seinsgeschichte)」において存在が覆蔵され忘却されたことにより「総かり立て体制(Ge-stell)」が現代技術の本質となっているとするマルティン・

ハイデガーや、いま技術を用いることによる将来世代への責任としての「未来倫理」を提起したハンス・ヨナス、「技術とは何か」を哲学的に論じたアンドリュー・フィーンバーグやピーター＝ポール・フェルベークなどが第一に思い浮かぶだろう。実際に本書のいくつかの論考では、それらの思想家の議論も参照されているが、本書の論考は一貫して、アーレントの思想を導きの糸としている点に特徴がある。

アーレントの思想を導きの糸とすることによる利点を先んじて述べておけば、彼女の思索の特徴のひとつである、「区別」することの意義を挙げることができる。この「はじめに」の最初に問いかけてみたように、アーレントは従来一緒くたにされてきた人びとの営みを、たとえば「労働」・「制作／仕事」・「活動」といった仕方で区分する。また、アーレントはわれわれが生きる領域を、家族が住まう「私（private）」と、政治的な場である「公（public）」とに分け、それぞれで行う活動性を区別する。アーレントによるこれらの「区別」に意義があるとすれば、それらが絶対に正しく、それに従えば物事をうまく整理できるから、というわけではない。そうではなく、これらの「区別」の枠をあえて設定し、そこから物事を見ることによって、そこに収まるもの／収まらないものが判然となる点にある。つまり、それらの「区別」のもとである事象を見つめることで、それまでには見えてこなかった性格をあぶりだすことができるのである。冒頭であげた「テクノロジー」や「科学技術」についての問いに、読者は、以上のような視座のもとに編まれた本書の一三本の論考と一本のコラムで言及されるアーレントの思想を手がかりとすることで、自分なりの回答を見つけ出すことができるだろう。

本書の一三本の論考と一本のコラムは、科研費の助成を受けて開催した研究会やシンポジウムで必ず一度は発表済みのものであり、内容には多かれ少なかれその際の議論が反映している。その意味で、本書の論考は、著者個人の「思考」から書かれたものであるとともに、「対話」によっても成立したものであるといえる。とはいえ、それぞれの論考の議論は独立しており、基本的に単独で読むことができるため、読者は章のタイトルを参考に、興味のある章から読み始めたり、難しく感じたり興味の薄い論考（例えば第4章の木村の論考）は読み飛ばして読むことができるだろう。

各部に収められた論考の詳細については、各部の「はしがき」で紹介しているので、そちらを参照してほしい。ここでは、本書全体の流れと、その中での各部の位置づけを確認しておこう。

第1部には、アーレントの科学技術についての議論を基礎に、ハイデガー、フィーンバーグ、三木清といった思想家の技術についての議論を参照しつつ、「テクノロジーとは何か」を問う論考が収められている。具体的な問題についても言及することはあるが、基本的にはテクノロジー・科学技術について思想的・哲学的に考察する「理論編」といえる。

第1部と第2部の間に置かれた、宮永三亜のコラム「アーレントと現代日本の原発問題」は、原子力発電所はただのテクノロジーの問題に尽きるのではなく、「政治的問題」であり、複数の「思考」する人びとによって意見が交わされるべきというアーレントの思想を紹介するという点で、第1部の「理論編」から第2部の「応用編」をつなぐ意味合いをもっている。

第2部は、より具体的な問題、AI、シンギュラリティ、科学技術をめぐる議論への市民の参加、新型出生前診断や人工妊娠中絶、工業型農業とアグラリアン型農業といった多様な問題群を扱う「応用編」である。われわれが直面している具体的な問題を、アーレントの思想から眺めることで、あるいは具体的な問題を試金石としてアーレントの思想を眺めることで、その問題の内実やアーレントの思想の豊かな応用可能性が理解できるだろう。

第3部は、二〇二三年三月に立教大学で行われたシンポジウム「テクノロジーは私たちを幸福にするか？――アーレントと『スマートな悪』」での議論を基にした論考が収められている。このシンポジウムは、編者の一人である戸谷洋志が刊行した『スマートな悪――技術と暴力について』（講談社、二〇二二年）を手がかりに、現代において進歩し続けるテクノロジーが人間にとってどのように有益であるか、そしてそれがわれわれの存在のありようをいかに変化させるのか等をめぐるものであった。ゲストとして招聘した村田純一と堀内進之介の論考は、他の論考とは異なり、必ずしもアーレントの思想に依拠しているわけではないため、本書の考察をより豊かにするものといえる。

アーレントを中心にテクノロジーについて論じる「理論編」（第1部）と、具体的で多様な問題について論じる「応用編」（第2部）を行きつ戻りつした上で、現代のテクノロジーがわれわれを幸福にするのかを批判的に考察する第3部の議論に進むことで、現代のわれわれが直面している状況を多角的に理解することができるだろう。本書が読者が自分で「思考」し、他者と「対話」することを通して、テクノロジーについて「判断」するきっかけのひとつとなってくれるのであれば、著者たちにとってそれ以上の喜びはない。

編者を代表して

木村 史人

2023年3月11日（土），立教大学で行われた公開シンポジウム「テクノロジーは私たちを幸福にするか？――アーレントと『スマートな悪』」当日の様子。
戸谷は前半は録画，後半はzoomでビデオ参加し，会の模様はオンラインで配信された。

アーレントとテクノロジーの問い／目次

第1部　理論編

凡例

一、本文中で引用・参照されるアーレントの主要著作については、次頁以下の一覧に示す略号を用い、原書と邦訳書の頁数を併記した。たとえば、「『人間の条件』52：七九」は Hannah Arendt, *The Human Condition*, p. 52（邦訳書『人間の条件』七九頁）を意味する。邦訳が複数巻に分かれる場合は、その巻数をローマ数字で示し、「Ⅲ七」（第三巻の七頁）のように表記する。

一、アーレントが多くの著書を英語・ドイツ語の両方で執筆したという事情に鑑み、とくにどちらかの言語の版であることを示す必要がある場合、E（英語）やD（ドイツ語）といった記号を用いることがある。たとえば、「『全体主義』E 353：Ⅲ九〇」は *The Origins of Totalitarianism*（『全体主義の起原』英語版）p. 353（邦訳第三巻九〇頁）を意味する。

一、アーレントの著作については、原則的に、原書・邦訳書いずれも現時点で最も入手しやすい版で統一した。特殊な事情があるときに限りそれ以外の版を利用することもあるが、その場合はそのつど註記している。

一、アーレントの同一著作に連続して言及する場合は、原則的に略号の繰り返しを省略し、頁数のみを示した。

一、アーレント以外の著作に言及する場合、原則的に著者名と刊行年、参照頁を示す略号のみを本文中に示し、詳細な文献情報は各章末に掲載している。たとえば、第1章のはじめに参照される「森2013：一九六」は森一郎『死を超えるもの』（東京大学出版会、二〇一三年）の一九六頁を意味している。外国語文献に邦訳がある場合も、原書は算用数字、邦訳書は漢数字でその頁数を示している。

一、引用文中の〔　〕は引用者による補足や補註を示す。また、原語を表記するに際しては、引用文中においても（　）を用いる。〔…〕は中略を示す。

一、外国語文献を引用するさい、必ずしも既訳をそのまま使用せず、文脈に応じて変更している場合がある。既訳の訳者のみなさまには謝意を表する。

一、アーレントの主要な用語の訳語については、それぞれの論考の内容と密接に関係しているため、あえて訳語を統一していない。

著作略号一覧

本文で用いる略号		書誌情報（使用する版）
『全体主義』		『新版 全体主義の起原』
	I	『1　反ユダヤ主義』大久保和郎訳，みすず書房，2017 年
	II	『2　帝国主義』大島通義・大島かおり訳，みすず書房，2017 年
	III	『3　全体主義』大久保和郎・大島かおり訳，みすず書房，2017 年
	D	ドイツ語版：*Elemente und Ursprünge totaler Herrschaft: Antisemitismus. Imperialismus. Totale Herrschaft*, ungekürzte Taschenbuchausgabe, Piper, 2003［初版 1955］
	E	英語版：*The Origins of Totalitarianism*, Harcourt Brace & Company, 1973［初版 1951・第二版 1958］
『人間の条件』		『人間の条件』牧野雅彦訳，講談社学術文庫，2023 年 *The Human Condition*, 2nd edition, The University of Chicago Press, 1998［初版 1958］
『活動的生』		『活動的生』森一郎訳，みすず書房，2015 年 *Vita activa oder Vom tätigen Leben*, ungekürzte Taschenbuchausgabe, Piper, 2002［初版 1960・新版 1981］
『過去と未来』		『過去と未来の間』引田隆也・齋藤純一訳，みすず書房，1994 年 *Between Past and Future: Eight Exercises in Political Thought*, Penguin Classics, 2006［初版 1961・第二版 1968］
『アイヒマン』		『新版 エルサレムのアイヒマン』大久保和郎訳，みすず書房，2017 年 *Eichmann in Jerusalem: A Report on the Banality of Evil*, Penguin Classics, 2006［初版 1963・第二版 1968］
『暗い時代の人々』		『暗い時代の人々』阿部齊訳，ちくま学芸文庫，2005 年 *Men in Dark Times*, Harcourt Brace & Company, 1968
『革命について』		『革命について』志水速雄訳，ちくま学芸文庫，1995 年 *On Revolution*, Penguin Classics, 2006［初版 1963・第二版 1965］
『革命論』		『革命論』森一郎訳，みすず書房，2023 年 *Über die Revolution*, ungekürzte Taschenbuchausgabe, Piper, 1974［初版 1965］
『精神の生活』		
『思考』		『上　第一部　思考』佐藤和夫訳，岩波書店，1994 年 *The Life of the Mind*, Harcourt Brace&Company, 1981［初版1978］

『カント政治哲学講義』 『カント政治哲学の講義』浜田義文監訳，法政大学出版局，1987 年
Lectures on Kant's Political Philosophy, Ronald Beiner (ed.), The University of Chicago Press, 1989［初版 1982］

『政治思想集成』 『アーレント政治思想集成』
I 『1 組織的な罪と普遍的な責任』齋藤純一・山田正行・矢野久美子，みすず書房，2002 年
II 『2 理解と政治』齋藤純一・山田正行・矢野久美子訳，みすず書房，2002 年
Essays in Understanding: 1930–1954, Jerome Kohn (ed.), Schocken Books, 2005［初版 1994］

『政治の約束』 『政治の約束』高橋勇夫訳，ちくま学芸文庫，2018 年
The Promise of Politics, Jerome Kohn (ed.), Schocken Books, 2007［初版 2005］

『責任と判断』 『責任と判断』中山元訳，ちくま学芸文庫，2016 年
Responsibility and Judgment, Jerome Kohn (ed.), Schocken Books, 2005［初版 2003］

『政治とは何か』 『政治とは何か』佐藤和夫訳，岩波書店，2004 年
Was ist Politik?: Fragmente aus dem Nachlaß, Ursula Ludz (Hrsg.), Piper, 2003［初版 1993］

『思索日記』 I 『思索日記 I 1950–1953』青木隆嘉訳，法政大学出版局，2006 年
II 『思索日記 II 1953–1973』青木隆嘉訳，法政大学出版局，2006 年
Denktagebuch: 1950–1973, Ursula Ludz und Ingeborg Nordmann (Hrsg.), Piper, 2003

『手すりなき思考』 未邦訳
Thinking Without a Banister: Essays in Understanding, 1953–1975, Jerome Kohn (ed.), Schocken, 2018

『ハイデガー書簡』 『アーレント＝ハイデガー往復書簡 1925–1975』大島かおり・木田元訳，みすず書房，2003 年
Hannah Arendt/Martin Heidegger: Briefe 1925 bis 1975, Ursula Ludz (Hrsg.), Vittorio Klostermann, 1998

第1部

理論編

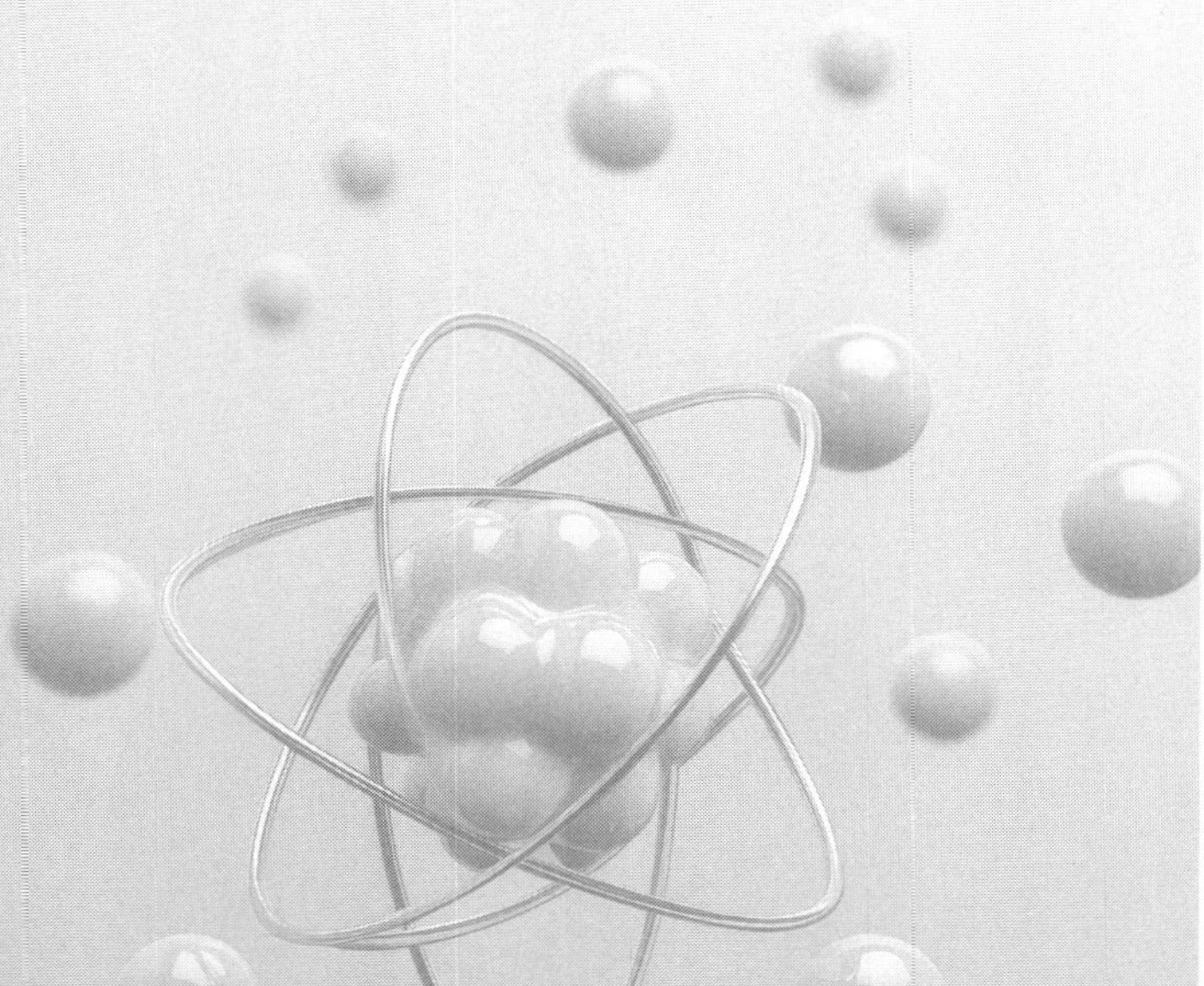

◉introduction

橋爪大輝

第1部「理論編」には、テクノロジーをめぐるアーレントの思想を、一方では（比較的）内在的に、また他方では（実践的・応用的と対比される意味で）理論的に検討している諸論考が並ぶ。

第1部の劈頭を飾る**三浦隆宏「アーレントのテクノロジー論」**（第1章）は、全体の導入として、アーレントのテクノロジーにかんする議論の概観を与えてくれる。『政治とは何か』に採録されている草稿「戦争の問題」において、彼女はこう書きつけていた。「この地上の自然では出現しえないものが、世界の創造と破壊のために、地上に解き放たれる」（本書九頁で引用）。これは「核エネルギー」のことに他ならない。核エネルギーという宇宙的エネルギーの解放は、地上と宇宙空間を均質化する観点、すなわち「アルキメデスの点」の発見の帰結のひとつであった。しかし、そのような自然科学の展開は、科学が明らかにする真理が人間の感覚的なリアリティから乖離し、直観的な理解を撥ねつけるものになっていく過程と軌を一にしていた。さらに、いくら観念の上で地上と宇宙が均質化されたとしても、人間は裸で宇宙に生きられるわけではない。宇宙という広大な空間《スペース》に飛び出したはずの宇宙飛行士は、「装置を満載したカプセル」というあまりに人間的な狭い空間のうちに「閉じ込められ」る。拡張が縮小へと反転するこの逆説に、彼女のテクノロジー論の基調のひとつがある。そのほかに三浦は、生殖技術やAIをアーレントに位置づけることも試みており、第2部の諸論考への通路もつけてくれるに違いない。

右の「装置を満載したカプセル」(＝宇宙船)は、いわば人間自身があらたに作り上げた「人間の条件」である。やがて変容せしめられた「人間の条件」が、人間そのものの変容をも引き起こすかもしれない。**渡名喜庸哲**の論考**「科学技術は「人間」を変容させるか」**(第2章)が明らかにしているように、なるほど人間の変容は全体主義がもたらす「恐怖」でもある。『全体主義の起原』によれば、全体主義は科学をつうじて、人間を「種」の存続のみを自己目的化した生物に変容させることを試みているのだ。しかし、人間変容の可能性にたいするアーレントの眼差しは、たんなる否定に終わるのではなく、もうすこし繊細で複雑である。渡名喜はそうした消息を、フェーゲリンやハイデガー、アンダースとの丁寧な比較を交えながら、詳細に描き出していく。『全体主義の起原』よりのちの著作『人間の条件』や講演「人間の条件について」では、人間が条件づけられた存在でありながら、みずからの生の条件を構築していく二重性が描かれている。みずから作り上げた条件によって条件づけられ、やがて人間はその条件に「適応」し、一種の変容を遂げる。講演のアーレントはサイバネティクスの語彙を用いて、それを「フィードバック」と名指す。彼女は破壊的な人間変容は拒否しつつも、人間本性を墨守するのでもなく、フィードバックする存在としての人間を「現象学的」に丁寧に描き出しているのである。

だが、人間の環境変容は宇宙船のような目に見え、手で触れられる物質的な次元に留まらない。IT技術の進展がもたらしたのは、直接手で触れられないにもかかわらず、私たちの生活にとって堅固な存在として立ち現れてくる「デジタルなもの」の環境である。**北野亮太郎「デジタル時代における「我が手の仕事」再考」**(第3章)が、アーレントや三木清の思想を手がかりにしつつ追求するのは、触れることのできないアルゴリズムの逆説的な触知可能性に他ならない。アーレントは仕事によって制作される物の世界の特徴として触知可能性を挙げるが、北野はその本質を、たんに物体として触れうることのみならず、まさしく物の条件づける力に見て取ろうと試みる。北野はここで、物が制作者にたいしてさまざまに働きかけ、制作者がそれに「服従」するという三木の制作論を接ぎ木することで、触知可能性の概念をより細密に彫琢する。渡名喜が見たのと同様、人間と人間の条件とのフィードバック・ループがここにも浮かび上がる。そして、デジタルなものもまたこのループに人間を巻き込むがゆえに、たんなる被制作物を越えて人間を条件づける力をもつ。この限りで、デジタルなものはまぎれもなく触知的なのである。

北野は、デジタルなものに服従しつつもそれを操ることが現代の技術者の「徳」たりうると結論づける。けれども、おそらくそれは技術全般において、ますます困難な徳となりつつあるだろう。テクノロジーが大規模化するにつれて、そこここに「ブラックボックス」が生ずるからである。**木村史人「手許にないものとしてのテクノロジー」**（第4章）は、アーレントが「活動」とのアナロジーをつうじて現代技術に見出した「不可予見性」と「意のままにならなさ」という特徴を、フィーンバーグやハイデガーの議論を援用することでより精密に構成し直そうとしている。ある技術の成立過程とは、一方でその形成の歴史が忘却される過程であり（「通時的ブラックボックス」）、他方で関係部門の増大のなかで個々の専門家の知見や判断が責任者に見通しえなくなる過程である（「共時的ブラックボックス」）。この点は、比較的明瞭な「指示連関」（ハイデガー）のなかに置かれていた「道具」と、現代テクノロジーの産物の違いを示唆する。原発やスペースシャトルといった対象の場合、二重のブラックボックスゆえに私たちはもはや指示連関に通暁しえない。こうしたブラックボックスの重層化を通時的・共時的な複数の人間の関わりの産物と捉えるならば、その複数性こそが「不可予見性」と「意のままにならなさ」を生み出す当のものであるということが見えてくるのである。木村はここに、たんなる「活動」とのアナロジーを超えた、それらの発生のロジックを見出すのである。

とりわけ渡名喜や北野が明瞭に描いたように、テクノロジーとは人間の条件を改変したり新たに付け加えたりするものである。人間の生を織りなす諸条件の内容は時代によっても変化しうるが、〈条件づけられていることそのもの〉はほぼ歴史貫通的に妥当する事態といってよい。各論考は、テクノロジーが人間の条件を変容させ、あるいはテクノロジーそのものが人間の条件となっていくさまを丁寧に記述することで、生の境位のみならず、現代を生きる私たちの生そのものを克明に描き出していくことだろう。

1

アーレントのテクノロジー論

三浦隆宏

一九五七年一〇月、世界初の人工衛星スプートニク1号がソ連によって打ち上げられ、地球上を周回した。ハンナ・アーレントは、翌年刊行の『人間の条件』の冒頭で巧みにこの件に触れているが（この出だしの一節に魅了された読者は少なくないはずだ）、この出来事を契機に米ソ両国は、熾烈な宇宙開発競争を繰り広げることとなる。五九年に探査機が月の裏側を撮影することに成功し、一九六一年には初の有人宇宙飛行が行われ、[1]六五年の宇宙遊泳を経て、六九年にはアポロ11号が月面着陸を果たすに至る。本論でのちに詳しく扱うアーレントの「宇宙空間の征服と人間の身の丈」の最初のバージョン（＝「宇宙空間の征服」）が『アメリカン・スカラー』誌に掲載されたのは一九六三年秋のことだが、極東のこの国でも六〇年一月に雑誌『世界』の新春号で、「宇宙時代と人間」と題する座談会が組まれたという（森 2013：一九六）。スプートニクの打ち上げからの一〇年余りは、まさに《宇宙時代》華やかなりし頃と言ってよく、奇しくもそれは、『人間の条件』（一九五八年）とそのドイツ語版『活動的生』（一九六〇年）、論集『過去と未来の間』

（一九六一年）、『革命について』『エルサレムのアイヒマン』（いずれも一九六三年）、エッセイ集『暗い時代の人々』（一九六八年）と、彼女が精力的に著作を世に問うていった時期にほぼ重なる。それゆえ、概ねこの期間に記された彼女のテクノロジー論は、人類の宇宙進出という熱気が多分に反映されたものであると言える。

加えて、もう一つ忘れてはならないのが、広島・長崎への原爆投下――とそれを可能にした核分裂――の衝撃である。じっさいアーレントは『人間の条件』のプロローグで、人工衛星の打ち上げと核分裂とを等置し（『人間の条件』1：一五）、時期的には（同書刊行後の）一九五八年から五九年にかけて記された草稿「戦争の問題」[2]でも、冒頭から「原子爆弾」や「核エネルギー」について論じている（『政治とは何か』80, 82：六七―六八）。哲学者の森一郎が指摘するように、「大地の上で、地球発生時には盛んであったらしい核分裂反応や、太陽上では日常茶飯事であるという核融合反応を引き起こす」ことで可能となる「原子力テクノロジーは、まさに宇宙的なものに手を染めようとする「宇宙的技術」」にほかならず、ゆえに「人類が大気圏外へ飛び出す前から行なってきた原子力開発とは、すでにそのような意味での「宇宙開発」だった」のだ（森 2013：二一六）。

このように人類の《宇宙》進出と《原子核》分裂という画期的な出来事をいわば等号で結ぶアーレントのテクノロジー論については、近年の国内の研究に限っても、先に参照・引用した森をはじめ、平川秀幸、森川輝一、磯部洋明らが、哲学、科学哲学、思想史、宇宙物理学の各分野から論じている。具体的には、森はアーレントのテクノロジー論を最も包括的に検討しており、平川は科学技術社会論の立場からそれが有する意義を説いている。また、森川は彼女のテクノロジー論の思想的背景や文脈をハイデガーや物理学者ハイゼンベルクを参照することで掘り起こし、磯部は彼女の宇宙科学論を現代の宇宙科学・宇宙開発と照らし合わせつつ読んでいる。そこで以下では、これらの先行研究を援用しながら、彼女のテクノロジー論をおおよそ年代順にたどってゆくことで、その思想の概要と特徴、およびそこから得られる示唆を素描することにしたい。

1　利用・支配・解放——人間生活への「超-自然」の侵入

一九五四年の三月にアーレントは、「技術の展開や発展」を図式的に四段階でたどる文章をノートに書き留めている(3)。まず、第一に「自然によって与えられた素材」からの物や道具の制作であり、次いで第二に、水力や風力のような「自然の力」の利用である。当初、人間を取り囲むだけだった自然は、この段階で「人間生活の領域」へと「最初の侵入」を果たす。そして第三に、人間はたとえば蒸気機関や内燃機関のように「模倣によって自然の力を自ら作りだ」すことに成功するが、そのことで皮肉にも、「制作や製品の人間的領域が、制作された自然力によって支配される」(たとえば、電力なしには日常生活をもはや送れなくなる)。これは最後に原子破壊とともに絶頂に達し、この第四段階に至って、「自然力は制作されるのでも実際に利用されるのでもなくて、解放される」。つまり、「自然力そのものが人間の生活世界に侵入してくる」ことで、「大地に住まい大地に適応するという過程が正反対のものになってしまい」、人間はもはや「自然によって与えられた世界に単純に存在できな」くなる。こうして、「人間生活と大地の自然力とのあいだの根源的二律背反が、プラス・マイナスが逆転した形で再び前面に現れてくる」というのだ(『思索日記』479f.:II三八、強調は原文。以下同様)。

記されている事柄の論理は、それほど難解なわけでもない。とはいえ、「自然」や「制作」、「人間生活の領域」に「世界」といった（アーレント政治理論のキーワードに属する）語が見られることからも、彼女の〈技術〉観の骨子をここに見出しうるのではないか。たとえば『人間の条件』の第20節で記される「近代テクノロジー」の第一段階に当たる「蒸気機関の発明」や第二段階の「電気の利用」は、先の区分の第三段階に相当し、また、「私たちは〔…〕自然過程を、いわば「創造」し、解き放ち始めている」（『人間の条件』148：二六六）や、「自然の根源的な威力を世界そのものの中に導き入れた」（149：二六六）といった語句は、先の最終段階での自然力の「解放」や人間の生活世界への「侵入」に相当するわけである。要するに、当初は別々だった人間と自然が、前者による後者の利用により、後者が前者の領域へと侵入しだし、原子破壊の技術をも手にした人間は、もはや自然を利用するに留まらず、それを解放しうるまでに至った、ということだ(4)。解放された自然力とは、要は「核エネルギー」のことで、草稿「戦争の問題」での表現を借りれば、「この地上の自然では出現しえないものが、世界の創造と破壊のために、地上に解き放たれる」（『政治とは何か』85：七二）ということである。つまりは、「人間と自然との旧来の関係」が逆転し、「非－地上的な自然」たる「超－自然」が、人間生活に侵入するわけである（森 2013：二四四－二四五）。

なお、前年の一九五三年の暮れに、マルティン・ハイデガーはアーレントへの手紙において、「あとできみに、ここ一、二か月のうちに出るものをいくつか送ります。そのなかには技術についてのミュンヘン講演も入っているが、この講演のことは、あるいはきみもお聞きおよびかもしれない」と記している（『ハイデガー書簡』139：一二三）。ハイデガー技術論の総論と言われる「技術への問い」のことであり、もしかしたら彼女はこれに触発されて、先の〈技術〉の発展形式をノートに記したのかもしれない(5)。同講演でハイデガーは、風車や石炭および鉱物の採掘、水力発電所、原子力といった自然・土地利用を挙げつつ、一つ目以外の技術を「挑発して顕現させるはたらき」として示そうと試み、それに Ge-stell（総かり立て体制）

という造語を充てていた（ハイデガー 2019：一一二―一一二）。

ちなみにアーレントが『人間の条件』の構想を初めてノートに書きつけるのは、一九五五年四月である（『思索日記』523：Ⅱ九四）。その前後には、「近代自然科学は、地球が本来のピュシスとしての自然ではなく、宇宙の一部と見られるようになり、物理学が天文学の一変種として研究されるようになるとともに始まる。〔…〕「宇宙的」な物理学は、地球に束縛された物理学を相対化した後で、地球に属するものを破壊する」（522：Ⅱ九三）や、「近代自然科学は宇宙を理解しようとする試みから始まって、最後は普遍的＝宇宙的法則を自然の中に導入する。「宇宙的」過程による地球の自然の破壊」（524：Ⅱ九五）といった文言が見られるが、これについては、「アーレントは一九五五年にバークレイを訪れたのをきっかけに同時代の科学技術に関する勉強を集中的に始めたようであるが、それは宇宙開発と核兵器、わけても水爆の開発が米ソの対立に駆動される形で急速に進んでいた時期である[6]」との指摘がある。こうして、先の〈技術〉観にここでの集中的な勉強の成果、さらには原爆・水爆・原発という当時の米ソによる核開発競争の情勢[7]が加わることで、彼女のテクノロジー論が形づくられていったのだろう。

2　疎外・融解・乖離――アーレントのテクノロジー論の概要・1

いまではＥＬＳＩ（Ethical, Legal, and Social Issues の略で、「倫理的・法的・社会的な課題」）という語に取って代わられてしまった感もあるが、二〇年ほど前の一時期、ＳＴＳという言葉をよく目にしたものだった。これは Science, Technology, and Society――すなわち「科学技術社会論」――の略称で、そこでは「公共（圏）」という語とともに「アーレント」の名がしばしば見られた。たとえばこの分野の日本での代表的な論者の一人である平川秀幸は、「科学技術は今日第一級の政治的問題でありながらも、万人に開かれた言論の空間たる公共圏から逃れている」という認識のもと、彼女の『人間の条件』(の第6章)を「近代科学の発展と危機の源泉」についての「考察」として読み解いている(平川 2020：二九八―二九九)。以下、まずは平川の論考に拠りつつ、『人間の条件』で記されたテクノロジー論の概要をたどっておこう。そのことで本節では、彼女の思想がどのようなものとして読まれてきたのかを見ておきたい。

まず、『人間の条件』のプロローグの最後で導入されるのが、「地球から宇宙への飛行《フライト》と世界から自己への逃亡《フライト》という二重のフライト」としての「世界疎外」の概念である(『人間の条件』6：一二)。なかでも「〔宇宙への飛行に象徴的な〕科学における世界疎外」は、「地球疎外」と呼ばれ、それは「ガリレオが望遠鏡を用いて天体観測を行なったことによる「アルキメデスの点の発見」という出来事」を端緒とする(とアーレントは見ている)。というのも、望遠鏡の使用によって、「人間の認識力が地上の条件による拘束から解放され」、人間は地上にいながらにして、宇宙の任意の一点〔＝アルキメデスの点〕から「経験的な確かさ」を伴って、「地球や太陽、他の惑星を眺めること」が可能となったからである。これはむろん「目覚ましい発展」なわけだが、その反面、「危機の高まり」でもある(平川 2020：二九九)。なぜなら、「宇宙的観点から自然を眺め、その結果、自然に対して完全な支配権を獲得した」自然科学と異なり、「今日の科学〔＝宇宙科学〕は、〔…〕あえて、自然を破壊し、それと共に自然に対する人間の支配権をも破壊するという明白な危険を冒してまで、自然のなかに宇宙過程を引き入れて」しまったからだ(平川はこの「宇宙過程」を「核エネルギーのことであるのは論をまたない」と記す)(同前、三〇一)。さらに地球疎外の進行は、「活動的生(vita activa)」内部――すなわち、労働、仕事／制作、活動――の区別や関係の変容・融解をもたらし、その結果、「自然と人間世界の境界が崩れ、人間の世界の安定性や耐久性が掘り崩され」ることとなった。また、それとともに、「制作の能力は、仕事ではなく活動の様式で用いられる能力となり」、「制作の能力の変容に伴って、活動もまた〔人間間で営まれる〕本来のあり方から逸脱して」ゆくことにもなった（同前、三〇一—三〇二）。

危機はそれだけに留まらない。以上の危機が物理的危機だとすると、「思考と言論の無力化という政治的危機」も生じているとアーレント（＝平川）はいう。すなわち、「観照と行為の転倒、より正確には思考と行為の転倒」が起こることで、かつては「言語を超えた真理を眺める」手段として「哲学や神学」に仕えていた思考が、いまや科学（的行為）に仕える侍女となってしまい、さらには「科学が数学と実験を通じて対象とする人工的なリアリティと人間が感覚する世界のリアリティとが乖離したことにより、前者を創り出す行為の力が思考と言論の力を圧倒し、後者による意味づけが及ばないものになってしまった」のである。その結果、「二十世紀初頭に誕生した量子力学や相対性理論などの現代科学が対象とする世界は、五感に基づく人間の直観的な理解を拒む」ものとならざるをえず、「五感に基づく経験を頼りに生きる世の大多数の人びとの理解を超えている」だけでなく、「物理学者本人にとっても、量子力学についての科学的な理解は自身の日常直観的な理解や意味づけから断絶している」のだ（同前、三〇三—三〇五）。

平川がこのように「危機」を強調するのは、いわゆる3・11（すなわち二〇一一年の東日本大震災とそれに伴う福島第一原発事故）というこの国を襲った未曾有の惨禍を目の当たりにしたうえで、アーレントの科学技術論を読んでいるからだろう。[8] 二〇一三年の著書で「3・11以後の哲学の可能性」をいち早く世に問うた森一郎もまた、『人間の条件』および、当時翻訳の作業の最中であったはずの『活動的生』を参照しながら、「アーレントは、「物を作る」という人間の営み——技術《テクネー》にもとづく制作《ポイエーシス》——の根本に立ち返りながら、「原子力」を、近代テクノロジーを超える特異なテクノロジーとして正当に位置づけている」（森 2013：二〇八）と記したうえで、彼女のテクノロジー論を「原子力」の観点から、さらには戦争論としても読み解いており、二人の先達にとって、「3・11」を理解するうえで彼女の思想が重要な参照項となった——あるいはテクノロジー論として再発見された——ことが窺われる。(9) なお、森はその読解の過程で、以下のような興味深い指摘を行ってもいる。

アーレントは、全体主義という二十世紀の怪物に出会うことで、それを生んだ近代がどれほど途方もない時代であったかに気づかされたのである。しかも、近代がもたらしたのは、全体主義と絶滅収容所だけではない。原子爆弾や核戦争の脅威もまた、近代の産み落とした特大の鬼っ子であり、その歴史的由来を辿ることは、アーレントにとって最重要のテーマに属するのである。(同前、二〇七)

かつてM・カノヴァンは、「人間の条件についての省察と全体主義を理解しようという試みとの間の有機的なつながりを見て取る」うえで、「マルクスに関する彼女の〔未公刊の〕著作」に着目していたが、森の見解をも踏まえれば、《近代(テクノロジー)》批判もまた、両者を「結合する環」の一つ(もしくは同じ環の裏側)ということになるだろう(カノヴァン 2004:八七)。事実、アーレントは『人間の条件』のプロローグの最後で、「近代(the modern age)は現代世界(the modern world)と同じではない。科学の面で言うと、十七世紀に始まった近代は二十世紀初頭で終わっている。政治の面で言うと、今日私たちが生きている現代世界は最初の核爆発で生まれたのである」(『人間の条件』6:二二)と記し、同書での議論をあえて《近代》に限定していたのだが(ゆえに第6章は「活動的生と近代」と題される)、それも「「現代世界」の直面している広大な問題群を踏まえ、まさにその問題群をよりよく理解するため」なのである(森 2013:二〇七)。

3 「宇宙空間の征服と人間の身の丈」——アーレントのテクノロジー論の概要・2

平川の論考は『人間の条件』のプロローグおよび第6章の、また森の論考は同書（＝『活動的生』）の第4章第20節（および草稿「戦争の問題」）の読解を踏まえたアーレントの科学技術／テクノロジー論の優れた解説であるから、これ以上屋上屋を架す必要はない。本節では、両者が『人間の条件』と較べるとそれほど重きを置いてはいない「宇宙空間の征服と人間の身の丈」にやや立ち入ることで、前節で跡づけた概要を彼女自身の言葉でたどり直しておきたい。

冒頭でも触れたようにこの論考は、一九六三年に発表された「宇宙空間の征服」を初出とし、六一年刊の『過去と未来の間』の増補版が六八年に出版される際、「真理と政治」とともに追加で収められ、「宇宙空間の征服と人間の身の丈」へと改題された（注が新たに付され、加筆・修正も施されている）。「人間による宇宙空間の征服は、人間の身の丈を伸ばしたのかそれとも縮めたのか」（『過去と未来』260：三六一）という冒頭で提起された問いをめぐって、考察が進められる。

アーレントはいう。この問いは、「科学者としての科学者[10]にとって無意味である」から、「一般の人々や人文主義者《ヒューマニスト》」が「引き受けねばならない」。そして、仮にこの問いに答えが出たとしても、その真理性は「合意の妥当性に近い」。つまりは、「意見交換に基づく真理」である（262：三六四）。これは、科学者と一般の人々との——優劣ではなく——区別のことで、近代科学の目標が、「人間の感覚や精神に露わになる自然現象の背後に存在するものを発見することにある」（261：三六三）以上、そこで得られた真理や理解は、「人間の頭脳がもつ通常の知的カテゴリー」（263：三六六）ではうまく秩序づけられない、ということである。

説かれている事柄は、前節で見た近代科学（ひいては宇宙科学）の理論と人間の理解との乖離のことにほかならない。この乖離に「深い懸念を抱いたのは、アインシュタイン、プランク、ニールス・ボーア、シュレーディンガー」（264：三六八）といった、ほかならぬ一世代前の当の科学者たちだったのであり、近代科学は、地上の条件を捨象することで、「いわば人間の精神を地球の重力場から引き離し、地球を宇宙の任意の地点〔＝アルキメデスの点〕から俯瞰させる想像力や抽象力に訴えて初めて、最も輝かしい、だが同時に最も厄介な成果に達したのである」（266：三七〇）。

アーレントは続けて、「感覚や現われの世界と物理的世界観との失われた接触をふたたびつなげつつあるのは」、（純粋科学者である物理学者からは「配管工」と蔑まれもする）技術者であって、「彼らによって科学者の成果が地上に橋渡しされている」という（268：三七二―三七三）。そして、人間がじっさいに宇宙へと向かったことに「大きな意味があることは、議論の余地がない」としたうえで、「人間は、科学者の立場に立つかぎり」、冒頭のような「人間の身の丈」をめぐる問いを気遣う必要がなく、この「気遣いのなさ(carelessness)」に科学者の特徴を見て取っている。すなわち、「科学者としての科学者は、地球上に人類が生き延びるかどうか、ひいては地球そのものが存続するかどうかについてすらまったく気遣っていない」というのだ（270：三七五―三七六）[11]。また、「宇宙空間の征服」に反対する議論が妥当性と説得力をもつためには、その企てが「それ自体自己破壊的である」ことを指摘する必要があるとも説き、その「最も重要な徴候」として、「ハイゼンベルクの不確定性原理の発見」を挙げている（270：三七六）。

そして、科学はテクノロジー（＝技術）に組み込まれることで、人間の世界に導き入れられ、私たちはさまざまな装置や機械に取り囲まれた生活を送っているのだが、その状態を「自分自身にのみ向き合っている」という（『人間の条件』の第36節でも引いていた）ハイゼンベルクの言葉によって言い表わしている。[12]

それは宇宙ロケットという人間が作った、「装置を満載したカプセルに閉じ込められた宇宙飛行士の姿に、象徴的に体現されている」(272：三七八)というのである。

論考はその後、(『人間の条件』の第6章でエピグラフとして掲げられていた)カフカの文言とともに、近代科学は当初から宇宙科学であること、「宇宙空間の征服」を人間はなしえず、「人間は広大な宇宙のなかで途方に暮れることになろう」と、また、近代科学とテクノロジーの今後について、「見込みはとくに明るいとは言えない」との危惧が記されてゆく(273：三八〇)。なお、以上で見てきた論考は、一九六三年発表のエッセイに(軽微な語句の訂正以外にも)五箇所ほど各々数行程度の加筆が施されている[13]。ドイツで生まれるも人生のおよそ半分をアメリカ合衆国で過ごすことになったアーレントが、英語とドイツ語双方で主要著作を公刊し、両言語の版に表現や形式面等でさまざまな差異が見られることはいまではよく知られるようになったが[14]、同じ英語の論考においても異同を確認しうるのは、改稿を厭わない彼女の著作への姿勢が垣間見えて興味深い。

4　生殖補助技術とAIについて――アーレントのテクノロジー論からの示唆

スプートニクの打ち上げから月面着陸までの劇的な人類の宇宙進出から半世紀以上が経ったわけだが、アーレントの見立ての通り、「宇宙空間の征服」と言える地点まで人類は達していない。もちろん、宇宙ステーションでの長期滞在が可能となり、民間による宇宙旅行も成功するなど、宇宙開発競争が今世紀以降再来しつつあるのは事実だが[15]、とはいえ人類は――彼女が「近代科学のおかげで、私たちは正真正銘の事実としてとうとう月にまで到達することになった」(261：三六三)と記してから六〇年以上が過ぎたにもかかわらず——有人としては、いまだ月までしか到達しえていないのである。つまり、この間の宇宙技術に長足の進歩があったとは思えない。

いっぽうアーレントの死後、急速な進化を遂げたのが、生殖補助技術とＡＩ（人工知能）技術である。彼女が『人間の条件』のプロローグでちらっと触れていた「試験管のなかで生命を造ろうとする企て」（『人間の条件』2：一七）は、その二〇年後の一九七八年に（つまりは彼女の死後に）「体外受精」として世界で初めて実現し、この技術は配偶子の凍結保存や代理出産、男女産み分け等をも可能にすることで、いまや国内の約一〇人に一人が体外受精で生まれるまでになっている。それまで体内に拘束されていた受精を体外でも可能にした体外受精は、地上による拘束を解いた人工衛星の打ち上げと同等の画期的な出来事として位置づけられうるだろう。[16] また、ＡＩの開発は二〇一二年以降——ディープラーニングの技術によって——急速に進んだと言われるが、昨今ではChatGPTに代表される生成ＡＩの登場が驚きをもって迎えられたのは記憶に新しい。彼女の死後、人類は《宇宙》以上に、《生殖》や《知能》の征服へと邁進してきたかのように思えるのだが、このような新たな技術に対して、彼女のテクノロジー論から何か言えることはあるのだろうか。

まず、生殖補助技術に関しては、それが総じて身体からの疎外を生んではいないかとの懸念がある。たとえば、自身が選んだ一つの精子を細いピペットで卵子に注入する顕微授精を行う医師や胚培養士は、第2節で見た〈宇宙の観点であるアルキメデスの点から自然を眺めることで、それへの支配権を獲得した人間〉を彷彿とさせはしないか。[17] あるいは昨今話題の「胚モデル」（ｉＰＳ細胞などから作られた受精卵（胚）を模した細胞のかたまり）や人工子宮の開発は、制作の自然のなかへの侵入、つまりは「活動的生」内部の融解の一例にほかならないのではないか。[18] また、前節での「自分自身にのみ向き合っている」「カプセルに閉じ込められた宇宙飛行士」と、凍結された状態でタンクに保管されている配偶子や受精卵は、イメージ的に瓜二つだと言えないか。これらはいずれも前節までで概観してきた彼女の思想から得られる消極的な示唆に留まるものだが、しかし後者のAIについては、彼女が施した修正に着目すると、より積極的な示唆が得られるように思われる。最後にその点について触れておこう。

AIに関しては、「電子頭脳（electronic brain）」として、「宇宙空間の征服」と「宇宙空間の征服と人間の身の丈」の双方に言及があるのだが[19]、前者と較べて後者では、当該の段落に加筆修正がなされ、見解に大きな相違がある。一九六三年の時点でアーレントは、「このような頭脳は、人間の頭脳労働（work）と比較にならないほど優れた方法で、より迅速に行うことができるだけでなく」と記し、六二年にG・ガモフが記した言明を引きつつ、「「人間の頭脳では理解できないこと」を為すことができる」と好意的に述べていた（Arendt 1963：530）。しかし、六八年の論考では、注9で彼女も言及するように、この箇所に対するJ・ギルモアからの批判を受けて[20]、「電子頭脳が、労働力ではなく人間の頭脳の力を補完し拡張している事実は、チェッカーやチェスをうまく指すのに必要な「知能（"intellect"）」と人間の精神（mind）とが別であることをわきまえている人々にとっては、困惑とはならない」（『過去と未来』264：三六六―三六七）と記述を修正しているのだ。つまり、電子頭脳と人間の精神とは別物であって、後者がなす「理解（*comprehend*）」に前者は達しえない、なぜなら「理解とは、実際に精神の働きの一つであり、決して頭脳の力の自動的な帰結ではないから」（264：三六七）だと彼女は言うのである[21]。

この「知能」と「精神」の区別は、『精神の生活』「思考」の序論および第8節では、カントを参照しつつ、「知性（intellect）」と「理性（reason）」の区別として扱われることになるが[22]（なお、この第8節の前半には、『人間の条件』第6章に淵源する彼女の近代科学論が流れ込んでもいる）、このアーレント（＝カント）の見解からすれば、人間による知能の征服とも言えるＡＩは、たとえ「人間の身の丈」を伸ばしはしても、縮めることはない（すなわち、ＡＩを過度に恐れる必要はない）と言ってよいのではないか。ただし、彼女が「近代の発展の頂点」（『人間の条件』149：二六六）として見ていたオートメーション――「ひとりでに動くもの、私たちの願望や意図が介入できないすべてのものを、私たちは自動的（automatic）と呼ぶ」（151：二六八）と彼女は記す――の性格をもＡＩが持つようなことになれば、(23) 一九六三年と六八年の両論考がともに最後に予言していた、「人間の身の丈そのものの破壊」（『過去と未来』274：三八一）へと至り着いてしまうかもしれないが。

注

（1）これについては、アーレントと同じ一九〇六年生まれのエマニュエル・レヴィナスが、「ハイデガー、ガガーリンとわれわれ」と題する短いエッセイを同年に発表している。そこでレヴィナスは、ガガーリンの偉業を「〈場所〉〔すなわち地球〕を離れた」点に見出していた。レヴィナス 2008：三一二。〔　〕内は引用者による補足。以下同様。

（2）これは当時のアーレントが出版を計画するも途中で断念した『政治入門』の第２章として執筆されたもので、ドイツ語による原文は一九九三年に『政治とは何か』（Ｕ・ルッツ編）の「断片３ｃ」として、またその英訳は二〇〇五年に『政治の約束』（Ｊ・コーン編）所収の「政治入門」の一節として公けとなった。ともに邦訳で読むことができる。

（3）一九五〇年六月から一九七三年まで断続的に記された計二八冊のノート（と一九六四年に記されたいわゆる「カント・ノート」一冊）は、二〇〇二年に『思索日記』と題して公刊された。

（4）一九五四年九月にアーレントは、「ヨーロッパと原子爆弾」と題するエッセイを発表しているが、そこでも「自然の諸力の解放は、生産様式の絶えざる向上よりもはるかに近年の技術発展の特徴をなしている。したがって、原爆の連鎖反応は人間と四大〔＝地水火風〕の力の間の共謀のシンボルになりやすい。この四大の力は、人間のノウハウによって点火されると、ある日復讐を始め、地球上に住むすべての生物とひょっとしたら地球そのものすら破壊するかもしれない」（『政治思想集成』419：II二六六）と、同様の論理を記している。彼女のテクノロジー論の一端が公表された最初のテクストと言えよう。

（5）森川輝一はこう記す。「アーレントによるハイゼンベルクの度重なる参照は、ハイデガーの影響によるものと推察され」、一九五四年の「アメリカ政治学会での講演のなかで、彼女はハイデガーの『技術への問い』を参照している」（森川 2017：三九）。もっともアーレントは、たとえば一九五二年一二月のノートで、「あらゆるテクネーの根源的な創造的な始まりはポイエーシスであり、あらゆるポイエーシスは本質的に技術となる」（『思索日記』283：I三六六）というアリストテレスの規定に基づく文言を書き記してもいる。また、ハイデガーが技術の問題に本格的に取り組みだしたのは、一九三〇年代半ばのことであるとされるが（ハイデガー・フォーラム編 2021：三〇）、彼は先のアーレントへの手紙の最後を、自分が技術の講演でテクネーについて述べたことは、「きみが私のもとで聴いた最初の講義〔…〕に端を発しているのです」（『ハイデガー書簡』139f.：一一三）と結んでいた。

（6）磯部 2024：五六。アーレントは一九五五年の二月から六月にかけて、カリフォルニア大学バークレイ校の政治学部に客員教授として滞在していた。

（7）これについては國分功一郎が、「核技術を巡る一九五〇年代の日本と世界の動き」と題して、日本に原発の設置が推し進められた経緯を含め、的確にまとめている。國分 2019：五四—七七を参照。

（8）平川は二〇一三年に「原子力事故の「途方もなさ」をいかに理解するか――ハンナ・アーレントの近代批判を導きとして」と題する論考を発表しており、私たちが今しがたたどった論考は、これをもとにして記されたものと見なしうる。

（9）森の著書『死を超えるもの――3・11以後の哲学の可能性』は、第8章と第9章で「アーレントと原子力の問題」を論じ、その前の第6章と第7章では「ハイデガーと原子力の問題」を論じている。この二人を含む、主要な西欧の哲学者らの「原子力の哲学」を概観したものとしては、戸谷 2020 を参照。とりわけ、ヤスパースが一九五八年に刊行した大著『原子爆弾と人間の未来――われわれの時代の政治意識』を取り上げた第二章は、これまでほとんど指摘されることがなかったアーレントのテクノロジー論へのヤスパースからの影響を考えるうえで示唆に富む。

(10) 彼女がこのように記すのは、「科学者といえども同胞の市民と同じように、感官による知覚、共通感覚、日常語からなる世界のうちで生の大半を送っている」(『過去と未来』263：三六五—三六六)という認識があるからである。

(11) 注4で触れた「ヨーロッパと原子爆弾」でアーレントが、「人間は人類の存続を他の何よりも配慮(care)しなければならない」(『政治思想集成』422：II二六九)と述べていたことからも、彼女のテクノロジー論においては「気遣い(配慮)」が重要な意味を持っていると考えられる。なお、この「気遣い」の観点から彼女の『活動的生』の思想を読んだものとして、林2023を参照。

(12) アーレントのハイゼンベルク読解、およびそれのハイデガーとの違いについては、森川2017：三九—四五を参照。

(13) 以下、参考までに該当箇所を邦訳のページ数で示しておくと、三六三頁の二行目から三行目と六行目から九行目、三六五頁の六行目から一〇行目、三七一頁の一三行目から一六行目、三七五頁の一〇行目から一三行目、三七六頁の後ろの二行と三七七頁の一行目が加筆(より正確には文章の挿入)箇所に当たり、(このあと次節でも記すように)三六六頁の後ろの三行から三六七頁の一二行目にかけては大幅な加筆・修正が施されている。

(14) 『人間の条件』がドイツ語版では『活動的生』へと改題されたのはすでに見たとおりだが、同様に『全体主義の起源』(英語版、初版一九五一年)もドイツ語版では『全体的支配の要素と起源』(一九五五年)へと改題されている。なお、『人間の条件』と『活動的生』および『革命について』の英語版とドイツ語版双方の違いについては、森一郎が両著の訳注と「訳者あとがき」で詳しく触れている。

(15) これについては、倉澤2024を参照。たとえば冒頭で彼はこう記す。「「宇宙の地政学」は「米ソ」から「米中」へ、「国策」から「民間」へ、「国威発揚」から「ビジネス」へ、そして「平和利用」から「軍民一体」へと大きくシフトした」(八頁)。

(16) 産婦人科医の石原理は、体外受精を「生殖そのもののありかたを大きく変え」た「「生殖革命」の原点」として位置づけている。石原2016：二三。

(17) 海堂尊の小説『ジーン・ワルツ』には、主人公の女性医師が顕微授精を行う際、「この瞬間、私は神になる」との思いに駆られる場面があるという。小林2014：一四〇を参照。なお、よりリアルに胚培養士の仕事を描いた漫画にかざき真理『胚培養士ミズイロ』（小学館、第6集まで既刊）がある。

（18）毎日新聞 2024 を参照。たとえば平川は次のように記す。「アーレントの分類によると、制作は人間が生きる世界を構築し、それに安定性と耐久性を与えるような人工物や道具を作り出す仕事において発揮される能力であるが、科学研究においては、自然現象の「過程」を模倣し再現する能力として使われている」（平川 2020：三〇二）。

（19）ただし、「宇宙空間の征服」では electronic “brains” と表記されている（Arendt 1963: 530）。

（20）アーレントがギルモアへ宛てた返信（一九六三年一〇月二九日付）は、以下から閲覧可能。Image 38 of Hannah Arendt Papers: Correspondence, 1938–1976; General, 1938–1976; “Gi-Go” miscellaneous, 1948–1970. https://www.loc.gov/resource/mss11056dig.020560/?sp=38&r=0.193,0.116,1.081,0.681,0

（21）最近であれば、アンガス・フレッチャーが、人間の知性を論理と物語思考《ストーリーシンキング》とに分けたうえで、コンピュータやAIが担えるのは前者に過ぎず、後者をもとにした仮説の想像やイノベーションを行えるのは人間だけだと説いている。本文での先の引用に続けてアーレントが記す、「人間は自らが理解しえず人間の日常語では表現できない事柄を為しうる、しかも首尾よく為しうるのだ」（『過去と未来』264：三六七）という一文は、この後者に対応すると言ってよい。また、ヤスパースも『原子爆弾と人間の未来』において、「管轄に属して思考すること〔すなわち自分が考えるべきことを自分の管轄内に限定し、それを超えるものは別の専門家らに委ねること〕」と、管轄を超えて思考することを厳密に区別し」、それぞれの思考を司る人間の能力を「悟性 Verstand」と「理性 Vernunft」と呼んでいるが、戸谷はそれを受けて、後者の「理性の思考」を「一人の人間として、代替不可能な個人として思考すること」、ひいては「問題から管轄による区分を取り払い、全体として考え抜くこと」だとしている。戸谷 2020：五九―六七を参照。

（22）アーレントはカントの Verstand を understanding（悟性）と英訳するのは「誤訳」だとし、カントがそれをラテン語の intellectus の訳語として用いたことを踏まえ、intellect（知性）の訳を充てている（『精神の生活　思考』13f.：一七―一八）。

（23）磯部洋明はこう記す。「人工知能を含む現代のコンピュータプログラムは、基本的には入力に対して予め定められた手続きで出力を返すアルゴリズムであり、まさにオートメーションの一形態である。オートメーションに対するアーレントの懸念は、近年の人工知能（ＡＩ）技術の急速な進展と実用化において現実のものとなりつつある」

（磯部 2024：五九）。なお、注11を踏まえるならば、アーレントがオートメーションに独特の脅威を抱いていたのは、それがもはや人間による関与（すなわち気遣い＝配慮）を必要としないからかもしれない。

文献

Arendt, Hannah (1963), "Man's Conquest of Space," *The American Scholar*, 1963, Vol. 32, No. 4 (Autumn 1963), pp. 527–540.

石原理（2016）『生殖医療の衝撃』講談社現代新書

磯部洋明（2024）「21世紀の宇宙科学はアーレントから何を学べるか」、日本アーレント研究会編『Arendt Platz』No. 8 所収

カノヴァン、マーガレット（2004）『アレント政治思想の再解釈』寺島俊穂・伊藤洋典訳、未來社

倉澤治雄（2024）『宇宙の地政学』ちくま新書

國分功一郎（2019）『原子力時代における哲学』晶文社

小林亜津子（2014）『生殖医療はヒトを幸せにするか――生命倫理から考える』光文社新書

戸谷洋志（2020）『原子力の哲学』集英社新書

ハイデガー・フォーラム編（2021）『ハイデガー事典』昭和堂

ハイデガー、マルティン（2019）『技術とは何だろうか――三つの講演』森一郎編訳、講談社学術文庫

林大地（2023）『世界への信頼と希望、そして愛――アーレント『活動的生』から考える』みすず書房

平川秀幸（2020）「科学技術――科学を公共圏に取り戻すことは可能か」、日本アーレント研究会編『アーレント読本』所収、法政大学出版局

平川秀幸（2013）「原子力事故の「途方もなさ」をいかに理解するか――ハンナ・アーレントの近代批判を導きとして」、中村征樹編『ポスト3・11の科学と政治』所収、ナカニシヤ出版

フレッチャー、アンガス（2024）『世界はナラティブでできている』田畑暁生訳、青土社

レヴィナス、エマニュエル（2008）『困難な自由［増補版・定本全訳］』合田正人監訳／三浦直希訳、法政大学出版局

毎日新聞（2024）「神への挑戦：作られる「何か」は生命なのか？――「胚モデル」の研究が問う倫理」、二〇二四年四月一一日、https://mainichi.jp/articles/20240409/k00/00m/040/248000c
森一郎（2013）『死を超えるもの――3・11以後の哲学の可能性』東京大学出版会
森川輝一（2017）「ハイデガーからアーレントへ――ハイゼンベルク「不確定性原理」との対向を手がかりに」、実存思想協会編『アーレントと実存思想』所収、理想社

2

科学技術は「人間」を変容させるか

全体主義と「人間の条件」

渡名喜庸哲

はじめに

科学技術が「人間」を変容させる——こうした可能性は、期待を込めて語られることもあれば、恐怖とともに非難されることもある。実際、ヒトクローンの作成、遺伝子治療の開発などの例が示すように、少なくとも技術的には、人間の「本性（nature）」と呼びうるものに対してさまざまに介入できるようになっている。ポスト・ヒューマン、あるいはトランス・ヒューマンという論点が示すように、科学技術による人間の「拡張」ないし「改造」が現実として迫ってきているのは確かかもしれない。

このような問題に対してアーレントの思想からどのような考えを引き出せるだろうか。

一見すると、アーレントの議論は、しばしば科学技術の介入による人間性の疎外を批判する（しかも場合によってはギリシアへの憧憬とともに）科学技術批判のようにみなされることがある。こうした科学技術批判がその全体主義論のなかに見出されるとするならば、「人間の本性の変容」をもたらしかねない科学技術は「全体主義的」なものだと形容できるかもしれない。だが、アーレントにおいてこうした問題が言及される箇所に注意してみると、事態はそれほど単純ではないようにも思われる。

本章はこの問いに答えるために、主に次の二つのテクストに注目したい。

一つは、『全体主義の起原』である。ここでアーレントは、全体主義は科学技術を通じて「人間の本性」を変えうるとして、きわめて批判的に論じている。そこで以下第1節では、その理路がどのようになっているかを、アーレントが参照しているエリック・フェーゲリンという思想家とのやりとりから検討したい。第2節では、『人間の条件』公刊後の一九六六年に発表された「人間の条件について」という講演を参照する。これは、サイバネティクスを主題とするシンポジウムでのアーレントの講演である。サイバネティクスおよびオートメーションという戦後の社会を席巻した科学技術革命についてアーレントがどのような態度をとったのか。ここからは、「人間の本性」ではなく「人間の条件」との関係で科学技術を捉えるというもう一つの視座が浮かび上がるだろう。

1　『全体主義の起原』における「人間の本性の変容」

アーレントが全体主義を「地獄」と形容していたことはよく知られている。一九四六年のまさしく「地獄絵図」と題された論考でアーレントは、強制収容所という「死の工場」において、「六〇〇万人のユダヤ人」が単なる「生物」に還元されてその絶滅が図られたことを「地獄」と呼ぶ（『政治思想集成』198：Ⅰ二六八―二六九）。

ただし、ここでの「地獄」とは、全体主義のおぞましさを伝えるための単なる過剰な形容ではない。アーレントが強調しているのは、その際ナチスが「現実を作り出す」ために「科学性」を志向したことだ（199：I二七四）。すなわち、かつては神にしか許されていなかった、自らの意図に適合した「現実」を作り出すという夢想を、全体主義的は「科学」の装いのもとで実演しようとした、というのだ。

ここでナチスが作り出そうとしたものとは、『全体主義の起原』によれば、強制収容所自体というよりは、「自己の種を維持する」ことにしか「自由」が残されていないような人間の「種」のことだ（E438：III二三二）。この意味で、全体主義は、人間の「本性（nature）」の改変を目的としているとアーレントは断言する。「全体主義イデオロギーの本来の目標は、人間存在の外的条件の改変でも社会秩序の革命的な変革でもなく、人間の本性そのものの改変（transformation of human nature itself）なのだ」（E458：III二六五）。

全体主義は科学を通じた人間の改変を目的としている――『全体主義の起原』のこのような主張をどのように理解すればよいだろうか。

ところで、エリック・フェーゲリンというドイツに生まれアメリカで活躍した政治哲学者がいる。[1] フェーゲリンについては日本ではあまり認知されていないようだが、『全体主義の起原』に対する彼の書評は比較的有名だ。この書評にはいくつもの論点があるが、フェーゲリンは今引用した箇所についても言及し、次のように述べている。

> この文章を読んだとき、自分の目を信じるのは難しかった。〔…〕「本性」は変化したり変容したりはできない。「本性の改変」は用語としても矛盾している。
>
> (Voegolin 1953：74)

なるほど、「本性（nature）」とは、そもそも「人工」「人為」の対義語だ。これを、あらゆる人為的な介入と無関係にそれ自体としてあるものと理解すれば、「本性の改変」は確かに矛盾した事態になるだろう。だが、ここで強調しておく必要があるのは、『全体主義の起原』における「人間の本性を改変させる」という表現は、もともとアーレント自身が考案したものではなく、あろうことかフェーゲリンの論文からの引用だったということだ。アーレントは次のように述べている。

このような関連で見ると全体主義という現象は、「科学は人間生活のあらゆる悪を魔法のように取り除き、人間の本性をすら改変してしまう偶像となった」という一つの過程の行き着く先を示しているにすぎないように思えてしまう。

（『全体主義』E346：Ⅲ三七二）

アーレントが引用しているのは、フェーゲリンの「科学主義の起原」という一九四八年の論文である（Voegelin 1948）。そこでフェーゲリンは必ずしも全体主義論の文脈で「人間の本性の改変」を主題的に論じているわけではない。だが、ここでフェーゲリンが「人間の本性の改変」と呼んでいるものは、アーレントが『全体主義の起原』で語るものとそれほど遠くない。

フェーゲリンの論文「科学主義の起原」は、タイトル通り、近代における「科学主義（scientism）」の出現を論じるものであり、ヴィーコのいう「新しい学」の誕生以降の科学哲学史がたどられる。フェーゲリンによれば、近代科学に特有の「科学主義」の特徴は次の三点にある。第一に、自然現象が数学的な方法論によって解釈されるべきものとなったこと、第二に、「存在」の領域が「現象」の領域と区別され、後者が科学的な方法論による記述の対象となったこと、第三に、こうした科学的な方法論が適用できない現実は妥当性を欠くもの、あるいは幻想とみなされるようになったことである（Voegelin 1948：462）。

このような科学哲学史的な議論の延長線上で、フェーゲリンは現代の社会的・政治的領域に現れる「権力と科学の相互関係」に触れている。とりわけ問題は、この領域への「科学の究極の合理性」の導入である（Voegelin 1948 : 486）。つまり、権力が科学を介して、まずは自然に、次いで人間自体に、ある種の支配力を行使する可能性だ。

この点についてフェーゲリンは次のように述べる。このような考えは、どれほどナンセンスに見えようとも、「全体主義」という「われわれの時代のもっとも強力な政治運動の中心的な求心力となっている」。先に言及したアーレントによる引用が現れるのもこの文脈である。「科学は人間生活のあらゆる悪を魔法のように取り除き、人間の本性をすら改変してしまう偶像となった」（Voegelin 1948 : 487）。ここでの「魔法」とは単なる比喩表現ではない。「力をもった意志を、現象の領域から実体の領域に拡張すること」だ（Voegelin 1948 : 488）。人間を蛇に変えてしまうような「魔法」のごとく、全体主義の「魔法」は、従来の科学主義が設定していた「現象」と「実体」（ないし「存在」）の区別を転倒させ、「実体」に対し「科学」的に介入し改変する。その対象には「人間」も含まれる。フェーゲリンは、こうした「夢」こそが、「共産主義および国家社会主義の運動において」実際に実現したと言うのだ（Voegelin 1948 : 489）。

アーレントがフェーゲリンから引用するとき、このような診断をまさしく自らの全体主義の特徴の分析に取り入れたのだろう。だとすると、フェーゲリンが後年の書評論文において、「人間の本性を改変させる」点に批判を向けていることのほうがむしろ不可解である。フェーゲリンは、自分の議論に対するアーレントの言及を見落としていたのだろうか。いずれにしても、彼はこの点についてさらに論を展開しているわけではなく、こうした個人的な見落とし云々を指摘しても益があるわけでもないし深入りはよそう。むしろ問題は、アーレントが、「科学主義の起原」におけるフェーゲリンの見解をもとに、どのような議論を自らの『全体主義の起原』で行なっているかだ。

アーレントとフェーゲリンの考えの関連については従来の研究に譲るとして（Cf. Cooper 1999; Monod 2003）、ここで両者の共通点として指摘できるのは、「全体主義」とは、「科学主義」と無縁な恣意的で強権的な専制なのではなく、「科学」への依拠を特徴とするという点だ。さらに、「科学」の方法論に則ると言いつつも、それを単に「現象」の分析にではなく、「現実」に適用しようと試みる。ここにこそいわば全体主義的科学主義の特質があるだろう。

アーレントは全体主義の特徴としてこうした「科学主義」の特徴をさらにいくつか挙げているが、なかでも重要なのは、こうした「科学主義」を支えている「イデオロギー」の存在だ。というのも、全体主義における科学的な正しさとは、確たる根拠を求めた仮説の検証に基づくのではなく、「科学」よりも根底的な力に依拠していることに見定められるからだ。それが、アーレントが全体主義の「イデオロギー」と呼んだ「歴史と自然という本質的に信頼できる力」である。アーレントからすれば、これまで問題にされてきた多くの政治体制と二つの「全体主義」体制の違いは、ナチスにおいては「自然の法則」、ソヴィエトにおいては「歴史の法則」というかたちで「法則」へと依拠する点にある。この点は、「法なき統治と法に従属する統治や、合法的権力と恣意的権力」といった伝統的な二項対立では捉えることができない（『全体主義』E461：Ⅲ二七一）。もちろん、全体主義の支配は、既存の実定法を意に介さないという意味では「法を欠いて（lawless）」いる。しかし、たとえば伝統的な「専制」とは異なり、全体主義支配は恣意的ないし超法規的な権力に限定されない。というのもそれは、「自然」や「歴史」の「法則（law）」への依拠というかたちで、あらゆる権利、あらゆる法律の源泉に特有の「法則」を認めるからだ。この意味では、全体主義体制は「法に満ちている（lawful）」とすら言いうる（『全体主義』E462：Ⅲ二七二）。

いずれにしても、ここで問題なのは「科学」そのものではない。「科学」の特性がポパーの言うように反証可能性にあるとすれば、全体主義の「科学」はそこから程遠い。それは、一切の反証を受け付けずに、「自然」や「歴史」という「イデオロギー」に立脚しながら、自らの主張を「科学的」であり、「無謬」であり「法則」であるとするのである。

さて、だとするとここからわれわれはなにを読み取るべきか。全体主義という体制は特異な体制であって、近代科学主義が発展させてきた成果を（とりわけナチスにおける遺伝学などにおいて）イデオロギー的に濫用してきた、ということか。あるいは、どのような科学技術であっても、たとえば遺伝子組み換え等によって人間の「本性」に触れようとするときに、全体主義的な性格を帯びるということか。「全体主義」とは便利な用語で、時には自らが批判したい体制を糾弾するための表現として用いられることもあるため、むやみな形容には注意を払う必要があるだろう。そこで、『全体主義の起原』を離れ、アーレントはどのように現代科学技術の問題を人間の「本性」との関わりのなかで考えていたのかを確認してみよう。

2 『人間の条件』における科学技術論？

❶「人間の本性」と「人間の条件」

科学技術は「人間」を変容させるか——この問いは、『全体主義の起原』に続くアーレントの主著『人間の条件』でも引き継がれている。ただし、その仕方はかなり複雑だ。アーレントは、一方で現代科学技術においても「人間の本性」への介入の可能性を見て取り、その危険性を指摘するにもかかわらず、他方で「人間の本性」の問題と「人間の条件」の問題とを切り離そうと試み、別様の考え方を提示しようとしているからだ。

周知のように、『人間の条件』はその冒頭から科学技術の問題に言及している。同書はスプートニク号の打ち上げへの言及で始まり、そのすぐ後で、科学が生命をも「人工的」なものにする試みとして、「試験管の中で生命を作り出そう」とする企てにも触れている（『人間の条件』2：一七）。そればかりではない。「プロローグ」では宇宙技術の問題だけでなく、「われわれに代わって考えたり語ったりしてくれる人工的な機械」（『人間の条件』3：一八）や「原子爆弾」にも言及し（『人間の条件』4：一九）、「科学によって作り出された状況」の「大きな政治的意味」を強調している（『人間の条件』3：一八）。もちろんアーレントは同書でこれらの問題に対して解答を与えようとしているわけではないと断ってはいるが、同書が目指した「人間の条件」の検討が、こうした「科学技術」の時代をきわめて重要な背景としていることは間違いない。

実際、それほど主題化されていないとはいえ、アーレントが、現代科学技術による「人間の本性」への介入という事態に対し鋭敏な注意を払っていたことは、『人間の条件』の随所から見てとれる。とりわけ、現代の自然科学者が、自分たちが「何を行っているのか知らない」うちに「自然＝本性に対する活動（act into nature)」を始めるとき（『人間の条件』231：三九三）、「自然＝本性」の改変という問題が生じうる。[2] アーレントによれば、この「自然＝本性に対する活動」は、観察・記録・観照にとどまっているかぎり「実験の場合にはまったく無害」であったが、実際に「自然を「作る」」ことが試みられる場合はそうではない（『人間の条件』231：三九四）。そのとき、かつては「神だけの特権と考えられていた」、「生命の奇蹟をみずから創造し再創造する」力を科学技術がもとうとすることになるからだ（『人間の条件』269：四八〇）。

このように、『人間の条件』は、『全体主義の起原』が全体主義体制のうちに見定めた科学技術による「人間」の変容という可能性が、現代科学においても無縁ではないことを確かに見届けている。

しかし、同時に注意すべきは、こうした把握が『人間の条件』の科学技術論の基軸とは言えないことだ。アーレントは同書のなかで、『全体主義の起原』での鍵語であった「人間の本性」と、「人間の条件」とをはっきり区別しているのだ。この区別は科学技術と「人間」をアーレントがどのように捉えていたのかを考える上でもきわめて重要だ。

実際、アーレントは『人間の条件』第一章第一節でこの区別を強調している。アーレントによれば、「人間の本性」の問いがふさわしくないのは、結局、この問いは「神」を持ち出さざるをえなくなるためだ。むしろ問題とすべきは、「人間の本性ではなく」、「条件づけられた存在」としての人間という意味での「人間の条件」だという（『人間の条件』九：二七）。

ここでの「人間の条件」とはなにか。それは、「人間性」のような不動で不変の特性ではなく、人間の生存を可能にすると同時に、それを制約している境域といえるだろう。たとえば、人間は水中では生きていけないし、宇宙空間でも生きていけない。しかも、地球上であってすら、人間は単に生物学的な塊として存在しているわけではなく、自然や事物、他者たちとの関わりから影響を受けて存在している。これらの条件は場合によっては人間の自由な行動を制限するかもしれないが、とはいえその行動を可能にする条件でもある。図式的に言えば、「労働」に対しては「自然」、「仕事」に対しては「世界」、「活動」に対しては「複数性」がこうした「条件」をなすものと言えるだろう。科学技術の問題は「人間の本性」よりも「人間の条件」との関わりで考えるべきだ――この観点は著書『人間の条件』では主題化しないものの、その数年後の講演「人間の条件について」では前面に出てくるのである。

❷「人間の条件について」——オートメーション時代の「人間」

こうした「人間の条件」と現代科学技術に関するアーレントの思索を追うためには、アーレントが並々ならぬ関心を抱いていたオートメーションの問題が避けられない。この問題は『人間の条件』が対象とする現代科学技術の問題の中核に位置づけられると言っても過言ではない。実際、同書冒頭を飾るスプートニク号の打ち上げや人工生命の問題は、それほど熟考の上で取り扱われたものではなかったようだ。実はこれらへの言及は、一九五七年に提出された『人間の条件』の初校には含まれず、同年後半の報道を受けて急いで書き加えたものらしい（Markell 2024）。「原子爆弾」に関しては、確かに「ヨーロッパと原子力爆弾」や『政治とは何か』のなかでまとまった考察の対象になっていたが、『人間の条件』ではわずかに言及されるにとどまる。それに対しオートメーションは、宇宙船や原子力兵器といった「脅威に劣らない」ほど脅威的な出来事とされ（『人間の条件』4：一九）、さらに同書第4章20節におけるように、近代のテクノロジーのいわば「最終段階」を示すものとして注目されているのである。(3)

ところで、「オートメーション」に関しては『人間の条件』公刊の六年後、アーレントは「人間の条件について」という講演を、ほかならぬオートメーションやサイバネティクスを主題とするシンポジウムで行なっている。『人間の条件』のオートメーション論があくまで道具や用具などを対象にするものであったのに対し、「人間の条件について」のほうはまさしく「人間」を主題としているのである。

まずは、テクストの由来を確認しておこう。アーレントのこの講演は一九六四年の「サイバー文化の革命に関する会議」というところで発表されたものである。この会議は、アリス・メアリー・ヒルトン（Alice Mary Hilton）という工学博士で社会活動家の主催によるものである。ヒルトンは当時のアメリカでサイバネティクスやオートメーションの問題に関心を抱き「サイバー文化研究所（The Institute for Cyber-cultural Research）」を立ち上げ（Bessett 2022, chap. 4）、五〇年代以降のアメリカにおいてサイバネティクスやオートメーションがもたらす社会的な変動に注意を払っていた。アメリカ国会図書館には、ヒルトンがアーレントに送った一九六四年三月の依頼状が残っている。そこでヒルトンは、「コンピュータ機械とサイバネティクス・システムは、あなたの素晴らしい著作『人間の条件』で労働として描かれているものをすべて行なうものとして構想されえます」と述べ、「ギリシア文明についてのあなたの見方、とりわけ生命の維持のみをする労働（labor）および個人の仕事（work）の概念について、一五分の講演をお願いできないでしょうか」と依頼している[4]。

アーレントは「人間の条件について」で、このようなヒルトンの依頼に応じ、サイバネティクスとオートメーションを組み合わせた「サイバネーション」を主題として論じている。この講演の趣旨は、大きくまとめれば、「サイバネーション」が「精神的生」と「活動的生」の双方にどのような変容をもたらしたのか、という点にある。

まず「精神的生」に関して。産業革命が人間の「筋力」の代替をもたらしたとすれば、今日の「サイバネーション」は、コンピュータの開発により、チェスロボットのように「脳の力（brainpower）」を生み出すことで、「人間の精神（mind）」や「知性（intelligence）」を代替させようとしている。実際、「記憶」も、記憶装置とかカタカナで「メモリー」といえば分かりやすいように、人間の脳や心ではなく、機械的なデータによって担われ、人間の「想起（remembrance）」を代替する（『手すりなき思考』322）。ただし――とアーレントは補足する――、ここでとって代わられているのは本当に人間の能力なのか。機械が代替する「脳の力」や「記憶」とは、人間にも備わっているかもしれないが、しかし人間の「知性」や「想起」とは区別されるのではないか。

この問いはきわめて重要だと思われるが、アーレントはこの短い講演のなかでこの点を示唆するにとどめ、第二の論点に移っている。それは、こうした「サイバネーション」の進行が、「活動的生」の面で人間の「ライフ・サイクル」に与える変容だ。産業革命は、たしかに人間が担っていた労働や仕事の内容を刷新したが、とはいえ人間の「ライフ・サイクル」との関係を変えることはなかった。すなわち、労働や仕事に携わった後には家に帰り、休息をとるという生活サイクルだ。これに対し、「サイバネーション」がもたらす変革は、オートメーションによって人間から「労働」を奪うだけでなく、「労働」と「暇」からなるこの生活サイクルそのものを奪うというのである（『手すりなき思考』323f.）。

このサイクルの変容は、アーレントの視点からすると、きわめて「決定的な変化」をもたらす。それは、「労働」や「仕事」に割り当てられていた時間がなくなることによって生じる「暇」に関わる。ここで、「余暇（leisure）」と「無為（idleness）」の違いはきわめて重要だ。「余暇をもつことは、いくつかの活動を免れることで、他者のために自由であることを意味した」（『手すりなき思考』325）。すなわち「余暇」は自由であることの条件であるのに対し、「無為」は何も生み出すことはないとアーレントは言う。古代ギリシアにおける芸術家は市民とは認められていなかったが、文化の発展に大いに寄与しており無為ではなかった。他方で、古代ギリシアの市民は文化的な生産はしていなかったが自由であり、政治的な義務を果たしていた。これら両者に対し、暇な時間はたくさんありつつ文化的な生産にも寄与しなかった古代ローマの平民は「無為」に留まっていたとする。このように、アーレントの言う「無為」は、ある程度までは文化的な次元での創造行為に関わっている。

しかし、オートメーションによるライフ・サイクルの変容が現代において問題となるのは、現代の労働者たちが暇になった時間を文化的な創造に充てることができないからという理由ではない。そうではなく、この無為の時間が、人間の条件に対して何も与え返すことがないからである。

先に見たように、「人間の条件」というのは不動で不変の基盤ではなく、時代や環境によって変化する。地球が人間の条件であるとしても、科学技術の発展によって宇宙船での生活が可能になった場合、当然その条件は変化する（映画『二〇〇一年宇宙の旅』における宇宙船での生命維持装置などを想起されたい）。しかも、こうした条件の変化には、人間が「世界」を作り出している以上、人間も関与している。この意味で人間は条件づけられると同時に条件づける存在であるとされていた。「人間の条件について」もこの観点を踏襲しつつ、人間はこうした条件づけ関係が変化した後もそこに「適応する」存在だと言われる。

> 人間は――定義上条件づけられた存在なのだから――もちろん自発的に素早く適応することができる。人間はたんに環境に条件づけられているだけではない。人間は環境を条件づけているのであり、さらに環境がまた人間を条件づけるのである。この特異なサイクルは現在では「フィードバック」と言われているが、人類の歴史をとおしてきわめて明白である。人間はつねに、自分が考えるよりも速やかに新たな環境に適応してきたのである。（『手すりなき思考』326）

しかし、今般の「サイバネーション」における「暇」な時間の誕生が画期をなすのは、このような条件づけのサイクルが閉じられるからだ。「無為」としての「暇」な時間は、「サイバネーション」という「環境」に条件づけられてはいても、「環境」をさらに条件づけることはしない。「人間の条件」に対して、何か新たなものを生み出すことがないというのだ。

こうした議論を経て、アーレントは最後の節で、依頼されていたように古代ギリシアの「モデル」を引き合いに出し、次の問いを残して論を締めくくる。「われわれ――二十世紀のアメリカ人――はギリシアの自由な市民たちがかつて満たしていたような役割を満たしうるような政治的な生活のための自由な制度を考案できるだろうか。政治的な活動にわれわれの生を費やし、われわれの暇な時間を公的な奉仕で満たすことを学ぶことができるのか」（『手すりなき思考』327）。

さて、以上のような「人間の条件について」の議論をどのように捉えたらよいだろうか。これは『人間の条件』の議論を「サイバネーション」という当時流行のテーマに当てはめた講演にすぎないのか。いや、むしろ批判的な観点の提示という点では「人間の条件について」は『人間の条件』よりもいっそう問題含みの考えを示しているとも言いうる。というのも、それは古代ギリシアにおける「自由」な「市民」による「政治活動」への従事を「モデル」にするもので、暇を持て余した現代のアメリカの労働者にはたとえ余暇があってもそれが「人間の条件」に資する活動のために使われることは少ない、というきわめてノスタルジックで安直な現代批判にとどまるものとしても読みうるからである。

あるいは、こうして生み出された「余暇」に関しても別様の見解もありうる。もう少し時代は下るが、フランスの社会思想家アンドレ・ゴルツは、生産主義批判という文脈のなかで、機械化や情報化の進展はむしろ、大量生産・大量消費社会を問い直し、「より少なく働き、より少なく買う」に向かう労働者を含めた人間の生活様式の変革の好機になるとも述べていた（ゴルツ 1997）。ゴルツの観点からすると、オートメーションによって労働者に与えられる「余暇」は、けっして「無為」とはならない。むしろそこには新たな文化的な創造に対する期待が見出されるのである。

「古代ギリシア」への言及が主催者からの依頼に基づくものであったにせよ、字面を追うだけであれば、「人間の条件について」の議論は現代科学技術論としても労働論としても、期待していたような鋭い考察も見られず、肩透かしのように見えなくもない。

ただし、思い起こしておくと、「サイバネーション」ないし「サイバネティクス」の問題は一九五〇年代から六〇年代にかけて、現代科学技術に少しでも関心のある哲学者たちにとっては避けて通れなかった問題だったはずだ。アーレントの議論の意義を推し量るためにも、とりわけアーレントと関係のあった哲学者たちが「サイバネティクス」の問題にどのように取り組んだのかを確認しておこう。

❸「人間の条件について」をどう捉えるか

たとえば、アーレントと関係浅からぬマルティン・ハイデガーもまた、アーレントとほとんど同じ時期に「サイバネティクス」に関心を寄せていたことは興味深い。有名な一九六六年の「シュピーゲル対談」でハイデガーは、「技術の本質」は、人間をある力によってせき立て、挑発するという「総かり立て体制(Ge-stell)」にあると同時に、このような技術の性質によって人間の根本的な規定がなされる現代のような時代においては「哲学はもうおしまいに来ている」ると言う(ハイデガー 1994:三九〇)。ではこれまで哲学が担ってきた位置に何がくるのかと尋ねるインタビュアーに対し、ハイデガーは、「サイバネティクスです」と即答する(ハイデガー 1994:三九三)。

ハイデガーにおけるサイバネティクスへの関心は、単に現代に現れた特異な科学技術についての目配せにとどまらない。「サイバネティクスと称される新しい根本科学」が「人間の労働を可能なる限りで計画し整え立てる」ことに対し、同時期のハイデガーは繰り返し注意を向けてきた(ハイデガー 1973:一二一―一二二〕。「世界のサイバネティクス的投企」によって、どのような人間も交換可能な対象となり、人間も含めて、「オートマティックな機械と生物のあいだの区別はなくな」るという（ハイデガー 2013：二一七）。

このようにハイデガーは、「サイバネティクス」が、まさしく現代的な「総かり立て体制」として、今日の「人間」の存在のあり方を規定し、人間を自動的な機械や生物と同じ交換可能な用材として駆り立てるものになっていると言う。

もう一人、アーレントに近しい人でサイバネティクスに関心を寄せていた哲学者がいる。アーレントの最初の夫であったギュンター・アンダースである。

アンダースの見方は本章の観点にとっても興味深い。アンダースは一九三〇年代に「アポステリオリの解釈」という論文を書いているが、そこで「人工性が人間の本性＝自然（nature）であり、その本質は非安定性にある」という興味深いテーゼを提示している（Stern 1934）。すなわち、不変で恒常的な「人間の本性」などはそもそもなく、むしろそうした性質があるとすればそれは絶えず「人工」的な介入を受け、けっして生来の「安定性」をもたないことにほかならないというわけだ。

こうした人間の「本性」の変容についての注目は、戦後の「核アポカリプス」についての考察や現代社会における科学技術をめぐる考察でも一貫している。サイバネティクスに関しては、戦後の科学技術社会を論じた『時代おくれの人間』第一巻の次の一節が重要である。

> 最後の危険である良心の叫びを防ぐために責任を持たされる神託機械、電気的な自動良心機械が製作された。サイバネティック・コンピュータがそれだ。〔…〕物に責任を転嫁し「責任（responsibility）」を機械的な「レスポンス」に取り替えて、なすべきことは極度の「正確なもの」に変え〔る〕。われわれの生命はおのず

から、有限で計算可能な量として入力される。（アンダース 1994：二五九）

このように、サイバネティクスにおいては、人間の「良心」や「責任」といった感情すら機械によって代替されることになる。アンダースはこうして、サイバネティクスやオートメーションの時代に、「人間」の「本性」が変容を被ることをペシミスティックなかたちで捉え、批判的に論じている。

さて、以上のハイデガーやアンダースの議論に照らすとアーレントの議論はむしろその特異性が際立つように思われる。ハイデガーにせよアンダースにせよ、サイバネティクス／オートメーション時代における従来の労働形態の変容に伴い、人間の存在様態そのものが根源的に変容ないし改変されているという認識が見られる。そこに失われた人間性へのノスタルジー（ないし「疎外論」）を読み込む必要はないだろうが、両者の見解がいずれにしても技術の自律化批判という枠組みに位置づけられることは確かだろう。アンダースの場合にはさらに、科学技術が現代社会のなかで巨大なシステム（メガマシーン）を構成していく点に「技術的・全体主義的状態」を読み取るにまでいたる（アンダース 2007：八二）。

こうした見解を踏まえると、アーレントの「人間の条件について」の考察は、一方では、先に触れた、機械による労働の代替に人間の解放の可能性を見たアンドレ・ゴルツと、他方では、そこに人間の存在様態の疎外的な変容を見たハイデガーやアンダースのどちらからも距離をとって、別様の観点を提示しているように思われる。

即座に気づくことができるのは、「人間の条件について」でアーレントは、「サイバネティクス」という事象そのものを論じているわけでもなければ、それによる人間の労働時間からの解放の問題にも、さらには労働形態の変容にもさほど紙幅を割いて検討していないという点だ。アーレントが注意を促しているのはつねに、この論考のタイトルのとおり「人間の条件」の問題である。とりわけ人間に対する条件づけと人間による条件づけという「条件づけの相互連関」の問題である。

先述のように、人間を条件づけているものはつねに変動しうるため、「サイバネティクス」が中心的な位置を占める場合もあるだろう。また、こうした新たな条件づけにより、その時代や社会における人間のあり方に大規模な変容がもたらされることはアーレントも認めている。その点では、「人工性が人間の本性＝自然であり、その本質は非安定性にある」とするアンダースに合流する。しかし、アンダースがこうした非安定性をもたらす科学技術によって形成された現代社会システム全般の批判的な考察に向かうのに対し、アーレントが関心を寄せるのは、むしろこうした非安定性のなかでの「適応」をもたらす条件づけの連関であり、とりわけ「条件づけ」の場としての人間の活動性（activities）である。

この角度から「人間の条件について」を見返してみると、思考に関する「脳の力」と「思考」、「記憶」と「想起」、労働に関する「筋力」と「労働」ないし「仕事」、そして暇な時間に関する「無為」と「余暇」の区別は改めて考えてみる余地がある。これらの区別の境界線は、いずれも機械によって代替可能なものとそうではないもののあいだに引かれているが、この区別を可能ならしめているものこそが「条件づけの相互連関」である。先に触れたように、「想起」の機能の一つが機械的「記憶」によって代替されるとしても、「想起」には過去のデータの蓄積にとどまらない、自らを条件づけるものへのフィードバックがある。オートメーションによって、「労働」における動作が技術的に代替されるにせよ、「労働」に従来それが相関していた「自然」との「条件づけの相互連関」が残る。別の言い方をするとこうなる。たとえばなんらかの労働が、どれほど「人間的」ないし「機械的」とみなされる場合でも、その営為それ自体は隔絶して成立しているのではなく、つねに、なんらかの「自然」との相関関係のなかで成立している。こうした条件づけの相関関係から孤絶した「活動（activity）」は従来存在していなかった。それに対し、「サイバネーション」のもたらす影響の特徴は、こうした相関関係から遊離したものをはじめて生み出す。アーレントが「無為」と呼ぶのはこうした人間と環境の「条件づけの相互連関」の断絶、ということもできる。そうだとすると、逆から言えば、「労働」にはそれ特有の「条件づけ」として身体や自然との関係がつねに関わっているともいえるだろう。すなわち「労働」とは「自然」との新陳代謝の関係をもつが、それは一方的なものではない。森の言う「仕事」を通じた「世界」の「メンテナンス」に似て（森 2020：一四二）、「労働」はつねに「自然」に対する働きかけや配慮（ケアと言ってもよい）をもつものとして捉えることもできるかもしれない。

もちろん、講演「人間の条件について」そのものの分析は――口頭用の短いものであることもあり、必要な議論を尽くしているわけではないという点を差し引いたうえでなお――、いくつかの疑問も提起する。この講演で論じられるかぎりは、「無為」が何も生み出さず、それゆえ「条件づけの相互連関」を構成しないという判断はやはり楽観的なように思われる。たとえば、「無為」がそれ自体として何も生み出さないにしても、ハイデガーが述べたような「駆り立て」の対象となりうることは十分想定可能だ。実際、アーレントは、現代と同様に「無為」に留まっていた先例として古代ローマの平民を挙げつつ、その「慰め」として「終わりなき戦争」が用意されていたとする（『手すりなき思考』325）。その観点からすると、欲望を喚起し「無為」の慰めを供給しつづける現代資本主義はまさしく「無為」を活用し、実体を欠いた消費のサイクルをさらに増幅させるものにはなりはしないか。

こうした問いは、このような消費的生のサイクルの問題が『人間の条件』の最終部の焦点となるだけに無視しえない。しかし、さしあたって「人間の条件について」のアーレントの議論は、こうした「無為」そのものを評価するというよりは、このような新たな事態を生み出す「条件づけ」の相互連関を指摘することにあったと言うことは可能だろう。科学技術に関するアーレントの思想を踏まえれば、「人間の条件について」が示すのは、科学技術による人間の本性の「変容」可能性を問う批判的な視座というよりも、人間が科学技術との関わりのなかで、どのように、新たな条件づけ関係のなかに身を置き、どのように「適応」しているかを検討するような（いわば現象学的な）視座だと言うこともできるだろう。

おわりに

アーレントは『全体主義の起原』において、全体主義が科学を偽装したイデオロギーによって「人間の本性」の改変を試みたと述べていた。『人間の条件』の（とりわけ「科学主義の起原」を論じたとも言える）最終部が示すように、アーレントにおいて科学技術による「人間の本性」の改変という問題は消えたのではない。『全体主義の起原』が論じていた全体主義の企ては、けっして過ぎ去った黒歴史の一つではない。「現代科学」において「自然を「作る」」というプロメテウス的傲慢さが頭をもたげるとき、その先例を思い起こす必要が出てくるだろう。

だが、とりわけ『人間の条件』をめぐるアーレントの思索はそこにとどまらない。サイバネティクスとオートメーションが融合するかたちで促進された戦後アメリカにおける社会形態の変動のなかで、アーレントは「サイバネーション」をめぐる講演依頼を受けた。この講演「人間の条件について」において、アーレントは人間が条件づけられていると同時に条件づける存在であるという「条件づけ」の相互性を強調していた。ここには、何が人間にとっての「条件／制約」をなしているのか、そして科学技術の進展によって人間に対してさまざまな変容が加えられるとき何がどう変わっているのかに関して、人間と科学技術とを個別・具体的な関係性のなかで見る視座が示されているだろう。この限りで、アーレントには、ハイデガーやアンダースのような技術批判とは一線を画する、「人間の条件」をめぐるいわば現象学的な科学技術論を見ることができるように思われる。アーレントにおける科学技術の問いは、科学技術がおしなべて全体主義的になるかどうかというより、人間が科学技術とどのような「条件づけの相互連関」のなかにいるかにも関わっているのである。

注

(1) 法哲学者のケルゼンに師事し法学および社会学を修めたフェーゲリンは、ユダヤ系ではなかったが、すでに一九三〇年代からナチスの人種主義を批判する本を出し (Voegelin 1933)、三八年にアメリカに亡命する。『政治の新科学』では当時アメリカの社会科学に蔓延していた実証主義を批判し政治についての「新たな学」を提唱した (フェーゲリン 2003)。

(2) ジャン＝ピエール・デュピュイは、「サイバネティクスは反人間主義である」という挑発的なタイトルの論考でこの箇所を引用し、サイバネティクスに源流をもつ現在のＮＢＩＣ (ナノ・バイオ・情報・認知科学) 収斂という企てにおいて、こうした「自然に対する活動」が姿を見せているとし、この問題を批判的に理解する鍵の一つを『人間の条件』に探ろうとしている (Dupuy 2009)。デュピュイによれば、こうした現代科学には、「自然」を改変させるような「神」の力を人間が獲得しようとするという形而上学的プログラムが残ると同時に、これまでの「人間」がアンダースのいう「時代遅れ」のものとなったため、科学技術によって「アップデート」する必要があるという、「矛盾」した人間観がある。

（3）『人間の条件』によれば、オートメーションの体制においては、道具や用具などの対象物は、これまでのように「目的」のための「技術」として「作られていた」ものであることやめ、人間の助けなしに、あたかも「自然」のように「成長」するものとなる。こうして「現在のテクノロジーは人工物の世界性そのものを変えた」という（『人間の条件』150：二六七）。アーレントのオートメーション論の文脈については Bassett（2022）, Simbirski（2016）を参照。

（4）一九六四年五月四日のアリス・メアリー・ヒルトンからアーレント宛の手紙。アメリカ国会図書館所蔵。

文献

Bassett, Caroline (2022) *Anti-computing : Dissent and the machine*, Manchester University Press.

Cooper, Barry (1999) *Eric Voegelin and the Foundations of Modern Political Science,* University of Missouri Press.

Dupuy, Jean-Pierre (2009) "Cybernetics is an Antihumanism: Advanced Technologies and the Rebellion Against the Human Condition," *Antimatters*, 3 (2).

Hilton, Alice Mary (1966) *The Evolving Society: The Proceedings of the First Annual Conference on the Cybercultural Revolution: Cybernetics and Automation*, Institute for Cybercultural Research.

Markell, Patchen (2004) "The Outdoor Condition: Reading Arendt on a Warming Planet," *The Review of Politics*, May.

Monod, Jean-Claude (2003) "Eric Voegelin et l'interprétation du nazisme," *Esprit*, no. 297.

Nosthoff, Anna-Verena and Maschewski, Felix (2019) "The obsolescence of politics: Rereading Günther Anders's critique of cybernetic governance and integral power in the digital age," in *Thesis Eleven*, 153 (1).

Simbirski, Brian (2016) "Cybernetic Muse: Hannah Arendt on Automation, 1951–1958," in *Journal of the History of Ideas*, 77 (4).

Stern, Günther (1934) "Une interprétation de l'a posteriori," *Recherches philosophiques*, vol. 4.

Voegelin, Eric (1933) *Rasse und Staat*, Tübingen: J.C.B. Mohr.

Voegelin, Eric (1948) "The origins of scientism," *Social research*, 15 (4).

Voegelin, Eric (1953) "The origins of totalitarianism," *Review of Politics*, 15 (1).
アンダース、ギュンター（1994）『時代おくれの人間』上、青木隆嘉訳、法政大学出版局
アンダース、ギュンター（2007）『われらはみな、アイヒマンの息子』岩淵達治訳、晶文社
ゴルツ、アンドレ（1997）『労働のメタモルフォーズ――働くことの意味をもとめて』真下俊樹訳、緑風出版
ハイデッガー、マルティン（1973）「哲学の終焉と思索の課題」『思索の事柄へ』辻村公一訳、筑摩書房
ハイデッガー、マルティン（1994）『形而上学入門　付・シュピーゲル対談』川原栄峰訳、平凡社ライブラリー
ハイデッガー、マルティン（2013）「芸術の由来と思索の使命」『技術への問い』関口浩訳、平凡社ライブラリー
フェーゲリン、エリック（2003）『政治の新科学』山口晃訳、而立書房
森一郎（2020）『ポリスへの愛――アーレントと政治哲学の可能性』風行社

3

デジタル時代における「我が手の仕事」再考

触知可能な物と人間の関係

北野亮太郎

はじめに

ハンナ・アーレントの主著『人間の条件』を参照して現代のテクノロジーについて議論する際、重要な論点の一つとなるのは、人間の住まう「世界」が科学技術の進歩によってどのように変質したのか、ということであろう。アーレントは、近代以降、人間は自らの住まう世界に対するリアリティや信頼を喪失した、「世界疎外」の状態に陥っていると指摘する（『人間の条件』6：二三）。この世界疎外の要因の一つとして挙げられるのが、テクノロジーの進歩である。

この問題に関連して本章で取り上げるのは、アーレントが『人間の条件』で提示する人間の三つの活動性、すなわち「行為（action）」、「制作（work）」、「労働（labor）」のうち、主に制作とテクノロジーとの関係である。近代以降に生じた世界疎外の要因の一つに、産業革命以降の急速なテクノロジーの発達による、制作の産物で構築された「人工物の世界」に対する信頼の喪失が挙げられる。生産速度の高速化によって、かつて制作の活動を通じて作られていた「物（thing）」が世界における耐久性を持たない「消費財」に転化し、また生産過程も、制作活動から分業労働へと解体されたのである。アーレントはこのように生産速度の点から、テクノロジーの発達と世界疎外の関連について論じている（124-126：一九八–二〇一）。

しかし、現代における「物」について考える上で、アーレントが想定していたものとは異なる次元のものが、現在のわれわれの生活に深く根づいていることを忘れるわけにはいかない。それはＩＴ技術の発展により、われわれを取り巻いているデジタルなものである。ここで扱うデジタルなものとして主に想定するのは、加藤晋らが取り上げている「アルゴリズム」である（加藤ほか 2021：二〇二）。アルゴリズムはわれわれにとって直接手で触れられるような物質ではない。しかし、それがわれわれの生活するこの世界を構成している基盤であることは間違いないだろう。こうしたデジタルなものに対して、われわれはどのようにリアリティを感じ、また、どのような関係を構築することが可能だろうか。

こうした問題意識から、本章では、デジタルなものが基盤となっている現代における物と人との関係を考察するにあたって、アーレントが物に見出す「触知可能性（tangibility）」に注目する。そこから、人工物の世界の触知可能性が人びとを「条件づける（condition）」こと、そして制作過程における物の触知可能性と人間への条件づけがアーレントにおいて十分に論じられていないことを指摘する。つぎに、制作過程について考察する補助線として、制作活動における人間と環境との相互形成関係を強調した三木清の制作論を参照し、制作過程における物から人間に対する条件づけについて考察する[1]。最後に、現代のわれわれを取り巻いているデジタルなものの世界における、デジタルなものの触知可能性とそのリアリティについて考察する。

1　「我が手の仕事」の支配的性格

アーレントは制作の活動を、ジョン・ロックの『統治二論』を引いて「我が手の仕事」と性格づけている（ロック 2010：三二六）。アーレントは以下のように述べる。

ロックが言うところの「我が肉体の労働」から区別された「我が手の仕事」、すなわち「労働する動物」がみずからの肉体を対象と「混ぜ合わせる」のに対して、文字どおり対象に「働きかける」「工作人」の仕事は、数えきれないほど多種多様な物を作り出す。その総体が人間の人工物を構成しているのである。

（『人間の条件』136：二五二）

アーレントによれば、労働は、自身の肉体とそれに関わる対象とを混合し一体化させる作用である。労働によって生産された消費財は、生産者の生命過程を維持するために消費され肉体に取り込まれる。このような労働－消費の循環においては、人間と消費財は互いに混ざり合った区別のないものと考えられる。そのため、消費財は独立した形を保持し続けることはできず、むしろその形を解体され消尽されることが本質的な役割となる。

一方、「我が手の仕事」は、「人間の存在の非自然的な側面に対応する活動である」（7：二五）とされる。そこには、人間と対象が自然過程の内に互いに混ざり合うのではなく、働きかける人間と働きかけられる対象との明確な主客の区別が前提とされている。この区別は、制作物が人間から相対的に独立していることによって可能となる（137：二五三）。独立した物に対して、制作は手を用いて関与するのである。

それでは、アーレントにおいて「手」とは、どのような器官として考えられているのだろうか。アーレントが制作と結びついた手について述べるときに強調するのは、制作活動を行う主体としての「工作人(homo faber)」が客体物に対してそなえる支配的性格である。

この支配的性格には、三つの階層があると考えられる。第一に、手を支配する工作人の性格が挙げられる。労働と制作の区別として、アーレントは「「労働する動物」は、肉体の欲求に駆り立てられていて、「工作人」が原初的な道具である自分の手を自由に扱うように自分の肉体を扱うことはできない」（118：一九〇）と述べている。工作人は、自らの手を支配し、道具と見なして自由に扱うことができる。第二に、手による制作手段の支配である。制作に際して用いられる道具は「どんなに精巧なものであっても手の召使いであり、手を導いたり取って代わったりすることはできない」（147：二六五）とされている。手は工作人にとって原初的な道具であると同時に、道具を支配する主体の一部でもある。そして第三に、自身の手による制作物に対する支配である。アーレントの制作論においては、制作者と制作物との支配‐被支配の関係が想定されている。アーレントは以下のように述べている。

> 仕事の信頼性の大きさは、制作過程は不可逆ではないという事実に反映している。人間の手で作られた物は人間の手で破壊できるし、生命過程にとって切実に必要で、それなくしては制作者の生存が危うくなるために破壊できないような使用対象は存在しない。（144：二六一）

ここで指摘されているのは、予見不可能で不可逆的な結果をもたらす「行為（action）」に対して、制作物の影響が可逆的であることによってそなわる制作への信頼である。人間の手によって作られた物は、同じく人間の手によって破壊することで、なかったことにすることができるのである。それだけでなく、制作は労働と異なり、生命維持に不可欠なものを生産する活動でもない。制作物はいざとなれば破壊されるものとして、その運命を制作者の手に支配されているのである。

このように、制作に結びついた手は、一方で原初的な道具として工作人に支配されると同時に、工作人が手段や制作物そのものを支配するという、人間の支配的性格との関係が強調される。そして、この支配性は、制作という活動そのものの特徴とも見なされている（139–140：二五六―二五七）。アーレントが制作を「我が手の仕事」と特徴づけたことは、労働–消費の循環のような、人間と消費財とが混合するという一体的関係とは異なり、制作においては人と物との主客の区別が明確であることを示すと同時に、制作の活動が持つ支配的性格を明示したものであると言える。

こうした性格を持つ制作活動を通して作られる物が、われわれの住まう世界を築き上げる。そして、世界を形成する物には、人びとに触れられ認知される性質、すなわち「触知可能性（tangibility）」がそなわっているとされる。

2　触れられる世界――アーレントにおける物の触知可能性

「我が手の仕事」によって作られる物は多種多様である。アーレントはその例として、道具のような使用対象物や、市場で交換される交換対象物、芸術作品といった物を挙げている（168：二八九）。これらに加え、これらの制作物を作り出すために自然から切り出される石材や木材といった材料も、「すでに人間の手の所産」(140:二五七)であるとされる。さらに、物質的な制作物だけでなく、アーレントは「法」もまた制作の領域に属していると見なす。アーレントによれば法とは古代ギリシアでは「壁」を意味しており、「ギリシア人の意見によれば、立法者は都市の城壁の建設者のようなものであって、その仕事は政治活動が始められる以前に行われ、政治活動が可能になるためには完成されていなければならない」(194:三四八)とされていた。ここでは、法も建造物も、共に「作られる」ものとして制作の範疇にあり、これらの「触知可能な実体そのものは、政治の内容ではない」(194:三四八)として、政治とは区別されている。

このようにアーレントにおける制作の産物は道具から法まで幅広いが、これらの物が共通してそなえている性質が「触知可能性」である。この触知可能性は、物がもつ公的性格と、自然過程への耐久性という二つの性格に結びついている。

まず、公的性格について、触知可能性はアーレントが示す「公的」の二つの現象、すなわち「公開性(publicity)」と「共通世界(common world)」の両方に関係している(50-53:八二―八六)。触知可能性と公開性については、持続的な産物を残さない行為や言論、あるいは公的に現れない思考に与えられるリアリティと結びついている。アーレントは次のように述べる。

> 人間事象の事実的世界は、そのリアリティと持続的な存在を、まず第一に見たり聞いたりしてそれを記憶する他人がいること、第二にはこれらの手を触れることのできないものを触知可能な物に変形することに依存しているのである。(95:一六五)

ここでアーレントは触知可能性を、形をもたない思考や出来事に人びとに共通して見られるような形を与える制作の「物化（reification）」作用と結びつけている。ここから、触知可能性には、人びとにとって共通に見られ聞かれる公開性が含まれていると言える。すなわち、触知可能な物は、可能な限り多くの人びとにとって触れうるという性格をもつ。

一方、共通世界においては、人間を集めつつ分離するという世界の性質と触知可能性が結びつけられている。

> 共通世界としての公的領域は、われわれを一つにまとめつつ折り重なって倒れるのを防いでいる。大衆社会を耐え難いものにしているのは、〔…〕人々の間に存在するはずの世界が彼らを集め、互いに関係させるとともに離しておく力を失ったことによるのである。この状況の異様さは、降霊術に喩えることができるだろう。テーブルのまわりに集められた人々の前で、突然、ある種の奇術によってテーブルが消えてしまう。向かい合って座っていた人々は、もはや何か触知可能な物によって隔てられてはいないが、同時に、そうした物を通じて結びつけられず、無関係なままなのである。（52–53：八五―八六）

ここで指摘されているのは、近代以降に勃興した大衆社会では共通世界が喪失しており、人間関係の成立が困難になっているという問題である。その要因の一つとして、人びとを結びつけると同時に隔てる共通世界としてのテーブル、すなわち触知可能な物の喪失が挙げられている。ここから、触知可能性は、可能な限り多くの人びとにとって触れうるという公開性と、人びとが共通して触れうる共通世界としての性質という、二つの公的性格と結びついていることが分かる。

次に、自然過程に対する耐久性と触知可能性については、物と労働との関係から次のように指摘されている。

しかしながら、世界の一部としての性質が最も明白に現れるのは、道具や器具が労働過程に用いられた時だ。労働と消費のいずれの過程においても、それは唯一触知可能な物だからである。それゆえ、生命の貪り尽くすような過程に支配されている「労働する動物」にとっては、自分が使用する道具や器具こそが世界の耐久性と安定性を代表し、労働者の社会においては道具は単なる手段以上の意味や役割を果たしているのである。

（144–145：二六二）

ここでは、道具のような制作物が、労働－消費の過程に飲み込まれることなく形を維持することから、「労働する動物」に触知可能な物の世界を実感させるとされている。先に見たように労働は、消費を通して人間と対象物を混ぜ合わせる活動である。この労働－消費に対して物は耐久性を示し、労働者にとって触れられるリアルな世界として立ち現れるのである。

こうした触知可能性をそなえた物と人びとが関わることによって、人間は世界から「条件づけられる」ことになる。

人間は自分が触れた（contact）ものをただちに自分の存在条件にしてしまう、そのような意味において、人間は条件づけられた存在なのである。人間が「活動的生」を営む世界は、人間が自分の活動で作り出した物でできている。これらの物があるのは人間がそれを作り出したからだが、これらは作り手である人間を絶えず条件づけてもいるのである。

（9：二七）

アーレントにおいて人間は、自身が触れた物を片端から自己の存在条件へと転化する存在とされている。アーレントが世界疎外として提起した問題は、この人びとを条件づける物の世界が、上記のような触知可能性を喪失しているという問題なのである。先に挙げたテーブルの例は、触知可能な世界が自明のものではなく、テーブルが降霊術によって喪失してしまうように、大衆社会が、われわれを条件づける物の世界のリアリティを喪失していることを示唆しているのである。

世界における物の触知可能性の喪失という問題に対して、物と人との関係を再考するためには、物と人とが触れ合う現場について考察する必要があると思われる。それは、世界を構成する物を作る制作活動そのものである。アーレントは、制作過程に関わる道具や材料も制作の産物と見なしており、制作過程で関わる道具のような物に工作人が適応する必要性を指摘してもいる（147：二六四）。そのため、物の触知可能性は、この制作の現場において、人間を条件づけるものとして実感されるように思われる。

しかし、アーレントの制作概念において、制作過程のなかでの物と人との関係について十分に論じられているとは言い難い。というのも、アーレントは制作の過程とそのなかで関わる物が、工作人によって手段として支配的に組織されていることを強調しており、道具への適応のような工作人の条件づけとそれへの適応については、すでに習熟した状態での制作が前提とされているからだ。制作過程はあくまでも「最終生産物（end product）」の完成という目的達成のための途中経過とされているのである（143–144：二六〇—二六二）。加えて、アーレントは、制作過程が制作の最終生産物よりも重視されることについて、それ自体が世界の安定性を揺るがすことであり、人工物の世界が喪失する要因の一つと見なしている（296–297：五一三—五一五）。そのため、アーレントの制作概念においては、制作過程における物と人との影響関係が明示的ではないのである。[2]

しかし、制作過程に関わる物が触知可能であり、物による人間への条件づけが見出されるのであれば、物と人との関係を考察するにあたって、制作過程はより詳細に検討すべき要素である。そこで、次節では制作過程における人と物との関係を考察するために、三木清の制作概念を参照し、物と人との相互形成関係について検討する。

3　制作に求められる服従の「徳」

三木清は、人間と物との関係について、人間が身体として、すなわち物として外的な物に突き当たることを強調する（三木8：二五）。[3] こうした身体としての物との関係のなかで、三木が特に重視しているのが「手」である。三木は「手の生成と人間の生成とは同時的」であり、「手の成立と同時に道具の成立がある」として、人間の成立と道具の成立における、手によって触れることや、手を用いて物を使うことの根源性を指摘している（三木18：二九九）。[4] この姿勢は、三木の思想において人間の行為一般が制作的ないし技術的な性格をそなえているということに結びついている。

三木の思想においては、人間の「凡ての行為は広い意味においてものを作るという、即ち制作の意味を有している」（三木8：七）とされる。三木における制作は、主に環境へ適応するための媒介的行為とされる。

人間のすべての行為は、環境における行為と見られる限り、物——この言葉をできるだけ広く解するならば——を作る行為、従って制作的、従って技術的——この言葉を単に経済的技術に限らない限り——と見られ

なければならぬ。（三木7：二九三）

三木における制作行為は、人間が環境と関係していることから行われるが、人間は単に環境の中にいるのではない。三木において人間は、環境に対して「距離の関係」に立っており、環境に対して人間は超越している（三木8：二四九）。しかし、人間は環境から離れて生きることはできない。そのため、人間には再度環境と結びつこうとする環境適応への情動が発生する。この情動は単なる欲求ではなく、三木においては「パトス」と呼ばれ、その窮迫的な性格が指摘される（三木8：二四八）。人間の環境適応への情動が窮迫的なパトスであるのは、人間という「存在がもはや環境と融合して生きることなく、環境に対して主観的に乖離していることに由来する」とされる（三木8：二四九）。この環境適応へのパトスによって、人間は行為を起こすのだが、ここでの行為は環境へ適応するための技術的なもの、あるいは環境を変形する制作的なものとなる。そのため、三木における人間の行為は、基本的にはすべて環境への適応のために行われる「作業的適応」と見なされる（三木8：二四九）。環境から超越しており、環境に対して無限定な人間は、作業的適応としての行為を通して、自らの行為の型や人格的な固有性、すなわち三木における「形」を身に着け自己限定を行なうのである。

こうして人間が適応を試みる環境は、自然的環境や物的環境に限定されない広い意味をもつ。三木における環境は、「自然的環境ということが天体から人間の生理的性状に至るまであらゆる自然的なものの上に拡張され得るように、文化的或いは社会的環境ということも言語、習慣及び風習、道徳及び宗教、職業、商業、芸術、科学、法律及び憲法、経済的及び社会的諸関係の一切を含むことが出来る」（三木6：七五－七六）とされている。三木は環境を自然的なものだけでなく、「人間によって作られた凡てのもの、ひとり他の人間によってのみならず自分自身によって作られたものでさえが環境の意味を含んでいる」(三木6：八三)と見なす。この環境との双方向的な働きかけによって、人間は「環境を限定すると同時に環境から限定されることにおいて同時に主体として自己を自己によって限定してゆく」(三木8：一七)。

このように、三木において人間が適応する環境は、物質的な物や擬制的な制度を含む、何らかの構造、すなわち「形」をそなえたものであり、これらに適応するために人間は制作的行為を起こすことになる。ここで重要なのは、三木における制作行為は、自身の主観的な目的の達成のために環境を単なる手段とすることができないという点である。むしろ、制作を通して目的を達成するには、自然法則などの環境に存在する客観的な法則に即物的に従うことが「徳」として求められる。

> 技術家に要求される徳として種々のものを挙げることができるであろう。先ず技術家は自己の意志を客観的なものに従えなければならない。自然の客観的な法則に反しては人間は何物も作り得ないのである。技術において我々の意志は肆意的なものであることを許されない。即物的であること或いは客観的であることは技術家に必要な条件であり肆意的であろうとする我々の意志はこれによって制御され、訓練される。自己を殺すことが却って自己の目的を達する所以であるということを技術は教えている。自由は単に主観的なものでなく、むしろ「認識された必然性」が自由である。それはもとより単なる必然性ではなく、認識された必然性であり、認識されたというのは主体によって把握されたということでなければならない。即ち自由にはどこまでも主観的なところがなければならない。(三木7：二八三―二八四)

制作を行うためには、客観的な法則に従いつつ、そのなかで客観的な制約をむしろ自在に利用して主観的な目的を達成する技術的な適応が要求されるのである。だからこそ、人間の制作行為は主観的な目的と客観的な法則を綜合する媒介的なものとして性格づけられるのである。

加えて、三木は近代技術を扱う者には、単に必然性を認識し服従するだけでなく、さらに厳しく訓練され、技術に対する身についた知識が徳として求められるとも指摘する。

正確或いは厳密であるべき技術は厳しい訓練を必要としている。技術家は鍛えられなければならない。しかも近代技術においてはそのような訓練は物についての知識を必要とし、しかもその知識は曖昧で不正確でなく、厳密で、そして身についたものであることを要求されているのである。技術家の知識は単に観念的なもの、抽象的なものであることができぬ。（三木7：二八五）

制作活動を行うとき、客観的な法則に服従すると同時に、そうした法則に対して単に知っているというだけでなく、制作技術の訓練を通して、具体的、実際的な知識を身につけることが要求されると三木は指摘する。こうした具体的制作行為と結びついた「身についた」知識もまた、制作に求められる徳なのである。

このように、三木において人間の制作活動は、物理的、社会的環境に対する適応へのパトスに形を与え、環境を形成すると同時に自己を適応させるという、環境と人との相互形成関係として成り立っている。物の制作においても、人間は自身が手を加える物に服従しつつ、制作過程のなかでその物について知り、適応することによって物を作るのである。

これまでの議論を整理しておこう。本章では、アーレントの制作概念と物の触知可能性について整理し、触知可能な物によって構築される世界から人間が条件づけられていることが指摘される一方で、それを作り出す制作過程での物による工作人への条件づけについては十分に論じられていないことを指摘した。これに対して、三木の制作論から、触知可能な人工物の世界を作る過程に含まれる物と人との相互形成関係、すなわち物から人間に対する制約と、そうした客観的な条件に服従し、それらを身をもって知ることで、かえって自身の目的を達成するという、制作における技術的活動の「徳」が不可欠であることを指摘した。ここから、触知可能な人工物の世界を作り上げる制作過程そのものにも、人間による物への関与と同時に、物から人間への条件づけという、双方向的な関係が成立していることが明らかとなる。制作という活動は、物と人とが互いに影響を与え合う触れ合いの現場なのである。

4 デジタルなものの触知可能性——制作過程において「知ること」とリアリティ

本節では、前節までで論じたアーレントにおける触知可能な物の世界を作り出す支配的な活動としての制作と、三木における物と人との相互形成関係としての制作から、現代のわれわれの世界を構成するデジタルなものと人間がどのような関係を形成しているのかを考察する。

まず、われわれにとってデジタルなものは「世界」と呼びうるのか、という点について確認しておきたい。百木漠は、SNS（ソーシャル・ネットワーキング・サービス）で生じている問題を取り上げ、デジタルな言論空間の非世界性を指摘している。[5] 確かに、人間関係によって形成される言論空間としては、デジタルなメディアはアーレントにおける世界とは言えないだろう。しかし、SNSなどのアプリケーションそのものは人間によって作られたものであり、それらによって構築される世界は「人工物の世界」と呼ぶことができると考えられる。加藤晋らは、現代を「デジタル化時代」と呼び、制作活動が耐久性をそなえた物理的な物を生産する能力とは言えなくなっているとしたうえで、現代において制作は「アルゴリズム」を作り出すことによって、むしろ支配的な活動になっていると指摘する（加藤ほか 2021：二〇一）。アルゴリズムは人間によって作られたものであり、持続的に作用するため、「ある種の耐久財」と見なすことができる。ここから、加藤らは、「デジタル化にせよ、AIや機械にせよ、アルゴリズムを開発するための「仕事〔work〕」から生み出されたもの、ということになる。つまり、デジタル化そのものが、工作人としての人間が生み出したものなのである」（加藤ほか 2021：二〇二）と述べる。現在のわれわれは制作によって作られたアルゴリズムと、それによって作動するデジタルなものに囲まれた世界の中に住まっており、むしろ、人工物の世界との関係は密接になっていると考えられるのである。[6]

こうしたアルゴリズムを含むデジタルなものと人間との関係を考えるとき、アーレントの視座から留意しなければならないのは、われわれが日々相対しているデジタルなものが、アーレントが制作の産物と考える最終生産物、すなわち完成品ではないという点である。ソフトウェアに対して行われる不具合の修正や、より機能を向上させたものへのアップデートが典型的な例であるように（加藤ほか 2021：一八―一九）、人びとによって使用されることと、そのフィードバックを反映してアルゴリズムを再形成することが同時的に行われている。安定的な完成品を自由に使用するのではなく、むしろ、状況に適応するために物そのものが変化し、使用者がその変化に適応するという関係がデジタルなものに対しては形成されているのである。これは、デジタルなものの制作の過程のなかに、制作者だけでなく使用者も組み込まれている状態であると言える。

こうしたデジタルなものの制作は、アーレントの制作概念における支配性と最終生産物の予見可能性からは大きく乖離している。上記のような使用者による反応のフィードバックを受けた漸次的なアルゴリズムの修正やアップデートだけではない。ソフトウェアなどのデジタルなものの制作は、アルゴリズムの制作に要求されるルールを熟知し受け入れ、発生したエラーにそのつど対応するといった、アルゴリズムという客観的なものへの適応が求められる。その意味で、デジタルなものの制作は、事前に想定していた最終生産物を顕現させる過程ではなく、むしろアルゴリズムから示される反応やルールを即物的に受け入れながら制作するという、三木が制作に見出した双方向的な影響関係のなかで行われている。そのため、技術者にはデジタルなものに服従しつつ操るような「徳」が求められることになると考えられる。

しかし、アーレントにおいて制作の過程が重視されることは、それ自体が世界の安定性を揺るがすことであり、人工物の世界が喪失する要因の一つであった。デジタルなものの完成しない制作過程の中で、いかにして世界の触知可能性を見出し、世界のリアリティを考えることができるか。この点に対して、制作過程そのものに注目した三木の指摘は示唆に富む。

> 知識についても、人間は知ることによって物を作るのであり、逆に物を作ることによって知るのである。
> （三木7：二〇五）

デジタルなものとそれによって構築されている世界は、直接手で触れることができない流動的な制作過程である。物理的に触れることができないものに対してリアリティを感じるためにわれわれに求められるのは、それについて実感をもって「知ること」ではないだろうか。確かに、こうして得ることができるリアリティは、アーレントが示すような、他者に対して公開的で、他者と共通に触知可能な世界のリアリティとは異なる。しかし、この世界を構成するデジタルなものの制作過程について知ることによって、この流動的な世界が、われわれにとって適応可能な相互形成関係を成しているものとして認知できるようになる。こうした認知が広がることによって、人びとにとってデジタルなものの世界は、他者と共通して認知し関与できるものとなるだろう。デジタルなものの世界のリアリティは、こうした実感を伴った知が共有されることによって感得可能となるのではないか。そして、この知ることは、作ることと表裏を成している。知ることと作ることを通じてデジタルなものに関与するための「徳」を習得することが、デジタルなものの世界に住まうために求められるのである。

注

(1) アーレントと三木の比較については、いくつかの先行研究がある。両者を構想力から比較する岩崎 1991、自然に対する人間の「人為」の評価について両者を比較する今井 2005、労働概念を軸に両者を連関させる森 2018、両者の「活動」概念と「行為」概念を比較する太田 2018 等を挙げることができる。

(2) アーレントが「過程」を強調して論じているのは、主に人間の手から離れている自然の過程についてである。アーレントはこの自然過程の人間の世界への流入と、近代以降のテクノロジーの制御不可能な発展を結びつけて論じている(『人間の条件』147–150：二六四―二六七、加えて『過去と未来』60：七八―七九を参照)。

(3) 三木清の著作を参照する際は、『三木清全集』第二刷(全二〇巻)岩波書店、一九八四―一九八六年を用いる。引用時には、「三木 巻数：ページ数」と略記する。また、引用に際し旧字を改めている。

(4) 三木7：二〇三―二〇五にも同様の主張がある。

(5) 百木の指摘については、百木 2021：一五五―一六〇を参照。

(6) 〔 〕内引用者。本稿では work に対し「制作」の訳をあてている。

文献

今井弘道（2005）「三木清『構想力の論理』の現代的意味――ハイデッガー・アーレント・田辺元・丸山真男と関連して」『情況』第三期6（3）、八八―一一一頁
岩崎稔（1991）「生産する構想力、救済する構想力」『思想』807、一六四―一八四頁
太田裕信（2018）「三木清の行為・自然の哲学――西田幾多郎、ハイデガー、アーレント」、愛媛大学法文学部『愛媛大学法文学部論集　人文学編』（45）、一―一八頁
加藤晋・伊藤亜聖・石田賢示・飯田高（2021）『デジタル化時代の「人間の条件」――ディストピアをいかに回避するか？』筑摩書房
三木清（1984-86）『三木清全集』第二刷（全二〇巻）岩波書店
百木漠（2021）『嘘と政治――ポスト真実とアーレントの思想』青土社
森一郎（2018）「労働という基礎経験――ハイデガーと三木清」『現代思想』46巻3号、二九五―三一四頁
ロック、ジョン（2010）『完訳　統治二論』加藤節訳、岩波書店

4

手許にないものとしてのテクノロジー(1)

木村史人

はじめに

現代のテクノロジー、例えばアーレントも注目していた原子力発電所やスペースシャトルは、職人が用いるトンカチと同様に、「道具」といえるだろうか。仮に、水車を〈河の水流を利用(し、ある場合は発電)するためにある道具〉と、また、自転車を〈早く移動するためにある道具〉といってよいとすれば、原子力発電所を〈電気を作るためにある道具〉と、スペースシャトルを〈宇宙に行くためにある道具〉といってよいようにも思われる。しかし、われわれの感覚としては、両者をまったく同じものとみなすことに違和感を覚えるのも確かであるだろう。さらに言えば、原子力発電所やスペースシャトルを単なる道具として用いることは、原理的な意のままにならなさを孕んでいるだけではなく、きわめて大きな破局につながる危険性がある。

現代のテクノロジーの性格を明らかにするために、本章では、アーレントを起点としつつも、他の文脈の議論も参照する。まず第1章では、アーレントの制作論とテクノロジー論を概括する。第2章では、フィーンバーグらの「技術の哲学」の知見を導入し、「ブラックボックス」の重層化という点から、テクノロジーを捉える。第3章では、ハイデガーの道具の「諸指示（Verweisungen）」についての洞察に着目し、現代のテクノロジーは「道具」であるのかという問いに回答する。

1　制作からテクノロジーへ

アーレントは『人間の条件／活動的生』において、人間の活動性（activity, Tätigkeit）のひとつである、制作（work, Herstellen）が現代においてテクノロジーとなることによって、その性格を変えることを指摘する。

アーレントは、制作の特徴のひとつを、「対象を作り上げる際に従うべきモデルに導かれて（under the guidance of a model）行われる」（『人間の条件』140：二五八、『活動的生』166：一六八）という点に見出す。この目的であるモデルが実現されたとき、制作は終わる。制作された物は、目的であり、生産過程がそこにおいて終わるという二重の意味において、「最終生産物（an end product, ein Endprodukt）」（『人間の条件』143：二六〇、『活動的生』169：一七〇）と呼ばれる。このような「明確な始まりと明確で予期できる終わり（ein definitive, voraussagbares Ende）を持っているということが制作に固有の印である」（『活動的生』169f.：一七一。『人間の条件』143：二六〇も参照）のであり、制作者は自ら目的を定め行為をはじめることができ、その終わりを予見し、統御することができる主人である（『人間の条件』122：一九六、『活動的生』165：一六六―一六七、『過去と未来』59：七七―七八参照）。

それに対して、アーレントによれば現代のテクノロジーとは、本書第1部第1章で三浦が指摘していたように、「道具や用具を機械に置き換えること」（『人間の条件』147：二六四、『活動的生』174：一七六）にとどまるものではないとされる。例えば電気の利用とは「ただ手仕事の可能性を、技術的な条件のもとで、巨大な規模に拡大し延長しただけであるとは、もはやいえない」（『活動的生』175：一七七。『人間の条件』147：二六四も参照）のである。なぜなら、「われわれはいわば自然のプロセスを「作り」はじめているのであり、すなわちわれわれがいなかったら決して起こらなかったような自然的過程を、解き放ち始めて」（『活動的生』175：一七七。『人間の条件』148：二六六も参照）おり、「自然の根源的な力（power）に加えて、自然の根源的な威力（force）を世界自体の中に導きいれた」（『活動的生』149：二六六。『活動的生』176：一七七も参照）ためである。

さらにアーレントは、「この全く新しい二つの近代科学、歴史科学と同様に自然科学の中心概念は過程の概念であり、その根本にある実際の人間の経験は活動である」（『人間の条件』231：三九五）、あるいは「自然科学の「研究」が今日行っていることをする能力を持っているのは、活動だけである」（『活動的生』295：三〇二）と述べ、近代技術が活動という性格を帯びることを指摘している。すなわち、予見可能性と意のままになることによって特徴づけられた従来の制作と異なり、近代技術は活動と同じく、予見不可能性や意のままにならなさ、不可逆性といった性格を帯びるようになったとされる（『活動的生』300：三〇八。『人間の条件』235：四〇〇、『過去と未来』59f.：七七以下、84：一一三―一一五も参照）。

以上のように、アーレントは近代のテクノロジーの特性を予見不可性と意のままにならなさに見出したといえる。しかし、なぜテクノロジーが「活動」と同様の性格を有することになるのかについての解明は不十分であると思われる。そこで本論文の以下の節では、フィーンバーグやハイデガーの知見を参照することによって、この不十分性を埋めることを試みたい。

2　ブラックボックス

❶フィーンバーグの「技術の哲学」

フィーンバーグは、自転車の開発史を例に挙げながら、われわれが自明と見なしている技術のコード（テクニカル・コード）について分析している。ある道具・製品の開発の最初期の段階には、同じ道具をどのような用途で用いるのかが未決定的であり、さまざまな可能性が開かれているという「解釈の柔軟性（interpretative flexibility）」が存する。たとえば、前輪と後輪とが大体同じ大きさであるという自転車のデザインは、われわれにとって自明なものとなっている。しかし、開発当初、前輪の大きなスポーツ用のデザインも並立していた。フィーンバーグらが強調するのは、現在のわれわれは、前輪の大きな自転車は未発達な段階にあると思いがちであるが、しかし開発の当初両者は併存しており、その時点ではどちらのデザインが残っていくかは決定されていなかったことである。さらにまた、後者のほうが残ったのは、効率性や安全性などの技術的合理性によるとわれわれはしばしば思いがちであるが、さまざまな特徴のうち何が重視されるかということは、技術に内在する論理のみによって決定されるのではなく、社会や文化、政治のさまざまな影響関係において決定されるということである。(2) たとえば、前輪の大きなスポーツ用自転車ではなく、両輪が同程度の大きさの自転車が残ったのは、当時社会的に（女性の解放運動に沿った）「安全性」や「乗りやすさ」を重視する機運があったためであり、もしも当時の社会が別の価値（たとえばスピードやスポーツ性）を重視する社会であったならば、別の形の自転車が現在の主流となっていた可能性があるとされる（バイカー 2006：三二以下）。

しかしながら、その社会でひとつの定義が確定してしまう（「閉じ込み（closure）」が完成する）と、それが自明となってしまい、さまざまな可能性に開かれていたという起源は忘れ去られ、その製品はもはや問い尋ねられない「ブラックボックス（black box）」と化す。そしてこのようなブラックボックス化した製品から開発の歴史を振り返ってみると、本来は等価で併存していた可能性が多元的に開かれていたことが見て取られず、あたかも低次のものが内的な論理に従って高次のものへと発展していくかのように見える（Feenberg 1999：11, 79、村田 2006b：一七以下、村田 2009：一二六）。

フィーンバーグは、技術の発展の仕方が一義的に決まっているという考えを「決定論（determinism）」、また技術それ自体に何らかの本質が存し、それが展開していくという考えを「自体説（substantivism）」、「本質主義（essentialism）」と呼ぶが[3]、このような技術の本質主義が成立するのは、フィーンバーグによれば、技術のあり方の二つの側面のうちの一方しか見ていないためである。ひとつの面とは、「技術的対象と主体との基礎的な構成」を説明するものであり、彼はそれを「一次的道具化（primary instrumentalization）」[4]とよぶ。換言すれば、「一次的道具化」とは、主体が技術が成立した後からそれを見いだして抽象化する局面で見いだされた性格である。それに対して、フィーンバーグは、「一次的道具化」によって見いだされた技術が、「実際のネットワークや装置においてどう実現されるかに焦点を当てる」際に見えてくる性格を「二次的（secondary）道具化」[5]とよぶ（Feenberg 1999：202f.）。技術に着目する際に、一次的道具化にしか注目せず、二次的道具化の契機を見ないことによって、技術の閉じ込み、ブラックボックス化が起こり、テクニカル・コードが潜在化することによって、技術にそれ自体の本質があり、発展の筋道が決められているという「決定論」的技術観が成立するのである。

❷ 通時的ブラックボックス

フィーンバーグは、技術を決定論的に考えることによって、初期にあった解釈の柔軟性が捉えられなくなることを指摘していた。確かに、環境に甚大な影響を与えたり、あるいは社会的、政治的に差別的な意味が内的に組み込まれているとすれば[6]、そのような技術を焦点化し、問いに付すことは必要かもしれない。しかし、環境に影響を与えず、差別的な意味も含まれない場合は、ブラックボックスがあったとしても、それでうまくいっているならば、特に問題はないのではないだろうか。

技術決定論の孕む問題を指摘するために、ここでは、畑村洋太郎の『失敗学のすすめ』(二〇〇〇年)を手がかりとしたい。畑村は、主に製品の製造・流通の工程に着目し、それがまだ試行錯誤の時期であり、さまざまなルートが考えられる「萌芽期」から、飛躍的に発展し、メインルートが確立していく「発展期」、メインルート以外が切り捨てられ、単線化される「成熟期」、そのルートが衰退していく「衰退期」、そのルートの根本的な欠陥が露呈し使われなくなる「破滅期」へと移行していくとする。この「萌芽期」から「成熟期」への移行は、フィーンバーグの術語を用いれば、「解釈の柔軟性」が存している段階から、閉じ込みが完成し、当然のものとして通用することで、ブラックボックス化する過程であるといえる。

畑村が問題とするのは、「成熟期」において「萌芽期」にはあったさまざまなルートが切り捨てられ、単線化されることで、技術の運用がマニュアル化されることである。

マニュアル化と称して行われるのは、メインルートのみを通ることを求め、メインルートの周辺に存在していた方法を、やってはいけない、試してはならない、考えてはいけないとする、融通の利かない管理です。

(畑村 2000:二〇三)

このマニュアル化は、作業を効率化するためには有効だが、自分が使っている技術に対する深い理解をもつことができないという欠陥を持っている。畑村が問題視しているのは、「成熟期」のマニュアルにのみ精通した技術者（偽ベテラン）である。このような偽ベテランは失敗の種を前にしたとき、思考停止に陥り、やがて大失敗をひき起こしやすいとされる。フィーンバーグの語彙を拡張的に使用するならば、この偽ベテランとは、現在のマニュアル化されたルートが、「萌芽期」や「発展期」において多様な可能性の中から選ばれたことを知らないことで、現在「なぜ」その技術が用いられているのかがブラックボックス化されている者であるといえる。その「なぜ」が見えなくなることで、たとえばＪＣＯ東海事業所で起きた臨界事故(7)のような、畑村が「局所最適・全体最悪」と呼ぶ事態が起こる可能性が高まる。すなわち現場での作業の効率化という局所においては最適に見える判断が、全体の中では最悪の事態を招く改変を行ってしまうのである（畑村 2000：二一〇）。

以上のように、フィーンバーグや畑村においては、開発の始めから時間的に離れることによって当初の解釈の柔軟性、さまざまな可能性が隠蔽されてしまうことが「ブラックボックス化」と呼ばれた。このようなブラックボックスを次の節で確認するもう一つのブラックボックスと区別するために、「通時的ブラックボックス」と呼ぶことにしたい。

❸共時的ブラックボックス

以上、畑村は製造という局面において単線化が成立し、それのみに習熟することの危険性を指摘していた。しかし、それではそのような事態を防ぐためには、どのような方途を取ればよいのだろうか。本項では、村田純一の『技術の倫理学』（二〇〇六年）における分析と解決策を検討したい。

村田は、NASAを例にテクノロジーについて考察している。村田によると、NASAという組織は、「多様な不確実性を相手にしながら、さまざまな手続きを通して、それらを「受け入れ可能なリスク」へと社会的に構成し、それをもとにして打ち上げの最終決定へといたるシステム」（村田 2006：五七）であり、専門家たちの多様な判断を相互に調整し、脱専門化することによって、一元化するシステムであるとする。ここでフィーンバーグの洞察を拡張しつつ適用するならば、一元化とは、個々の専門家が可とした理由をブラックボックス化することで、統合しうるものへ変換することによって可能となるといえる。責任者は個々の専門家の判断の理由を専門家と同じ深さで有しておらず、そもそも用いられるすべての技術に対してそのような理解を持つことは、一人の人間の力能では原理的に不可能であるからこそ、ブラックボックスを個々に開くことのできる多くの専門家の共働が必要といえる。

ある破滅的な事故を未然に防ぐためには、「一度一元化された「視点」を再度多様化し、多元化することによって複数の視点から検討し直すこと」（村田 2006：一一一）が必要とされる。すなわち「不確実性への対応をより確かなものにする」（村田 2006：一一二）ためにNASAのような組織は、一度一元化された後であったとしても、専門家の指摘を受け入れ、多様性が再導入されうるような、柔軟性をそなえた組織でなければならない。

このような複数の人間の判断を一元化する際に生じるそれぞれの判断の理由が隠蔽されざるをえないことを、前節で提示した「通時的ブラックボックス」に対して、「共時的ブラックボックス」と呼ぶことにしたい。

3　テクノロジーは「道具」か

❶道具とその指示

前節では、「技術の哲学」の見解を確認し、現代のテクノロジーが「通時的・共時的ブラックボックス」を孕んでいることを確認した。ここでは、本章の問いである「現代のテクノロジーは道具であるのか」に応答するために、ハイデガーの道具・制作論、特にその「指示」についての分析を参照したい。というのは、従来の道具とテクノロジーの間では、指示のありようが大きく異なっていると思われるためである。

ハイデガーは『存在と時間』において、制作の渦中で使用される道具を「手許にあるもの（Zuhandensein）」と呼び、その性格を分析している。「手許にあるもの」としての道具は指示（Verweisung）という性格をもち、「それ自身としてつねに他のものへの指示において、指示として出会われる」（GA20：252）とする。例えば、チョークは、「黒板に書くために」あるものとして、黒板や黒板消しなどの他のものを指示し、紙は机やインクなどを指示するなど、多様で複雑な連関において出会われている。チョークがホワイトボードの前に置かれていた場合は、「書くために」あるものとしてではなく、「邪魔なもの」として現れることになるだろう。以上の考察は、複数の道具が互いに指示し合うという仕方で連関していることを示している。

さらにいえば、ある教師が教室に入ったとき、その教師は個々の道具を一つずつ確認しながら、指示の連関を作り上げているわけではない。教師が授業内容を伝えるためにチョークを使用する局面では、チョークと黒板、黒板消しなどの指示の連関が「前もってすでに」了解されている。われわれは道具の指示連関を「前もってすでに」了解していることによって、「するために（Um-zu）」という性格をもつある道具と出会うことができる（GA20 : 252f.）。そしてハイデガーは、このような指示の連関として析出される構造を「世界性」あるいは「有意義性」と呼ぶ（SZ : 68ff., 87ff.）。

「指示」というと、一見したところ、ある道具から別の道具へと一本あるいは複数の線が伸びている、というようにもイメージできるかもしれない。しかし、筆者の理解では、その「線」というイメージは正確とはいえないと思われる。職人の仕事場では、あるトンカチがある釘やノコギリを指示しているといえるかもしれないが、多くの場合、その釘でなければならないというわけではなく、同じサイズと材質の釘でも代替できるだろう。あるいは、制作者がこだわりのない素人であれば、別のサイズと材質の釘でもよいとするかもしれない。以上のように、例えばトンカチが指示する釘は、必ずしも五センチのこの釘でなければならないというわけではなく、もしかすると四センチや六センチの釘でも代替できるかもしれないが、しかしだからといって一センチや一〇センチの釘で代替できるわけではない。このように、道具の「指示」とは一本の線のようなものとしてではなく、「幅」があるものとしてイメージすべきであるだろう。

そしてどの程度の「幅」であるのかということは、その指示の連関にどの程度通暁しているかによって規定されるといえる。例えば、筆者のような素人が日曜日に本棚を作るという場合では、釘が三センチでも五センチでも大差がないと感じられるかもしれないが、職人が本棚を作るという場合では、三センチでも五センチでもだめで、四センチでなければならないということがあるかもしれない。このような相違は、四センチの釘こそが適切であるという連関を、職人は見て取ることができるが、素人の筆者には見てとることができないために生じるといえる。

❷ スペースシャトルや原子力発電所は道具か？

❶で考察した「指示」のあり方を基に、職人の制作とテクノロジーとを比較してみよう。職人の制作では、指示の幅は、目的である完成品を作成するためには何が必要かということに職人が通暁していること、例えば誰が使用するかを知り、それに合った完成品を制作するためにはどのような原料が必要であるかに通暁していることによって、限定されていたといえる。原子力発電所やスペースシャトルもまた、以上のような職人が制作する際に使用する道具（例えば、トンカチ）と同様に、その機能を発揮するためには、それ以外の物（例えば、プルトニウムの輸送手段や、送電線、発射台や管制塔）や他者との適切な連関の中になければならない点では同様である。さらには、例えばスペースシャトルのネジの長さは厳密に規定されているだろうことを考えれば、指示の幅はより限定されているといえる。

以上の考察は、指示の連関の内になければ機能しないという点では、従来の道具もテクノロジーも同様であることを示しているようにも思える。しかし、両者では、指示のあり方は、まったく異なるといえる。というのは、道具を用いての制作では、道具とその指示連関に通暁すればするほど、制作の過程を意のままにでき、さらには指示の連関の幅が狭くなるのに対して、現代のテクノロジーでは、「共時的ブラックボックス」と「通時的ブラックボックス」が重層化し、その全体に通暁することが原理的に不可能となっているにもかかわらず、指示の連関は厳密であるためである。

さらに、現代のテクノロジーでは、その指示の連関の厳密性の「なぜ」を知らないにもかかわらず、それを用いることである結果をもたらすことができるとみなされている。しかしながら、テクノロジーがある結果を意のままに生み出すものとみなされるのは、それぞれの「通時的・共時的ブラックボックス」が適切に閉じられていることによってである。しかし、このように「通時的・共時的ブラックボックス」が重層化していることによって、テクノロジーは不可避的にその運用に困難を抱え込まざるをえない。

第一に、そのもの自体と指示の連関からなる全体を理解することが困難であるがゆえに、本来指示の連関が厳密であるように設計されていたとしても、各部分を担う者にとっては、なぜそのように厳密でなければならないのかを理解することが困難となる。このことは、ＪＣＯ東海事業所の臨界事故のように、管理側にとっても当初のマニュアルを軽視することのリスクを見えにくくさせるだけではなく、実際に作業にあたる者にとってもそのリスクに気づきにくくさせ、結果として事故につながる可能性を高めるだろう。

第二に、正常な状況で適切にブラックボックスが閉じられている限りでは意のままになったとしても、その全体を理解している者がいないため、これまでにはなかったような状況（例えば、大震災）に対応することが困難となる。そのような新たな状況に対応するためには、一度閉じられた「共時的ブラックボックス」を解除し、ボトムアップ的にもう一度閉じ直す必要があるだろう。しかし、一部分の故障であれば、そこを修理しもう一度ブラックボックス化すれば完了となるだろうが、新しい状況に対応するためには、「共時的ブラックボックス」全体を再編成しなければならないだろう。さらにそのような「共時的ブラックボックス」全体を再編成するためには、「通時的ブラックボックス」をもう一度開くことが要請される。例えば、地震の少ない土地でうまく運用できた技術であったとしても、地震の多い土地では同様には運用できないかもしれない。そこでさまざまな装置を追加した場合、最終的にできあがった姿とその指示の連関だけではなく、そのような追加の経緯を知っていなければ、もう一度適切な指示の連関を形成し、再度ブラックボックス化することは難しいだろう。

以上の考察を踏まえて、現代のテクノロジー、例えばスペースシャトルや原子力発電は道具なのか、という問いに応答するとすれば、それによってある結果をひき起こすようなあるもの「のために（Um-zu）」

あるものであるという点、それが機能するためにはさまざまな指示の連関に組み込まれていなければならないという点、ともに「通時的ブラックボックス」を孕んでいるという点では、道具と同様の性格を有しているといってよいだろう。しかし、それ自体や連関しているものの内に「共時的ブラックボックス」が多層的に含まれているという点は相違しており、そしてそのようなブラックボックスの重層化によって、その指示の全体に通暁している者はもはやいなくなっており、それゆえもはやテクノロジーは「手許にあるもの」ではなくなっている点では相違しているのである。

終わりに

アーレントが「歴史科学と同様に自然科学の中心概念は過程の概念であり、その根本にある実際の人間の経験は活動である」と述べた際、おそらく念頭にあったのは、現代技術の新しさや、それを制御し、結末を予見することが困難となっているということであり、このことを「活動」とのアナロジーで示したと思われる。本章の考察は、アーレントの洞察に、アーレントを超えて、アナロジー以上のものを見いだすものだったといえるだろう。というのは、一見結果を意のままにもたらすものとみなされている現代のテクノロジーは、複数の人間が通時的・共時的に関わることと、そのことによるブラックボックスの重層化によって、不可予見性や意のままにならなさという性格をもつのであり、破局的な事態に直面した際にそれが露呈するためである。本来の「活動」において、複数の人々の見えない意図が葛藤することによって、その結果が不可予見的であったように、現代のテクノロジーにおいては、ブラックボックスの重層化によって、意図の見えにくくなった他者が共時的・通時的に関わることによって、統御の困難さが増しているのである。

注

（1）本章の議論は、二〇一七年九月一九日のアーレント研究会（現「日本アーレント研究会」）第一六回大会での個人発表「技術と活動」およびその要旨（木村 2018）、さらにハイデガー研究会での発表とそれを基にした論文（木村 2017）を基にしているが、新たな着想から大幅に改稿されている。

（2）このような社会と技術が不可分であることを、村田純一は技術／社会関係の「二重側面説」と呼んでいる（村田 2009：二二五）。また、ウィナーは原子爆弾は「本来的に政治的な人工物」であり、「集権的で厳格に階層的な命令系統によって管理することが必要となる」（Winner 1986：34）と指摘している。

（3）フィーンバーグは決定論において技術は価値中立的なものとして捉えられているが、自体説、本質主義ではそうではないという。すなわち、「決定論が進歩について楽観的な見解としてはじまったのに対し、自体説をきわめて悲観的なものとしているのは、技術には本来的に支配へのバイアスが備わっているという追加された仮定である。先に進むことによって欠陥が改善されるどころか、事態はより悪化するだけなのである」（Feenberg 1999：3）と述べている。

（4）一次的道具化とは、①対象を「脱世界化」し、人工的に切り離し、技術システムに取り入れる「脱文脈化（Decontextualization）」、②脱世界化された事物をさらに単純化し、技術的に不要な性質をはぎ落とし、技術を用いる主体にとって重要な性質、つまり「第一性質」へと抽象する「還元（Reductionism）」、③技術的行動をとる主体は、その行動によって対象に与える影響からのフィードバックを断ち、自分のこうむる影響を最小限とするという「自律化（Autonomization）」、④変更することのできない法則をより効果的に使うために、脱文脈化・還元され、自律的なものとなった技術を、どのような位置から関与させるのかという「位置どり（Positioning）」、という四つの特徴を有するとされる。

（5）二次的道具化は、一次的道具化の四つの特徴と対応した、四つの特徴を有する。すなわち、①脱文脈化された技術的対象は、実際に機能するためには、互いに結合され、ふたたび自然環境に組み入れられ、ネットワークに「登録」されなければならない（「体系化」）のであり、②技術的対象が実際に社会で機能する際には、抽象された第一性質だけではなく、美的・倫理的意味といった「媒介（Mediation）」が不可避的に伴われる。そして、③技術が社会で現実化する際には、それを用いる主体が誰かということにも影響を与えずにはいない（「天職（vocation）」）のである。④技術を用いる者は、適切な「位置どり」をすることによって、労働者や消費者を戦略的にコントロールしようとしたとしても、当初情報サービスへのアクセスを意図して作られたフランスの電話会社が無料で配布した端末（ミニテル）が使用者によって再定義され、個人の出会いの手段（コミュニケーション）として用いられたように（Feenberg 1999：126）、そのコントロールを受ける側もまたさまざまな戦術的な「創発性（initiative）」をもつのである。

（6）技術的建造物に社会的差別が反映された例としては、ニューヨークから保養地ロングアイランドに至る橋の例が挙げられる。これらの橋は高さ制限が非常に低いため、低所得者の利用するバスが通ることができず、（意図的に）ロングアイランドから彼らを締め出す結果になっている（Winner 1986：23、村田 2009：一二八参照）。

（7）一九九九年に、ＪＣＯ東海事業所の核燃料加工施設内で発生した事故。至近距離で中性子線を浴びた作業員三名中、二名が死亡、一名が重症となった他、六六七名の被曝者を出し、国際原子力事象評価尺度（ＩＮＥＳ）でレベル４（事業所外への大きなリスクを伴わない）とされた事故であり、その原因は、ＪＣＯのずさんな作業工程管理にあったとされる。ＪＣＯは、事故防止を重視した正規のマニュアルではなく、一見すると「素晴らしい現場での逆転発想の創意工夫」（粟野 2001：八六）による「裏マニュアル」に沿って作業をしており、さらに事故前日からは、作業の効率化をはかるため、「臨界防止構造」となっている「貯塔」を用いるという裏マニュアルとも異なる手順である、「形状管理」のできない「沈殿槽」によって作業がなされていた（粟野 2001：八二以下、読売新聞編集局 2012：二一七以下参照）。

文献

Feenberg, Andrew (1999) *Questioning Technology*, Routledge.
Heidegger, Martin [SZ] *Sein und Zeit*, 18. Aufl., Max Niemeyer, 2001.
―― [GA20] *Martin Heidegger Gesamtausgabe, Band 20 Prolegomena zur Geschichte des Zeitbegriffs* (SS 1925). Vittorio Klostermann, 1979.
MacIntyre, Alasdair (2007/1981) *After Virtue*, 3rd ed. University of Notre Dame Press.
Winner, Langdon (1986) *The Whale and the Reactor*, The University of Chicago Press.
粟野仁雄（2001）『あの日、東海村でなにが起こったか』七つ森書館
NHK「東海村臨界事故」取材班（2006）『朽ちていった命――被爆治療83日の記録』新潮文庫
木村史人（2017）「現代技術は、不安を惹起するのか――『存在と時間』における技術論の射程」、ハイデガー研究会『Zuspiel』Vol. 1。
――（2018）「活動と労働としての技術――ブラックボックスの重層化としての現代技術」、アーレント研究会『Arendt Platz』第3号。
小島剛（2007）『科学技術とリスクの社会学』御茶の水書房
高木仁三郎（2000）『原子力神話からの解放――日本を滅ぼす九つの呪縛』光文社
バイカー、ウィーベ（2006）「第一章　社会構成主義と技術文化の民主化――予防原則の役割」夏目賢一訳、村田純一編『共生のための技術哲学――「ユニバーサルデザイン」という思想』未來社
畑村洋太郎（2000）『失敗学のすすめ』講談社
淵上正郎・笠原直人・畑村洋太郎（2012）『福島原発で何が起こったか――政府事故調技術解説』日刊工業新聞社
古田徹也（2011）「第一章　科学技術はなぜ倫理の問題になるのか」、勢力尚雅編著『科学技術の倫理学』梓出版社
村田純一（2006）『技術の倫理学』（現代社会の倫理を考える・第13巻）丸善株式会社
――（2006b）「序章　共生のための技術哲学」、村田純一編『共生のための技術哲学――「ユニバーサルデザイン」という思想』未來社

――（2009）『技術の哲学』岩波テキストブックス、岩波書店
森一郎（2013）『死を超えるもの――3・11以後の哲学の可能性』東京大学出版会
――（2017）「ハイデガーからアーレントへ――世界と真理をめぐって」、実存思想協会編『実存思想論集XXXII（第二期第四号　アーレントと実存思想』
森川輝一（2010）『〈始まり〉のアーレント――「出生」の思想の誕生』岩波書店
――（2017）「ハイデガーからアーレントへ――ハイゼンベルク「不確定性原理」との対向を手がかりに」、実存思想協会編実存思想論集XXXII（第二期第四号）アーレントと実存思想』
読売新聞編集局（2012）『青い閃光――「東海臨海事故」の教訓』読売新聞社
ルーマン、ニクラス（2014）『リスクの社会学』小松丈晃訳、新泉社

《コラム》
アーレントと現代日本の原発問題

宮永三亜

二〇一一年三月一一日に発生した東日本大震災とそれに伴う福島第一原子力発電所事故は、日本の原発の運転をすべて停止させることになった。しかしながらその後原発は次々に再稼働をはじめ、二〇二四年一〇月現在、日本では九基の原発が運転している(1)。再稼働の決定がなされる際には、原発周辺地域に住まう地元住民の合意が十分に得られていないことがたびたび問題視されている。同様の状況は、核廃棄物の保管場所、廃棄場所の策定においても見られる。二〇二三年八月に開始された福島原発事故における処理水の海洋放出決定に際しては、地元住民や漁業関係者との十分な対話はついに果たされず、住民の合意を得ることなく海洋放出が実施されることになった(2)。

現代日本における原発関連の決定を取り巻く状況を見ると明らかなように、科学技術をめぐる政策決定の場において、一般市民の意見は軽視される傾向にある。そこではたびたび、科学者や政治家らによる独断的な決定が行われており、一般市民との話し合いが十分なものとなっているとは言い難い[3]。特に地元住民は、原発の稼働あるいは原発の事故によって、また核廃棄物の保管やその処理に際して、短期的、または長期的にきわめて大きな不利益を被りうるにもかかわらず、話し合いの場の周縁に位置づけられており、彼らの意見が政策決定に反映されることは稀である。政策決定に際する話し合いの場から排除される人びとの意見をいかに汲み上げるかは、現代の科学技術をめぐる最重要課題の一つだろう。本論考ではこのような現代的状況に対して、「複数の人びとによる話し合い」と「思考」という二つのアーレントの議論が持つ重要な意義を明らかにする[4]。

アーレントは一九五〇年代にすでに、科学技術をめぐる問題について、一般市民によって話し合うことの重要性を説いていた。アーレントのこの指摘はいまだ現代的重要性を帯びており、今から約七〇年前にそのように論じた彼女の視点には先見性があったと言うことができるだろう。彼女の主著の一つ、『人間の条件』のプロローグで、人工的に生命を作り出そうとする科学者の試みが挙げられ、そうした試みは与えられた存在条件に対する反逆に取り憑かれたものであるとして、次のように述べられている。

> 問題はただ、新しい科学的・技術的知識をそうした方向〔与えられた存在条件に反逆する方向〕に用いるかどうかである。これは第一級の政治的問題であり、職業的な科学者や職業政治家の決定に委ねることはとうていできない問題なのである。
>
> (『人間の条件』3:一七)

ここでアーレントは、さまざまな可能性あるいは危険性を抱えた科学技術をいかに用いるかという問題について、少数の専門家のみが決定権をもっている現状を問題視している。科学技術をいかに用いるかという問題は、限られた集団によってではなく、「政治的問題」として扱われるべき事柄である。アーレントがここで言っている「政治的問題」とは、互いに異なる複数の人間によって意見が交わされるべき事柄だということを意味している。[5] アーレントによれば人間の「複数性」とは決して単一的ではない、複数のものの見方、考え方をする人間が世界に存在していることを意味し、政治にとって欠かすことのできない条件である（7：二五）。それぞれまったく異なる存在である人間が、互いに言葉を交わし合うことで初めて、人間が行い、知り、経験したことは人間にとって意味のあるものとなる（4：一九）。科学技術をいかに用いるかという問題は、少数の専門家によってではなく、専門家ではない一般市民を含めた複数の人びとによって広く話し合われるべき問題であるのだ。

『過去と未来の間』第八章「宇宙空間の征服と人間の身の丈」においてアーレントは、一般市民を含めた話し合いの必要性について、やや異なった角度から議論を発展させている。彼女は論考の冒頭で、「人間による宇宙空間の征服は、人間の身の丈を伸ばしたのかそれとも縮めたのか」（『過去と未来』260：三六一）と問いを投げかける。この問いはアーレントによって「地球空間の征服と宇宙空間への侵入にまでたどり着いた科学の現実の発展によって、生命、人間、科学、知識といった明らかに科学以前の諸観念がその意味を失うほどの変化をこうむったのかどうか」（262：三六五）と言い換えられている。[6] 簡略に言えば、「科学はわれわれ人間にいかなる事態をもたらしたのか」という問いである。アーレントはこの問いについて、次のように述べている。

この問いを引き受けねばならないのは、むしろ一般の人びとや人文主義者のほうである。〔…〕科学者自身も同じ市民であるかぎりでは冒頭の問いをめぐる議論に加わらねばならない。しかし、この議論から得られる答えは、一般の人びとや哲学者のものであれ科学者のものであれ、いずれも非科学的（反科学的ではないにしても）である。そうした答えは論証によって真偽の決着がつくものではありえない。この答えの真理性は、科学的言明の強制的な妥当性というよりも合意の妥当性に近い。（262：三六四）

科学はわれわれ人間にいかなる事態をもたらしたのかという問いは、科学者ではなく、一般市民によって話し合われなくてはならない。そこで科学者は科学者としてではなく、あくまで一人の市民として他の市民と対等な立場で議論に参加することになる。その話し合いにおいて答えとなるのは、科学的に真理とされることではなく、人びとが話し合うことで得られる「合意」であるからだ。アーレントの考えでは、科学技術をめぐる問題は、科学者のみによってではなく一般市民によって、すなわち単一ではない複数の人びとによって話し合われ、決定されるべき事柄なのである[7]。ではこのような「複数の人びとによる話し合い」を達成することができれば十分なのだろうか。次にこの話し合いの条件となる「思考」について考えてみたい。

アーレントは『精神の生活　第一部　思考』において、「思考」について独自の議論を展開する。

アーレントの言う思考とは端的に言えば、「一者の中の二者」による対話である（『思考』185：二一五）。この「一者の中の二者」とはすなわち自己の内部に存在する「差異性」の存在を意味し（187：二一七）、自己に批判的な問いかけを行うものである（185：二一五）。しかし思考は単に自己批判であるのみならず、弁証法的なものでもある。すなわち思考過程において行われるのは、自己の内部にある差異性を見つめ、その批判にさらされながらも、それらを調和するよう努めることである（191：二二二）。

この調和こそがアーレントの「思考」の営みの要点である。それは、この調和がなされないことは危険な状態を意味するからである。調和がなされないということは、自己の内に矛盾を抱えたまま生きることを意味し、矛盾を気にせず生きることはすなわち「無思考」の状態だと言えるからである（190–191：二二〇―二二二）。アーレントはこの「無思考」の蔓延に現代の特徴を見てとった。[8] アーレントはアイヒマンに「無思考」が悪の源泉となりうることを見てとったが、この「無思考」の可能性は誰にでも存在しているのである。[9]

思考の特徴の一つとして、アーレントは「政治性」を挙げる。

> だれもが他の人の行動や信条に考えることもなく追随しているような場合、考える人びとは隠れた状態から表に引っ張り出される。追随という形での参加への拒否ということが人の目を引くことになり、それによって一種の行為をしていることになるからである。（192：二二三―二二四）

ここで言われている「行為（action）」とは、政治的な活動を意味するタームである。思考活動そのものは現象世界に現れないが、周囲の人びと皆が無思考的に誰かに従い行動しているような政治的緊急事態において、思考する人は政治性を帯びて現れるのだ。思考する人は自己の差異性による自己批判と、調和の試みを行っている。そのため、思考する人の振る舞いは他の人びとに追随するものではない。その意味で思考する人の振る舞いは目立つことになり、「追随しない」という政治的意味を帯びたものとなる。

先に確認したように、アーレントの言う政治とは「複数の人びとによる話し合い」であった。この「思考する人」は、話し合いの場を構成する一人ひとりであると解釈することができる。たしかに、活動的生を扱う『人間の条件』において「思考」は「考察の対象から外される」（『人間の条件』5：二一）とされており、『精神の生活』では「思考」の性質として「現象しないこと」が挙げられているように（『思考』71：八四）、アーレントは『人間の条件』と『精神の生活』で別個の問題を扱っており、アーレント思想において活動的生活である政治と精神の生活である思考は一見結びつけ難く思われる。しかしアーレントは政治と思考の関係について、生涯にわたってたびたび論じていた。

「思考」が「複数の人びとによる話し合い」すなわち政治的行為と結びつくものとなる可能性は、二つの講義「哲学と政治」（一九五四年）、「近年のヨーロッパ哲学思想における政治への関心」（同年）において示される。さらに『精神の生活』に加え、『カント政治哲学講義』などの晩年の著作においては、判断力を持ち出し思考と政治の結びつきを論じている。[10] 晩年においてアーレントは思考を「人間の精神的能力の中でもっとも政治的」（『思考』193：二二四）な判断力を解放するものと描いている。「思考の解放的効果の副産物としての判断によっては、思考が現実化され、一人でいることなくいつも忙しくて考える暇のない現象界の中に思考が姿を表すようになる」(193：二二四)。そのような思索の展開の中で彼女は、思考を政治的に重要な意義を持つものとして考えたのである[11]。

したがって「思考」は「複数の人びとによる話し合い」をする一人ひとりに要求される営みであると解釈できる。話し合いの場を構成する一人ひとりが無思考的に他者に追随してしまっているようでは、その話し合いは虚しく無意味なものでしかない。そこでは容易に単一的なものの見方が支配的となってしまうからである。話し合いが複数の意見の交わし合いとなるためには、その場にいる一人ひとりが思考の営みをする必要があるのだ。このように、「政治性」を備えた「思考」は、「複数の人びとによる話し合い」を補完するものである。

冒頭で確認したような現代の原発を取り巻く状況を見る限りでは、アーレントが重視する「複数の人びとによる話し合い」は成立していない。そこでは原発は安全だという単一的なものの見方が支配的となり、一般市民、とりわけ地元住民の意見は無視されてしまっている。アーレントが描く話し合いとは、決して単一ではない複数の人びとによってなされるものである。そこでは多様な背景を備え、多様なものの見方をする複数の人びととの意見が交わされ、合意が形作られる。

さらに現代の状況を見る限りでは、アーレントの議論における話し合いの場を構成する人びとによる「思考」もまた達成されているとは言い難いのではないか。原発処理水の海洋放出に際しては、もともとは反対が多かった世論は、放出実施以後、風評被害の問題視や地元の経済的な支援へと話が次々に移り変わり、十分な理解を得ることのないまま実行された処理水放出の是非が問われることは少なくなってしまった。原発から遠くに住まうわれわれは、アーレントの想定するような思考をすることができていただろうか。アーレントの言説は、現代的状況に対して鋭い批判を加えるものだと言えよう。

アーレントの考えに基づき、現代においてなされるべきこととは、専門家に任せるのではない「複数の人びとによる話し合い」、すなわち再稼働や核廃棄物に関する政策決定に際して、地元住民を含めた一般の市民によって話し合いがなされることと、そしてその話し合いの場を構成する人びとが「思考」の営みを行うことである。「思考」の過程においてなされるのは、自己に批判的な自己内の差異性を無視せず、自己の内部に調和が保たれるよう努めることである。その具体的なあり方の一つとしては、もし原発が孕む危険性を不安に感じているとすれば、原発が稼働する現状を容認している自己に批判的な問いかけを行い、いかにその自己に折り合いをつけるか考えること、として想定できる。それは現在支配的となっている見方に何となく身を委ねるのではなく、自己批判と反省によって問いを投げかけ、自分自身にとって納得のいく選択をすることである。

3・11以降、「安全神話」は崩壊したと言われるものの、今もなお原発は動いている。現在日本に住まう多くの人びとは、原発の稼働に対してどこか不安を抱えながらも、日常の中でそのことを考えることはほとんどないのではないだろうか。われわれはそのことを風評被害にすり替えたり、単に経済的問題として扱ったりするのではなく、「思考」の過程において扱う必要がある。

そして「思考」する市民一人ひとりの意見は、決して排除されることなく、話し合いの場に現れなくてはならず、その話し合いで得られた合意は、政策決定のプロセスにおいて重視される必要がある。

アーレントの提唱する「複数の人びとによる話し合い」と「思考」の二つは、どちらも欠かすことができない相補的なものとして働くのだ。アーレントが約七〇年前に記していた議論は、現代日本に住まうわれわれにとっていまだ重要性を帯びたものとして現れてくる。

注

（1）原子力規制委員会、原子力発電所の現在の運転状況、最終更新日：二〇二四年一〇月一八日、https://www.nra.go.jp/jimusho/unten_jokyo.html（二〇二四年一一月一一日閲覧）

（2）処理水の海洋放出実施後の報道には、住民、漁業関係者からの納得を得られないままに放出が実施されたことを問題視したものが多く見られた。以下を参照。
・毎日新聞、処理水放出「関係者の理解得られた」？　地元漁業者との深まる溝、二〇二三年八月二二日、https://mainichi.jp/articles/20230822/k00/00m/010/263000c（二〇二四年九月一二日閲覧）
・朝日新聞デジタル、処理水の海洋放出、埋まらなかった溝　国や東電は地元と信頼関係築け、二〇二三年一一月一七日、https://www.asahi.com/articles/ASRCJ6F2VRCFUPQJ017.html（二〇二四年九月一二日閲覧）

（3）そのような現状に対して、科学技術の発展に伴う倫理的・法的・社会的課題を検討するＥＬＳＩ研究や、放射線影響に関するリスク・コミュニケーションなど、科学技術により影響を受ける一般市民の立場に主眼を置く研究・実践はさまざまに行われている。

（4）現代日本の原発問題におけるアーレント思想の有用性について論じた先行研究としては、國分 2019、戸谷 2020、平川 2013、森 2013、矢野 2012、渡部 2021 が挙げられる。

（5）政治が複数の人間による話し合いであり、少数の専門家による決定ではないというアーレントの主張は、次の一節に現れている。「今日われわれの心を捉えて離さないこのような難問に、この本は答えを与えるものではない。答えを与えるのは日々の実践である。それは政治が解決すべき問題であって、多数の同意を必要とする。それは理論的な考察の対象でも、個人の意見の問題でもない。まるでただ一つの解決法しか存在しないようにそうした問題を扱うことはできないのである」(『人間の条件』5：二一)。

(6)『過去と未来の間』(引田隆也・齋藤純一訳) 訳注には次のように書かれている。「宇宙空間を征服しようとする科学の企てによって、人間を中心とする尺度がその意味を失ってしまうのではないかというのがこのエッセイにおけるアーレントの問いである。このような問いは『人間の条件』の「プロローグ」でも提起されている」(『過去と未来』四二四)。アーレントは両書において、同様の問題意識を提起していると言える。

(7) 他方で『革命について』(一九六三年)、『革命論』(一九六五年) のなかでアーレントは、市民の話し合いによってではなく専門家主導によって技術的に解決されるべき問題があることを認めている。このようなアーレントによる論じわけについては、宮永2024を参照。

(8) 現代における無思考の蔓延については『人間の条件』でも言及されている。「むやみに勇ましい意見を述べたり、ただただ混乱して絶望したり、あるいは陳腐で空疎になってしまった「真理」を繰り返して満足したりすることこそ思考の欠落の印だが、それこそがわれわれの時代の際だった特徴のように私には思われる」(『人間の条件』5：二一)。

(9) アーレントは科学者にも無思考の危険性を見てとっていた(『思考』191：二二二)。彼女によれば、科学の営みにおける思考とは単なる手段の役割に過ぎない。アーレントの考える本来的な思考によってなされるべきことは、「何が知るに値するか」という問いに規定された、科学の目的を決定することであり、これは科学の営みにおいてはなされない(54：六四)。

(10) 山本2006は、政治的領域において思考が果たす役割についてのアーレントの考察が、アイヒマン裁判の前後、さらに晩年にかけて紆余曲折を経ながら展開されたことを指摘している。

（11）寺島2019は、晩年のアーレントが世界と未来に責任を持つ市民のあり方を構想するにあたって、活動的生活と精神の生活を結びつけ、思考・意志・判断力からなる精神の生活を行為において必要不可欠なものとして捉えていたことを指摘している。

文献

國分功一郎（2019）『原子力時代における哲学』晶文社
寺島俊穂（2019）『ハンナ・アレント再論――〈あるべき政治〉を求めて』萌書房
戸谷洋志（2020）『原子力の哲学』集英社新書
平川秀幸（2013）「原子力事故の「途方もなさ」をいかに理解するか――ハンナ・アーレントの近代批判を導きとして」、中村征樹編『ポスト3・11の科学と政治』ナカニシヤ出版
宮永三亜（2024）「アーレントの科学技術論――『革命論』における専門家主導の肯定について」『社会システム研究』第27号、九五―一〇九頁
森一郎（2013）『死を超えるもの――3・11以後の哲学の可能性』東京大学出版会
矢野久美子（2012）「いま日本でアーレントを読むということ」『国際交流研究 国際交流学部紀要』第14号、フェリス女学院大学国際交流学部紀要委員会編、二七―四三頁。
山本圭（2006）「アーレントにおける思考の政治化」『多元文化』（6）名古屋大学国際言語文化研究科 国際多元文化専攻、四三―五五頁
渡部純（2021）「失われた宝を名づけること」『現代思想 特集 東日本大震災10年』第49巻3号、青土社

第2部
応用編

◉ introduction

木村史人

第2部「応用編」には、アーレントの思想と現代のテクノロジーとの関係を考察する五つの論考を収めている。AI、ヒトゲノム、新型出生前診断と中絶、農薬による環境への影響といった、科学技術の進歩によって現れた現代的な問題が取り扱われる。

最初の**百木漠「ポスト・ヒューマニズム時代のアーレント」**（第5章）と、続いての**戸谷洋志「科学技術をめぐる市民参加の公共性——アーレントにおける地球疎外論を手がかりに」**（第6章）は、極度に高度なものとなり、人間の理解が追いつかないものとなってしまった——百木の論考の表現では「黒魔術化」されてしまった——科学技術に対して、市民はどのように関わることができる（べき）なのかが問われる。

百木の論文では、人間中心の時代が終わり、AIやアルゴリズムが中心となる時代がやってくるとする「ポスト・ヒューマン」の時代の足音が聞こえるなかで、われわれがどのように科学技術と付き合っていくべきなのかが問われる。このことを予見的に見てとっていたのがアーレントであり、彼女は、現代科学が明らかにする「真理」が普通の言葉や思想では表現されえない「別の世界からやってくる神秘的なメッセージ」のようなものになるとする。百木は、具体例として将棋AIを参照し、その開発者であったとしても、自らが開発したAIのアルゴリズムを理解できないとする。このような「黒魔術化」したAIに対して、百木は、現代の科学技術に関連する諸問題を引き受けるべきは、「一般の人々や人文主義者」であるというアーレントの指摘を参照する。現代のテクノロジーの問題には、科学的な言明に比べれば不確実であったとしても、市民の話し合いによって合意を形成していく必要があるとされる。

このような市民による話し合いというアイデアは、第1部と第2部をつなぐ宮永のコラムでも言及されていたアイデアであった。それでは、このアイデアを社会に実装するためには、どうしたらよいのだろうか。あるいは、そもそも科学技術が「黒魔術化」し、それについて一切の理解が拒まれているとすれば、市民がそれについて話し合うことすら難しいのではないだろうか。

戸谷の論考は、以上のような問題意識へのひとつの応答となっている。新規の科学技術をいかに社会的に受容するのかという問題を、専門家だけで解決しようとするのではなく、専門家と市民の間の双方向的なコミュニケーションによって解決しようとするあり方（市民参加モデル）は、一見すると結構なことであると思われるが、専門家の権威が低下したり、市民間の意見の対立が調停できなくなったりするといった危険性がある。そこで戸谷が参照するのが、現代科学において認識の準拠点が感覚ではなくなったことで、リアリティが共有されず、政治的な公的領域が脅威にさらされるとするアーレントの議論である。科学的な真実に対しては、共通感覚をもつことが難しいため、万人が同じ対象と係わっていると信じることが難しくなる。戸谷は、科学技術をめぐる議論にリアリティを取り戻すために、人々の足を止めさせ、視線を釘付けにし、人々に疑問を喚起させ、議論の場に感覚的なリアリティを導き入れるようなスペキュラティヴ・デザインに着目する。

しかしながら、三番目の**奥井剛「中絶規制の根拠に関する考察——人間の生の始まりとアーレントの出生性」**（第7章）と、その次の**大形綾「新型出生前診断と優生思想」**（第8章）が共通のテーマとしている「中絶」は、以上の百木と戸谷の論考で示された、市民の間で議論することで合意をつくることが一朝一夕にはいかないことを示す具体的な問題であるといえる。

奥井の論考でまず確認されるのは、中絶に関する現在の合衆国内の対立の調停が困難であることの理由として、人間の生命がいつから始まるのかという問いに対して、古代ギリシアのアリストテレスから中世のトマスを経て、現代にいたるまでの議論において、万人が納得するような回答が与えられていないということである。そもそも胎児の存在について合意が得られなければ、その「道徳的地位」について生産的な対話も成立しないだろう。このような状況を確認したうえで奥井は、複数の人々からなる世界は、新たな人間たちがユニークな「誰か」として現れることがなければ自然と朽ち果ててしまう以上、子どもの誕生はわれわれが生きる世界への「信仰と希望」を与えるとするアーレントの洞察に注目する。そして、人間の子どもの誕生とはただ生命を与えることではなく、「複数性の世界」へと導き入れることであるために、人間の親には生まれた子の生命を育むことだけではなく、世界の存続という別種の責任も課せられていることを示す。

続いての大形の論考は、結果しだいでは妊婦に中絶という「命の選別」を提示する「新型出生前診断」を主題とする。大形は、出生前診断が中絶の延長線上にある技術だとは一概にはいえないと留保をしつつも、それでもなお、本来「原則禁止・例外容認」として刑法で禁止されている中絶につながる可能性があることを指摘する。そのような「原則禁止」されているにもかかわらず「例外容認」とされるとすれば、「私たちの内で、誰が「例外」に該当すると考えられているのか」が問われることになり、これが大形の論考の中心的な問いとなる。そこで注目されるのが、アーレントが『全体主義の起原』で用いた「余計な人間（überflüssige Menschen）」という言葉である。ユダヤ人の絶滅が開始されたのが、彼らが全人間世界における「余計者」であるとされたときであるとすれば、障害や疾患を持つ胎児を現代における「例外」的な地位に置くことは、そのような胎児を「余計な人間」とみなすことになり、ナチズムが陥ったのと同様の危険性を孕んでいるのではないか、という問いが提起される。

第2部の最後の論考は、**齋藤宜之「アーレントにおける農業技術への問い」**（第9章）である。『人間の条件』における農業という営みについての考察は示唆に富んだものであるものの、主題的に論じられているとはいえないこともあり、本来は世界と自然の両者に向けられる「気遣い」であったはずの農業が、現在世界の各地で起こっているような自然を破壊する営みになってしまった理由を明らかにはしてくれない。そこで齋藤は、ハイデガーやマルクス、トンプソンといった思想家を手がかりとする。特にトンプソンの「工業型農業」と「アグラリアン型農業」という区分に着目し、農業という営みは必需物＝消費物を生産する労働であると同時に、「気遣い」の営為でもあることを見てとる。このような理路を通じて、農業とは、自然を守ることを第一の目的にしているわけではないが、農地や地域の自然環境への「気遣い」が、その持続可能性の条件として構造的に組み込まれていることが明らかにされる。

第2部では多様な問題が考察されるが、アーレントの思想からそれらの問題を考えることで解決の手がかりを見つけることができる――と断言できるほど、それらは実際には容易な問題ではないし、むしろ容易には解決を許さないことが判明となるだろう。しかしそれだけではなく、アーレントの思想に多角的に光を当てる複数の論考を通じて、これまでには見えてこなかったそれらの問題についての新たな視座から「考える」糸口を見つけることができるはずである。

5 ポスト・ヒューマニズム時代のアーレント

百木 漠

はじめに

「ポスト・ヒューマン」は、近年の人文科学で注目されるキーワードの一つである。直訳すれば「人間の後」ということだが、ＡＩ（人工知能）をはじめとするさまざまなテクノロジーの発達によって、人間中心の時代が終わり、ＡＩやアルゴリズムが中心となる時代がやってくるのではないか、というのがその一つの予測である。[1] 例えば、ユヴァル・ノア・ハラリは『ホモ・デウス』のなかで、近代以来のヒューマニズム（人間中心主義）の時代はこの百年のうちに終わりを迎え、今後はデータとアルゴリズムが中心となる時代がやってくる、という大胆な予測を立てている。またトランス・ヒューマニズム（テクノロジーを利用した人間能力の拡張や人間の改変）の代表的論者であるレイ・カーツワイルは、二〇四五年にＡＩが人間の知性を完全に超えるシンギュラリティが到来すると予測し、人間と機械が融合して、人間が五〇〇歳まで生きられるなど、人間は現在の「人間」を超えた存在になっていくという見通しを立てている。

とはいえ、たとえシンギュラリティが到来しても、人間が機械と融合した存在になっても、おそらく不完全な人間社会もまた変わらず続いていくだろう。ＡＩがどれだけ人間の能力を上回ろうとも、人間は良くも悪くも「人間的な」活動や思索や創作を続けていくだろう。しかしそれと同時に、人間こそが地球上で最も優れた知性を持つ存在であるという自負心を失うことの影響は軽く見るべきでもないと思われる。もはや人間の知性はＡＩ（機械）の知性を上回ることがないという状況が確定したとき、そのことはわれわれの社会や生き方にどのような影響を与えることになるだろうか。

「人間の条件について（On the Human Condition）」と題された短い論考のなかでアーレントは、産業革命以来、機械は人間の身体機能に取って代わってきたが、現代のサイバネティクスにおいて生じているのは、機械が人間の脳力《ブレインパワー》をも乗っ取ろうとする試みである、と述べている（『手すりなき思考』322）。その乗っ取りの結果何が生じるのか、という問いについては、この論考では短い示唆しか与えられていないが——人間にとっての「記憶《リメンバランス》」の重要さや、無為な時間（vacant time）と余暇（leisure time）の区別など——、その問いはまさに二十一世紀を生きるわれわれが引き継いで考えていくべき問題であろう。

本論考では、『過去と未来の間』に収められた「宇宙空間の征服と人間の身の丈」論文を中心に参照しつつ、この問題にどう向き合うべきかを考えてみたい。この論文が書かれた一九六三年の時点で、アーレントはすでに現代科学の発展が人間中心主義（anthropocentrism）の放棄を要請するという問題について考察していた。「宇宙空間の征服」に代表される現代物理学の発展は、「人間中心的あるいは地球中心的な世界観の放棄」を前提にしており、この「世界」の「現われ」とは異なるところに新たなリアリティを見出そうとしている、と彼女は見ていた。では、人間中心主義を脱したあとで、現代科学はどのような次元に到達しようとしているのか。またそのテクノロジーは「人間」とその社会をどのように変えようとしているのか。そして、二十一世紀に生きるわれわれはその状況にどのように向き合うべきなのか。

1　人知を超えたもの

「人間による宇宙空間の征服は、人間の身の丈を伸ばしたのか、それとも縮めたのか」（『過去と未来』260：三六二）という問いから、「宇宙空間の征服と人間の身の丈」論文は始まる。この問いは、科学者ではなく素人《レイマン》（一般の人々）に向けて提起されたものであり、人文主義者《ヒューマニスト》が人間に抱く関心から生まれたものである、とアーレントはいう。そしてこの問いは、共通感覚《コモンセンス》＝常識にもとづいて、日常語で答えられねばならない、と。この問いの宛先が科学者でないのは、現代物理学が「人間中心的あるいは地球中心的な世界観を放棄すること」をつねに要請し、人間の五感やそれを統合する共通感覚、さらに通常の言語を超えた領域を探究するからである。原子物理学、量子力学、宇宙科学などの諸科学は、超感覚的なものや超自然的なもの（もともと自然には存在しなかったもの）を研究対象としているために、それらは人間の感覚器官によっては知覚できず、日常的な言語では言い表せない次元のものを扱っているのである（百木 2020）。

　カントの構図に沿っていえば、われわれは感性によって世界のさまざまな情報を知覚し、悟性の定めるカテゴリーによってその情報を整理し、世界を認識する。しかし、現代科学が扱うのは、人間の感性では捉えられず、悟性のカテゴリーによって整理することもできないデータである。そのデータは実験器具をつうじて捕捉され、数学的言語によって処理される。その結果として、シュレーディンガーが表現したように、われわれが「征服」しようとしている新しい宇宙は「実際に近づくことができない」ばかりか「思考えることさえできない」ということになる（『過去と未来』263：三六六）。ニールス・ボーアによれば、因果性や決定論や法則の必然性などは「人が必然的にもつ先入見にとらわれた概念の枠組み」に属するカテゴリーでしかない（『過去と未来』265：三六九）。それゆえ、「実験室で仕事につき、数学的言語でコミュニケーションを始めたとき、科学者は、彼自身の一部つまり彼自身の理解の力――なおも人間としての理解であるそれ――をも置き去りにしたのである」（ibid.）。

アーレントによれば、現代科学の目標はもはや人間の経験を「拡張し秩序づける」ことにはない。その目標はむしろ、人間の感覚や精神に露わになる自然現象の背後に存在するものを発見することにある（『過去と未来』261：三六三）。言いかえれば、現代科学が扱うのは、人間にとっての現われ《アピアランス》＝現象ではない。人間の知覚には「現われて＝現象して」こないもの、人間の認知能力を超えたところのものを、現代物理学は研究対象としている。われわれがそのデータに接することができるのは、科学者の用いる測定器と数学的言語をつうじてのみである。

その結果として、現代物理学が扱うデータは、まるで「真《リアル》の世界から来る神秘的なメッセンジャー」のように感じられる、とアーレントはいう（ibid.）。人間の感性や悟性では取り扱うことができない対象から取り出される科学データは、この世界における「現象や現われ」ではなく、まるで別の世界からやってくる神秘的なメッセージのように見えるだろう。そして科学者にとっては、この世界における「現われ＝現象」よりも、そちらの世界から測定器をつうじて取り出される数学的データのほうが「リアル」に感じられることだろう、というのである(2)。

「宇宙空間の征服」論文における以上のような議論を踏まえるとき、『人間の条件』のプロローグにおける以下の記述の意味もよりよく理解されるようになるだろう。

厄介なのは、近代の科学的世界観における「真理」は数学的な定式で示されて技術的に証明されるが、われわれが通常用いる言葉や思考でそれを表現することはできない、ということである。〔…〕われわれの思考の肉体的・物理的条件である脳はわれわれがしていることを理解できないので、今後はわれわれに代わって考えたり語ったりしてくれる人工機械が必要になるだろう。

（『人間の条件』3：一八）

われわれは今日、「もはや普通の言葉や思想のかたちで表現できない」「現代の科学的な世界認識の「真理」」に直面しているために、それを自分の脳で処理することはできない。それゆえ、われわれはそれを代行してくれる「人工機械」を必要としている。その「人工機械」は、われわれの認知を超えた範囲で、科学的な「真理」を摑み取るのだが、しかしその「真理」がいかなるものであるかを、人間の言語に翻訳することはもはや不可能である。これはまさに現代のＡＩを連想させる記述ではないか。続けてアーレントはこう言う。

科学の達成した現段階に適合するようにわれわれの文化的態度を改めるべきだ、という忠告がしばしばなされるが、それに従うなら、われわれは言葉がもはや意味をもたない生活様式を大まじめで採用することになるだろう。今日の科学は数学的シンボルという「言語」を用いなければならないが、もともとは語られた言葉の省略記号にすぎなかった数的言語が、今ではまったく言葉に翻訳できないような内容を含むようになっているからである。

（3-4：一九）

『人間の条件』のプロローグにさらりと記されていた、こうした「予言」の含意は、ＡＩの発達が目覚ましい二十一世紀の今日においてこそ、初めて十分に理解されることになったのではないか。今日、われわれは、人間の言語には翻訳し直すことができない「真のリアリティ」に、数学的なシンボル言語によってのみ触れることができるという状況に接している。あるいはそれを人間に知覚可能なものに変換するためには、人工機械（ＡＩ）を必要とするという皮肉な状況に置かれている、というのである。(3)

2　ＡＩ開発の「黒魔術化」と神託ＡＩ

こうした記述は、現代のＡＩの発達を考えるうえでも示唆的である。ここでは一つの象徴的な事例として、将棋ＡＩをめぐる状況を見てみたい。近年、将棋プロ棋士の対局が中継される際には、ＡＩによる局面の「評価値」や「最善手」が表示されるようになった。これによって素人でも局面の情勢が一目瞭然で分かるようになったのだが、ＡＩが示す評価値や最善手に対して、解説担当のプロ棋士が「えっ、そんなに差がついているの…?」「まさか、そんな手が?!」と戸惑う場面を見かけることも少なくない。時間をかけて考えていくと、確かにＡＩが示した形勢判断や最善手の意味が分かってくることが多いのだが、その際に「これはやはり人間とは違う感覚ですね」「こんな手、私なら一秒も考えない」といった感想を述べる棋士もいる。もはやＡＩはプロ棋士の思考回路を超え、ほとんど人間の理解が追いつかないような選択肢を示してくる。このように、ＡＩが人間に思いもよらない真理（正解）を示すとき、いささか大げさに言えば、それは「真の世界から来る神秘的なメッセージ」のように見えるのではないか。

興味深いことに、将棋の名人を破る最強のコンピューターソフト「ポナンザ」を開発した山本一成は

「AI開発の分野では、だんだんと黒魔術の影響が強くなってきている」と述べている（山本2017）。山本によれば、AIを研究する学問分野である情報科学は、もともと論理や数学が支配する世界であったが、現代の情報科学、とりわけAIの分野では論理や数学だけでは説明することができない部分がたくさん出てきている。例えば、AIを開発している本人にも、それがどのような仕組みで動いているのか、プログラム中のどの変数をどのように設定したことによってどのような効果が生み出されているのか、どの数値とどの数値の組み合わせが有効なのか、そうした問いに対する答えを明確に説明できない場面が増えてきているというのである。

ポナンザの開発については、自分が最もその仕組みを理解しているはずであるにもかかわらず、なぜポナンザがこれほどまでに強いのかについて、その理由と仕組みを完全に説明することはできない、と山本は告白している。自分にできるのは今のポナンザを実験的・経験的に強くすることだけであって、どれだけ詳細にプログラムの細部を調べていっても、ポナンザの知能というものを理解することはできないのだ、と。こうした「AI開発の黒魔術化」から想起されるのは、「十分に発達した科学技術は魔法と区別がつかない」というSF作家アーサー・C・クラーク（1980）の言葉である。発達しすぎた科学技術は、人間の頭脳による理解の範囲を超えてしまうために、もはやそれがどういうメカニズムで動いているのかを説明することはできない。だがそれが有益な結果（効能）をもたらしてくれることは分かる。これはほとんど前近代的な「魔法」や「魔術」と同じものではないか、というのである。

興味深いことに、アーレントもこうした事態を予見する記述を残している。すなわち、電子頭脳は「人間の仕事を人間よりも巧みにしかも人間よりも早く処理する能力を具えている」だけではなく、「人間の頭脳が〈理解〉できないこと」を為す能力があると考えられているが、その結果として、われわれは「自ら考案し組み立てたにもかかわらず、その機能を把握できない種々の機械に取り囲まれている」という状況が生じてくる（『過去と未来』264：三六七）。これはまさに今日のAI開発者がぶつかっている「黒魔術化」問題を想起させる記述ではないだろうか。

山本も示唆するように（山本 2017：一一七―一一九）、今後、このような「黒魔術化」問題は、将棋界だけでなく、社会全体にも波及してくることが予想される。その兆候の一端は、昨今進展が目覚ましい生成AIを取り巻く状況にも示されているが(4)、ここではハラリが「神託《オラクル》AI」と呼ぶものを参照しつつ、次のような近未来予想図を考えてみよう(5)。

例えば、進学先の学校選び、就職先の企業選び、誰と付き合い、誰と結婚するかなどの選択において、これまでわれわれは家族や友人や先生に相談したり、一人で悩んだりしながら、決断を下してきたはずだ。しかし近い未来には、AIこそが最大の助言者となり、判断の導き手となるだろう、とハラリは予測する（ハラリ 2018：第9章）。われわれのパソコンやスマートフォンやスマートウォッチなどには、われわれの日常生活、そしてこれまでの人生の履歴が電子データとして蓄積されている。日々どんなサイトを見ているか、どんなアプリを使っているか、どんなキーワードで検索をしているか、どのような支払いをしているか、こうしたデータ履歴を見れば、その人の人となりや生活習慣などが自ずと浮かび上がってくる。そうしたデータをアルゴリズムによって解析し、「あなたにベストの進学先／就職先／交際相手／結婚相手はこれですよ」という「最適解」をAIが示してくるようになるだろう、というのである。

こうした人生の岐路について、これまでは「人間」が悩み、「人間」がアドバイスをしてきた。しかしこれからは「あなたについて、あなたよりも周囲の人間よりも、AIのほうがよく知っている」という世界がやってくるだろう、とハラリは予言する。こうした状況もまた人間中心主義《ヒューマニズム》の終わりと「データとアルゴリズム」中心の時代の到来を告げている、というのが彼の診断である（ハラリ 2018：第11章）。

ハラリは、このようにスマホやウェアラブル装置に蓄積されたデータベースの履歴にもとづいて「最適解」を導き出してくるＡＩを「神託ＡＩ」と呼ぶ。かつて人々が巫女を通じて神のお告げを聞いたように、現代人はＡＩを通じて真理の言葉を聞くようになるだろうというのである。「私たちの多くは、自分の意思決定の過程をそのようなシステムに喜んで委ねるのではないか。あるいは、重要な選択に直面したときにはいつも相談ぐらいはするだろう。グーグルは、どの映画を観たり、バカンスにどこへ言ったり、大学で何を学んだり、どの仕事の申し出を受けたりするべきかや、誰とデートして結婚したりするべきかさえも、助言するようになる」（ハラリ 2018：二七二）[6]。

問題は、将棋ＡＩが示す最善手と同様に、神託ＡＩが示す最適解も、それがどのようなメカニズムを経て導き出されたものなのか、われわれには理解不可能だということである。キャシー・オニール（2018）が強調するように、ＡＩのアルゴリズムはあくまで過去に蓄積されたデータの集積をもとに傾向を割り出してパターン分類し、確率論的な「最適解」を割り出しているだけであって、それがその個人にとって本当の最適解であるかどうかは試してみなければ分からない[7]。興味深いことに、現代社会のＡＩ化を批判するオニールもまたＡＩ開発のブラックボックス化現象を指摘している。「要するに、これから数年のうちに、膨大な量の行動データがＡＩシステムに流れ込むようになるということだ。しかも、そうなったあとも人間の目にはブラックボックスにしか見えない。このプロセスの最初から最後まで、私たちは自分がどの種族に分類されているのかも、なぜそこに分類されているのかも、知ることはない。ＡＩの時代には、変数のほとんどは謎のままとなる」（オニール 2018：二五八）。

ＡＩが示してくる「最適解」について、それがなぜ最善の選択なのか、どのような根拠からその選択が導かれたのか、その理由やプロセスを人間の頭脳で理解・言語化することはできないとすると、われわれにできるのは、ＡＩが示してくる選択肢を受け入れるか、受け入れないか、の判断だけだということにもなりかねない。そうだとすれば最新のテクノロジーは、われわれから自発的な意志や行動を奪うような方向に発展しているのではないか、という危惧も生じてくることになろう（百木 2021）。

3　テクノロジーをめぐる市民的対話、そして配管工

では、以上のような状況を踏まえたうえで、われわれは「黒（再）魔術化」したＡＩ（現代科学）といかに向き合っていくべきだろうか。この点についても、アーレントの考察が重要な示唆を与えてくれる。現代の科学技術に関連する諸問題を引き受けるべきは、「科学者としての科学者」ではなく「一般の人々や人文主義者《ヒューマニスト》」であり、そうした市井の人々による話し合い――アーレントが言うところの「活動」――を通じて、それらの問題に対する政治的判断がなされるべきだ、とアーレントは論じる。

> この問いによって試されるのは一般の人々や人文主義者であって、彼／彼女らこそが科学者のしていることに対して判断を下すのである。なぜなら科学者のしていることはすべての人に関わるものであるからだ。そしてこの話し合いには、もちろん科学者自身も参加しなければならない。ただし、それは科学者たちが市民として参加する限りにおいてである。（『過去と未来』262：三六四）

アーレントはここで科学者たちを話し合いの場から除外しようとしているわけではない。むしろ科学者

たちも話し合いの場に参加すべきなのだが、ただしその場合には、科学者たちもひとりの市民として参加すべきなのであって、科学の専門家として参加するのであってはならない。例えば、科学技術をどのように用いるべきか、研究開発をどこまで進めるべきか、あるいはあえてそれを抑制・禁止すべきか、といった問いについては、科学的専門性の見地とは別に、市民的政治性の見地から、「活動」を通じた「判断」が下されるべきだ、とアーレントは主張しているのだ。さらに、以下の記述が重要である。

この話し合いから得られるすべての答えは、それが一般の人々からのものであろうと、哲学者からのものであろうと、科学者からのものであろうと、非科学的である（ただし、反科学的ではない）。すなわち、その答えは決してはっきりと正しいとか間違っているとか言える類のものではない。その正しさは、科学的な言明のもつ強制的な妥当性よりも、合意が持つ妥当性に近い。たとえ、その答えが哲学者によって与えられたものであったとしても、それは、多くの人々（そのほとんどはすでに他界した人々かもしれないが）の意見交換によって到達されたものなのだ。そのような真理は決して普遍的な合意とはなりえないが、それは論証可能で強制的な科学の真理言明よりもしばしば長く生き延びるのである。(ibid.)

人々の話し合いによって得られる合意は、科学的な真理言明に比べれば、不確実なものであり、普遍性や客観性を欠いている。政治的合意は、複数的な「意見」に基づくものでなければならず、単一的な「真理」に基づくものであってはならない、というのがアーレントの一貫した信条であった。例えば、原発を存続すべきか廃止すべきか、遺伝子操作や出生前診断はどこまで許されるべきか、ビッグデータを元にしてＡＩが示してくる選択肢をわれわれはどこまで受け入れるべきなのか、などの課題については、つねに一定の不確実性とリスクがつきまとうために、絶対的（普遍的）に正しい答え（合意）を導き出すことはきわめて難しい。だが、それでもわれわれはそうした問いに対して何らかの「判断」を下していかねばならない。ときにその判断が間違うこともあるかもしれないが、それでも市民が話し合いをつうじて到達した合意を尊重すべきである。そのような合意は「強制的な科学の真理言明」よりも「しばしば長く生き延びる」のだ、とアーレントは力強く述べている。

AIの黒（再）魔術化問題についても、われわれはAIが導き出す「言い表しえないもの」をなんとかして言語化し、人間の共通感覚に適合するものへと変換していかねばならない。そしてそれを「活動」と「判断」の対象にしていかねばならない。不確実な未来を前にして、「活動」を通じた「判断」を下すのは、つねに市民としての人間だからである。

こうした記述は、『人間の条件』プロローグでアーレントが現代の科学技術問題に関して示していた指針とも合致している。すなわち、

> 問題はただ、新しい科学的・技術的知識をそうした方向に用いるかどうかである。これは第一級の政治的問題であり、したがって職業的な科学者や職業的政治屋の決定に委ねることはとうていできない問題なのである。
> （『人間の条件』3：一七）

現代科学は人間の認知を超えたところのものを扱い、そこから生み出されるテクノロジーの恩恵を誰もが多大に受けているとはいえ、われわれはあくまでこの世界に「人間」として生きているのであって、人間の感性・悟性・理性のもとに思考し、意志し、判断し、他者と語り合い、意見を交換し合い、他者を説

得するほかない。そのような営みを可能にするものとして、われわれの共通感覚と言語を用いて「活動」するほかない。テクノロジー問題に関して、アーレントが最終的に強調したのはこの点であった。「複数形の人間、この世界に生きて活動している人間にとって経験が意味あるものとなるのは、彼らがそれを互いに語り合い、相手と、そして自分自身に理解できるものにしているからなのだ」(『人間の条件』4：一九)。

加えて、「感覚や現われの世界と物理的世界観との失われた接触を再びつなげつつあるのは、純粋科学者ではなく「配管工（plumber）」たちのほうである」という記述にも注目しておきたい。「「配管工」つまり技術者は、いまではすべての「研究者」の圧倒的多数を占めており、彼らによって科学者の成果が地上に橋渡しされているのである」(『過去と未来』268：三七二―三七三)。現代科学と人間の「現われの世界」の橋渡しをしてくれるのは、実験室で最先端の実験を行っている「純粋科学者」よりも、そこから生まれる科学技術をわれわれの日常生活につなげてくれる「配管工」のような存在（技術者）である、というのである。「配管工＝技術者」たちは、「純粋科学者」たちの理論を「地上に引き下ろす」役割を持っている。アーレント自身はこうした記述以上に、特別な意義を「配管工」に付与しているわけではない。しかし、「人間の身の丈」を超えたテクノロジーをいかにして討議と判断の対象にしていくか、という課題を考えるにあたって、彼女の「配管工」に関する記述は非常に示唆的である。最後に、その記述から着想を得た筆者なりのアイデアを記して、本章の締めくくりとしたい。

結語

ＡＩ（現代科学の発展に伴うテクノロジー）が人間の知性を超え、「人間中心主義」の時代が終わったとき、われわれの生活や社会はどのような影響を受けるだろうか、というのが本章の問いであった。人間の認知・思考能力を超えた次元のデータを科学が扱い始め、そこから示される答えが「真の世界から来る神秘的なメッセージ」のように見えるという現象じたいは、すでに二十世紀の半ばにアーレントがボーアやシュレーディンガーやハイゼンベルクの言葉から読み取っていたものであった。今日では、ＡＩとデジタル機器の発達によって、そうした事象がわれわれの日常生活にも浸透してきている、と理解すべきであろう。

こうした状況に対して、アーレントはあくまで、人間が共通感覚と日常語を用いて、市民的な対話を行い、そのうえで科学技術をどのように用いるかの政治的判断を下すべきだと考えていた。とはいえ、３・11後の状況を見ると、テクノロジーをめぐる市民的対話と政治的判断が上手く機能しているとは安易に言い難い現実があるのも確かである。このとき、アーレントがもう一つ、短く触れていた「配管工」の役割を考えることが思考のヒントになるかもしれない。人知を超えた科学の世界と人間的な「現われの世界」をつなぐ「配管工」の役割である。

例えば、将棋ＡＩ開発に携わるエンジニアである川島馨は、「現状のＡＩでは一番勝率が高い指し手とその先の読み筋は見られるが、その指し手がどうして良いのかは言語化されていない。今後は将棋ＡＩを人に使ってもらううえで「人が理解しやすいように言語で説明する」のが一つのテーマになると思う」と語っている(8)。将棋トップ棋士である藤井聡太名人も、インタビューでたびたび「ＡＩの判断を人間の言語に翻訳すること」の重要さに触れている。人知を超えた科学技術の世界と、人間が属する現われの世界をいかにしてつなぐか、これが今後の人類の一つの課題になると考えられる。しかしＡＩ開発に関してはプロ棋士やエンジニアでさえも、ＡＩがどのようなメカニズムで動いているかを明快に人間の言語で説明・思考できないという点に、ポスト・ヒューマン時代の困難があるのだった。

そのような困難を承知のうえでいえば、「配管工」ですら説明できないテクノロジーを、できうる限り、人間の感性・悟性・理性に沿う形で解釈し、不完全ではあれ、これを説明する「翻訳者」の役割が重要な意味を持つことになるのではないか。ここでいう「翻訳者」はアーレントの用語ではなく、以上の議論を受けて筆者の提案する役割である。例えば、将棋界ではAIが示す最善手や形勢判断の意味を、「人が理解しやすいように言語で説明する」ことが重要な課題となっているのだった。これと同様に、テクノロジーをめぐる市民的対話と政治的判断においても、「言語化不可能なもの」や「思考不可能なもの」を対話と判断の対象とするために、これを可能な限りで言語化していく「翻訳」の作業が鍵となるのではないか。例えば、AIやアルゴリズムが示してくる「最適解」をできる限り言語の形で分析し、それを採用するかしないかの決定を手助けするプロセスが大きな意味をもつことになるだろう。

そのためには、「言語化不可能なもの」や「思考不可能なもの」を部分的にであれ、なんとか言語化し、対話と判断の対象とするための工夫を重ねていかねばならないだろう。それは科学研究者や技術者の仕事であると同時に、人文系の研究者の仕事でもあるはずだ。不完全ながらも、「言語化不可能なもの」を言語化し、「思考不可能なもの」について思考するという困難に挑んでゆくことが、今後のテクノロジー（とりわけAI・ビッグデータ・アルゴリズム）と相対するうえで重大な要件となっていくだろう。

注

（1）加えてポスト・ヒューマニズムには、人間以外の生物やモノにも主体性を想定するような「動物論的転回（the animal turn）」や「人間ならざるものへの転回（the nonhuman turn）」などの潮流もある（土佐 2020 : 12）。

（2）アーレントにとって「リアリティ」を保証するのは「立場の違いとそこから生じる多様な見方にもかかわらず誰

も常に同一の対象に関わっている」（『人間の条件』57-58：九二）という確信である。それゆえ、現代科学が扱う事象の「リアリティ」のなさ（同時に別次元の「リアル（本物感）」の出現）は、〈感性や悟性によるアクセス不可能性〉に加えて〈複数人による確認・経験の不可能性〉が大きな要素であると考えられる。こうしたリアリティが確保されないとき、共通世界は解体され、われわれは自分の主観的な一つの経験に閉じ込められるだろう、とも述べられている（『人間の条件』58：九二）。

（3）國分功一郎と千葉雅也は、デジタル化と効率化（新自由主義化）が進む現代において、人間的（人文的）な言語が消滅しつつあるのではないか、という懸念について対談している。日常生活のさまざまな場面でデジタル化と効率化が進むならば、まわりくどく誤解も生じやすい人間的な言語を介してコミュニケーションするよりも、デジタル機器をつうじて信号を送り合って情報交換するほうが効率的で誤解も生じにくいかもしれない。それでもなお、「言語」の意義があるとすればそれは何だろうか。二人の対談にはさまざまなヒントが示されているが、「言語の玩具的使用」あるいは「物質としての言葉」といった方向性が示されている（國分・千葉 2021）。

（4）生成ＡＩはわれわれが投げかける質問に対して瞬時にもっともらしい答えを出してくれるが、その答えがどのように導かれてきたものなのか、そのメカニズムをほとんどのユーザーは理解することができないし、はたしてその答えが正解なのかどうかすらも分からない、という状況に置かれている。

（5）この近未来予想図は筆者が以前、「デジタル全体主義」の問題と絡めて論じたものである（百木 2021）。

（6）監視社会論の専門家であるデイヴィッド・ライアンは、現代の監視の特徴は、国家が個人の情報を強制的に、あるいは秘密裡に取得して利用する構図ではなく、われわれがデジタル機器をつうじて自ら進んで個人情報をプラットフォーム企業に提供するところにある、と指摘している。デジタル社会では個人情報をデジタル機器およびプラットフォーム企業に提供すればするほど、予測の精度が高まり、サービスの利便性が向上するからだ。ライアンはこうした変化を「監視社会から監視文化へ」と言い表している（ライアン 2019）。

（7）オニールによれば、現代の自動化プログラム（オニールはこれを数学的破壊兵器と呼ぶ）は行動パターンにもとづいて人間を「種族」に分類し、その分類に沿って将来行動を計算する（オニール 2018：二五六以下）。しかしこのようなプログラムから導き出される将来予測は、あくまで過去のデータ蓄積から確率論的に導き出されたものであって、それが個々人にとって正解であるという保証はなく、そうした予測を無闇に信用すべきではない、とオニールは警鐘を鳴らしている。

（8）「藤井聡太氏は序盤が卓越」「トップはＡＩを使っていない人はいない」プロ棋士と最強ＡＩエンジニアが語る将棋ＡＩのリアル（Ledge.ai ニュース）https://webtan.impress.co.jp/e/2022/06/22/42934（二〇二四年七月三一日閲覧）

文献

オニール、キャシー（2018）『あなたを支配し、社会を破壊する、ＡＩ・ビッグデータの罠』久保尚子訳、インターシフト社

カーツワイル、レイ（2016）『シンギュラリティは近い［エッセンス版］――人類が生命を超越するとき』ＮＨＫ出版

クラーク、アーサー・Ｃ（1980）『未来のプロフィル』福島正実・川村哲郎訳、ハヤカワ文庫

國分功一郎・千葉雅也（2021）『言語が消滅する前に』幻冬舎新書

土佐弘之（2020）『ポスト・ヒューマニズムの政治』人文書院

ハラリ、ユヴァル・ノア（2018）『ホモ・デウス――テクノロジーとサピエンスの未来』下巻、柴田裕之訳、河出書房新社

百木漠（2020）「人工知能と言語化不可能なもの」『現代思想』48巻12号、青土社、二二二―二三二頁

――（2021）「スマホとデジタル全体主義」『世界』946号、岩波書店、一二八―一三七頁

山本一成（2017）『人工知能はどのようにして「名人」を超えたのか？――最強の将棋ＡＩポナンザの開発者が教える機械学習・深層学習・強化学習の本質』ダイヤモンド社

ライアン、デイヴィッド（2019）『監視文化の誕生――社会に監視される時代から、ひとびとが進んで監視する時代へ』田畑暁生訳、青土社

6

科学技術をめぐる市民参加の公共性

アーレントにおける地球疎外論を手がかりに

戸谷洋志

先端的な科学技術は社会に対してさまざまな影響を与える。そこには、生産性や効率を高めるという点でポジティブな影響もあれば、事前には予測することができないようなネガティブな影響もある。そのような影響は、倫理的・法的・社会的課題（ethical, legal and social issues：ＥＬＳＩ）と呼ばれ、科学によってもたらされる問題でありながら、専門的な科学者だけでは解決できない問題、「トランスサイエンス」の問題として理解されている。そうした問題に対応するために、近年、科学技術の社会的受容をめぐる議論において、積極的に市民を参加させ、専門家と市民の双方向的な議論によって意思決定を進めることが重視されている。ここには、専門家による閉ざされた議論を、市民による開かれた議論へと開放しようとする動向、科学技術の議論に公共性を取り戻させようとする動向が示されている。

一方で、科学技術をめぐって市民に開かれた議論は、さまざまな困難に直面する。そこには、通常の政治的な議論には見られない独特な課題が潜んでいる。本章の主題は、ハンナ・アーレントの思想を参照することによって、そうした問題の構造を公共性の成立条件から解釈することである。また、そうした困難さを念頭に置いた上で、科学技術をめぐる公共的な議論をどのように方向づけ、設計していくべきかについて、何らかのヒントを見出すことを目指す。

以下では次のように論を進めていく。まず、科学技術のＥＬＳＩへの取り組みについて、その歴史的な変遷を素描し（第1節）、今日において市民参加に重要性が置かれている事実とともに、それが直面する困難さを指摘する（第2節）。その上で、このような困難さをもたらしている根本的な困難さを突き止めるために、アーレントの主著『人間の条件』における地球疎外論を概観し（第3節）、その議論のなかで「リアリティ（reality）」の概念が演じる役割に注目しながら、科学的な世界観のなかで公的領域を成立させることが困難である理由を明らかにする（第4節）。最後に、このようなアーレントの分析を踏まえた上で、科学技術をめぐる市民による議論を改善するために、どのような道筋がありえるのかを考察する（第5節）。

1　科学技術のＥＬＳＩへの取り組み――ゲノム研究の事例より

二十世紀において、科学技術は社会に大きな影響を与えるようになった。そのため、新規の科学技術を社会に実装する際には、その科学技術が社会にどのような影響を与えるのかを予測した上で、意思決定がなされなければならない。そうした意思決定のあり方として、二十世紀において支配的であったのは、その分野の科学者と関係省庁の行政官が、閉じた議論のなかで合意を形成する、というものであった。このような意思決定のあり方は一般に「技術官僚モデル」（Jasanoff 1990）と呼ばれる。しかし、九〇年代以降、新規の科学技術によって生じる課題には、その分野の科学者だけでは解決することのできないものが含まれるということが意識されるようになってきた。そのように、新規の科学技術の社会的受容に伴って生じる領域横断的な課題を、科学技術のELSIと呼ぶ。

ELSI研究は、一九九〇年、ヒトの全ゲノム情報の解読を目指すヒトゲノムプロジェクトが開始された際、アメリカが国家予算によって発足させた研究プログラム「Ethical, Legal and Social Implications」に端を発する[1]。当初はアメリカにおいて実施された一つの研究プログラムを指す固有名であったが、二〇〇〇年代以降、先端的な科学技術が喚起する課題に対応するための研究活動領域を指す名称として一般化し、世界的に普及することになった（Zwart & Neli 2009）。

ヒトの全ゲノム情報の解析は、生命現象の基本構造を解明するという意味で生物学への寄与が期待される一方、医学・創薬の分野への応用に向けて研究が推進され、近い将来に人々の社会生活にも影響を及ぼすと考えられていた。そのため、その影響を予見し、必要に応じて事前に対策を講じることが喫緊の課題であり、そしてそれに取り組むためには、自然科学者だけではなく人文科学者や社会科学者との協働が必要である、と考えられた。このような観点から、初期のELSI研究では、文理融合的な研究実践活動が試みられることになり、後の異分野におけるELSI研究の範型が形作られることになった。アメリカにおける遺伝差別禁止法の成立はその主たる成果として位置づけられている。

二〇〇三年にヒトの全ゲノム情報の解読が完了した後、その知見を医学・創薬の分野へと応用するべく、ゲノム研究は特定の個人のゲノム情報（パーソナルゲノム）の解析をめぐる研究へと発展した。たとえば、特定の遺伝性疾患とゲノム情報の連関を特定するためには、健常者と患者双方の遺伝情報を組み合わせる必要がある。そのため、パーソナルゲノムの解析を進めるためには、健常者と患者に区別されない、膨大な数の個人のゲノム情報を収集し、データベースを構築する必要がある。この意味においてゲノム研究の当事者は、特定の疾患を抱えた患者だけではなく不特定多数の市民である、と考えることができる。したがって、ゲノム研究を推進するうえで、市民からの理解と同意を得ることは必要不可欠である。そのため、ＥＬＳＩへの取り組みにおいても、研究者の間だけで議論を交わすのではなく、患者を含めた市民と研究者が意思疎通することの必要性が強く意識されるようになった。

たとえば、二〇〇一年から日本において文部科学省のもとで始動したミレニアムプロジェクト特定領域研究「ゲノム」四領域には、ＥＬＳＩ研究の組織として「社会との接点委員会」が設立され、同委員会では主たる活動として「ゲノムひろば」というイベントが実施された。これは、ゲノム研究を専門とする一〇〇名以上の研究者が大規模会場にブースを出し、市民が来場者として参加し、各ブースで研究者から研究内容の紹介を受け、自由に質疑応答できるという双方向型の交流イベントだった。二〇〇二年から二〇〇九年にかけて計一三回実施され、来場者総数は一万五七〇〇人、参加した研究者の総数は二三〇〇人を数えた（白井・加藤 2011：五四）。

このように、新規の技術の社会的受容をめぐる議論を、専門家だけによって閉ざされたものとするのではなく、市民に開かれたものにしていこうとする志向は、今日のＥＬＳＩへの取り組みにおいて、分野を問わず通底する傾向である。そこで目指されているのは、「科学技術の公衆理解（Public Understanding of Science：ＰＵＳ）」の醸成および促進にほかならない。

2　科学技術と民主主義

伝統的に、科学研究は閉ざされたコミュニティで推進されるものであり、大学をはじめとする研究機関で教育を受けた特別な人々によって担われる活動である、と考えられてきた。このような発想を前提とするとき、ＰＵＳは、専門的な知識の欠如している市民に対して、専門家がその知識を補完する、という枠組みのもとで行われることになる。科学技術社会論において、このような枠組みは「欠如モデル」と呼ばれる。欠如モデルは、科学者による専門的な情報提供が必要であるときには有効であるが、市民の属する文脈に依存した知を無視し、市民を受動的な役割に留めることにもなる（藤垣・廣野 2008：一一〇―一一四）。それに対して、こうした文脈に依存した知を重視し、科学的な専門知の権威を相対化することによって、専門家と市民の間の双方向的なコミュニケーションを実現することで、はじめて科学の社会的受容をめぐる有効な議論が成立する、と考えるものを、「市民参加モデル（Public-Engagement model）」（同 一一七）と呼ぶ。前述の「ゲノムひろば」の取り組みは市民参加モデルに基づいてＰＵＳを促進する試みであると言える。

二〇一〇年代以降、科学技術のＥＬＳＩへの取り組みにおいて、市民参加モデルに基づくＰＵＳの重要性は強く意識されてきた(2)。また、科学技術の社会的受容を開かれた議論によって進めようとする考え方は、前述の技術官僚モデルに対して、科学技術のガバナンスにおける「民主主義モデル」（藤垣 2020：四六）とも呼ばれている。

ただし、そのように科学技術をめぐる議論への市民参加を推し進めることは、当然のことながら、専門家の権威を相対的に低下させることになる。そしてそれは、科学的事象に対する市民間の意見の対立が調停できなくなり、またそうした対立そのものが、政治権力によって利用される危険性を含んでいる。吉澤が指摘するように、このような傾向が「ポスト真実」と呼ばれる近年の現象と重なり合うとき、それは大きな脅威となりうる。たとえば、ドイツの極右政党「ドイツのための選択肢（Alternative für Deutschland：ＡｆＤ）」の前共同代表者であったフラウケ・ペトリーは、気候変動に反論し、定説は事実でないという

「別の真実（alternative facts）」を提示した。彼女の言説は、主流の言説への信頼性を低下させ、市民に対して「どっちもどっち」という印象を与えることになる。そのような泥仕合を前にした市民は、自らの政治的信条によって「科学的真実」を選択することになる（吉澤 2018）。

一方で、科学者の相対的地位の低下と軌を同じくして立ち現れた「別の真実」的言説に対する反動として生じつつあるのは、科学技術をめぐる意思決定において専門家の権威を再び取り戻そう、という志向である。たとえば二〇一七年五月のアースデイにおいて、「科学のための行進（March for Science）」が行われ、「別の真実」を掲げる為政者への抗議として、あくまでも科学的な根拠に基づく意思決定を訴えてデモ活動を行った。また、環境活動家として知られるグレタ・トゥーンベリのいう「私の声ではなく、科学に耳を傾けてほしい」（*The Guardian* 2019）という主張も、このような志向を象徴するものであろう。もちろん、科学者の専門的知識は重要である。しかし、科学はそもそも動的な営みであり、そこにはつねに見解の対立や論争が存在しうる上に、科学者自身の見解そのものも政治的言説から完全に自由ではない（Holznienkemper 2017 : 623）。そうした性質を無視し、「ポスト真実」に対して科学が客観的な真実を提供してくれる、と信じることは、安直な発想であるという誹りを免れないだろう。

それでは、科学技術の意思決定を技術官僚モデルへと退行させることなく、しかし「ポスト真実」的な科学への不信感に陥るのでもない仕方で、市民に開かれた議論を成立させるためには、何が必要なのだろうか。それを見定めるためには、そもそもまず、科学技術をめぐる公共的な議論が直面する、上述のような苦境が、なぜ、いかにして出現しているのかを把握する必要がある。私見では、このような苦境は、偶然に生じたものではなく、科学技術について議論しようとするとき、原理的に生じうる問題として理解されなければならない。以下では、アーレントの『人間の条件』を手がかりにしながら、そうした問題の構造を明らかにしていこう。

3 アーレントにおける地球疎外論

『人間の条件』において、アーレントは科学技術によってもたらされる危機として、その物理的な威力とは別に、政治的な公共性への脅威を洞察している。以下では、そうした脅威が出現してくる過程を、同書の第六章の議論に基づいて概観する。

科学技術は近代科学の発展の帰結である。その発端は、ガリレオが望遠鏡によって天体観測を行った、という出来事のうちに見出すことができる。アーレントはこの出来事を、天文学において地球がその外側の視点から捉え返された、という意味で、「アルキメデスの点の発見」(『人間の条件』257：四六五)と表現する。すなわち近代科学は、地球を中心とした世界観から脱却し、脱中心的な宇宙観に基づくことによって、はじめて開始された。アーレントはこれを「地球疎外」(264：四七四)とも表現している。

近代科学は、真実を明らかにする方法を刷新することによって、人間の生活に深刻な影響を与えた。アーレントによれば、ガリレオの発明の新しさは、それまで思弁や仮説の域を出なかった地動説を、望遠鏡を用いることによって、感覚的な確実さを伴った形で実証した点にある。それが意味しているのは認識の準拠点が根本的に変容したということだった。なぜなら、地球疎外をもたらす宇宙の視点は、人間自身の感覚では得ることのできないものであり、望遠鏡という技術的な器具によって初めて知覚可能になるからだ。そうである以上、科学的な探究において人間の感覚は不完全なもの、誤謬を招くものであって、それは技術によって修正され、改善されなければならない。近代科学は、そのようにして、「人間の感覚、すなわち、リアリティを受け止める人間の器官そのものが人間を裏切るのではないかという古代の恐れ」(262：四七〇)を蘇らせることになった。

デカルトは、感覚への信頼の失墜を引き受け、新たな認識の準拠点を哲学に基礎づけようとした。アーレントによれば、デカルトは、疑うことができるものはすべて疑わなければならない、という方法的懐疑によって、人間が最終的に立脚することのできる知識の確実さの準拠点として、「われ思うゆえにわれあり」という第一原理を提示した。すなわち方法的懐疑は認識の準拠点を感覚から精神自身へと置き移したのである。それが意味しているのは、精神自身によって生み出された認識こそが確かな認識と見なされる、ということにほかならない。

アーレントは近代科学におけるこうした考え方の発露を、近代数学と実験のうちに見出す。近代数学は、自然現象を感覚的な内容を捨象した数学的な記号とその諸関係に置き換えて処理するものであるが、それはあくまでも「精神が生み出す形式に関する知識」(282：四九七)である。また実験は、技術的な器具によって構成された人工的な環境のなかで自然現象を再現する営みであるが、それは「観察したいと願う現象や対象物を「生産するという任務」」(284：四九九)にほかならない。

この意味において、近代科学において認識は、すべて、人間自身の精神の形式へと還元される。人間の精神に還元されないものを科学的に探究することはできないのであり、科学的な探究はどこまでいっても人間の精神を超えることができない。アーレントはここに一つの逆説を洞察する。すなわち、近代科学において、「私たち人間が人間でないものを探し求めようとしても、私たちが出会うのはつねに人間自身の精神のパターンにすぎない」(288：五〇一―五〇二)。このような事態を、アーレントは「宇宙への飛行」であると同時に、「自己への逃亡」であると表現する(6：一二)。

ただし、前述の通り、感覚とは「リアリティを受け止める人間の器官」にほかならない。そうであるにもかかわらず、認識の準拠点を感覚から切断するということは、認識からリアリティをも剥奪することを意味する。ここから帰結するのは、近代科学において確かであると見なされる認識が、人間にとってリアリティのないもの、すなわち「想像不可能」(288:五〇三)なものであるということである。

そうである以上、科学的な事象について人々が意思疎通するのだとしても、それはリアリティのないもの、自分でも想像できないことを語る、ということになる。アーレントは、ここに科学的な世界観がもたらす政治的な公的領域への脅威を洞察する。なぜなら近代科学は、人間には想像できないことを語らせることによって、言論を弱体化させるからだ。アーレントによれば、「厄介なことに、現代の科学的な世界認識の「真理」は、たしかにそれを数式で証明し、技術的には立証できるのだが、もはや普通の言葉や思想の形で表現できない」(3:一八)のであり、だからこそ、「科学者は、言論がもはや力を失った世界の中を動いている」(4:一九)。そして、そうした世界観が支配的になるとき、「本来ならば理解できる事物も理解できなくなるかもしれないし、考えたり話したりすることが永遠にできなくなるということもありうる」(3:一八)と、彼女は危惧するのである。

4 リアリティと共通感覚

前節では、『人間の条件』における、テクノロジーによってもたらされる公的領域への脅威に関するアーレントの議論を概観した。そこで明らかになったことは、科学的な世界観にはリアリティが欠如しており、そこで語られる事柄が人間には想像すらできなくなり、それによって言論が成り立たなくなる、ということだった。ここで鍵概念となるのはリアリティと政治的な空間がどのように連関しているのか、そして両者のつながりを絶たれることが何を意味しているのかを検討する。

アーレントは、「公的（public）」という概念が含意する現象の一つとして、リアリティの基本的な意味を次のように説明している。

> 第一にそれは、公に現れるものはすべて、万人によって見られ、聞かれ、可能な限り最も広く公示されるということを意味する。私たちにとっては、現われがリアリティを形成する。この現われというのは、他人によっても私たちによっても、見られ、聞かれるなにものかである。見られ、聞かれるものから生まれるリアリティにくらべると、内奥の生活の最も大きな力、たとえば、魂の情熱、精神の思想、感覚の喜びのようなものでさえ、それらが、いわば公的な現われに適合するように一つの形に転形され、非私人化され、非個人化されない限りは、不確かで、影のような類いの存在にすぎない。（50：八二）

ここで論じられていることは、公的なものとは「現われ」るものであり、現れることによって万人によって知られるようになる、ということだ。そうした「現われ」がリアリティを形成する。ここで重要なのは、公的に知られるものが、「万人によって見られ、聞かれ」るということである。公的なものとは、「私」一人に対して直接的に知らされるものではなく、「私」が見たり聞いたりするものを、「私」以外の人々も見たり聞いたりすることができる、ということを意味する。それによって、「私」は、自分が見たり聞いたりしているものが、「私」だけに現れているものではなく、「私」以外の他者にも現れている、と確信することができる。それが公的なもののリアリティに他ならない。アーレントは次のようにも説明している。

「私たちが見るものを、やはり同じように見、私たちが聞くものを、やはり同じように聞く他人が存在するおかげで、私たちは世界と私たち自身のリアリティを確信することができるのである」(50：八三)。

ただしそれは、万人が同じように現われを理解する、ということを意味するわけではない。なぜなら人間は一人一人が違う存在だからである。「公的領域のリアリティは、これとまったく異なって、無数の遠近法と側面が同時的に存在する場合に確証される」(57：九二)。「私」は、「私」とは違った仕方で物事を理解する他者が、しかし「私」と同じものを見たり聞いたりしている、という状況のうちに、リアリティを感じることができる。そしてそうしたリアリティを信じられるからこそ、同じ事柄について、多様な意見を交わし合うということが可能になるのである。そうした、「立場の相違やそれに伴う多様な遠近法の相違にもかかわらず、すべての人がいつも同一の対象に係わっているという事実」(57–58：九一―九二)が、公的領域のリアリティを保証しているのである。

しかし、そうであるとしたら、「私」は何を根拠に、「私」が係わっている対象と、「私」とは違った仕方で物事を理解する他者たちが係わっている対象が、同一であると信じられるのだろうか。公的領域における対象の同一性は、その対象の認識の同一性によっては説明することができない。なぜなら、もしも万人による対象の認識が完全に同一なら、つまり「私」を含むすべての人間が物事を同じように理解するなら、現われからリアリティは失われ、公的領域は解体するからである。それに対して、公的領域における対象の同一性を支える概念としてアーレントによって提示されるのが、世界である。「世界は万人に共通のものである。これは、世界の唯一の性格であり、世界が万人に共通であればこそ、私たちは世界のリアリティを判断することができるのである」(208：三六七)。この意味において、万人に共有のものとして世界は、リアリティの可能性の条件である。

アーレントは、それ自体は私的である感覚を、万人が共有する世界に適合させる感覚を、「共通感覚」(209:三六七)と呼ぶ。「私」はリアリティを知覚によって感じることはない。なぜなら「私」の知覚は万人に共有されるわけではないからだ。「私」にリアリティを感じさせるのはあくまでも共通感覚である。それは、「私」が知覚するものが、「私」以外のすべての他者たちにとっても知覚されるものである、ということを感じることにほかならない。

アーレントによれば、「共通感覚は政治的属性のヒエラルキーの中で非常に高い順位を占めている」(同前)。なぜならそれこそが、「私」に自分のいる場が公的領域であることを感じさせる感覚であるからだ。それに対して、「ある共同体で共通感覚が著しく減少し、迷信や軽信の風潮が著しく増大するというのは、ほとんどまちがいなく、世界からの疎外が進んでいる証拠である」(同前)とアーレントは指摘する。

以上のような、リアリティと共通感覚の関係性を念頭に置くとき、近代科学によるリアリティの喪失が、なぜ政治的な公的領域を脅かすのかが明らかになってくる。前述の通り、感覚への信頼を喪失した科学的な世界観において、人々が真実だと見なすものは、リアリティを感じられないもの、想像することさえできないものである。そのようにリアリティを感じられない、ということは、人々が世界を他者と共有していない、ということの証左である。そこでは、万人が同じ対象と係わり、そうした対象に同一性があると信じることが、できなくなるのだ。そしてそれは、「私」とは別の立場から物事を理解する他者の存在を信じられなくなる、ということでもある。なぜなら、「私」は共通世界を介して、「私」以外の他者と接点を持つからである。そうした他者の存在を信じられなくなるということが、「迷信や軽信」の蔓延へと帰結するのではないだろうか。

5　リアリティを補う議論の設計

第2節で指摘した通り、科学技術のＥＬＳＩをめぐる意思決定は、積極的な市民参加を目指した民主主義モデルへと転換しつつある。しかし、一方でそれは、「もう一つの事実」に代表されるポピュリズム的言説によって科学的な議論が左右され、結果的に科学への不信を醸成することになりかねない。そしてその反動として、科学者の絶対的権力を復権しようとする傾向が立ち現れている。アーレントの思想に基づくとき、ＰＵＳが直面するこうした苦境の構造的原因は、次のように解釈されるだろう。

そもそも科学の探究は人間の感覚への不信と重なり合っていた。しかし、感覚こそが、人々が異なる立場に属しながら共通の世界に係わっているという事実を、すなわちリアリティを確信させるのであり、そのような状況を前提にしてはじめて公的領域が成立する。そうである以上、科学をめぐる議論はリアリティを欠いたものにならざるをえない。ここに、科学的な事象を公的領域において議論することの、根本的な難しさがある。私たちは、そうした事象について議論するとき、自分とは異なる意見を持つ他者とともに、しかし同じ問題に係わっている、というリアリティを抱くことができない。そしてそれが、科学的議論がポピュリズム的言説へと飲み込まれてしまう、一つの要因なのではないだろうか。

このような観点から、「ポスト真実」の時代においてＰＵＳを促すには、議論をポピュリズム的言説とは違った形で開くことが必要不可欠である、と考えられる。しばしばＰＵＳをエンパワーするために必要なのは、市民の科学リテラシーの向上と、それを実現するためのリベラルアーツ教育・シチズンシップ教育であると語られる（藤垣 2020：四八）。これは、一人ひとりの市民の能力を向上させれば、その結果として、民主主義モデルが促進されるという発想に基づくものだ。たしかに、そうした視点も重要だが、しかしそれだけでは十分ではないだろう。なぜなら、一人ひとりの個人がどれだけ科学に対する理解を深めたとしても、そこに公的領域が開かれていないのなら、議論は有効に機能しないからである。そして、当の科学こそが、議論の場に公的領域を出現させることを困難にしているのだ。そうである以上、もしも私たちがあくまでも民主主義モデルを重視するのであれば、いかにして科学技術をめぐる議論にリアリティを取り戻すのか、あるいは創出するのか、ということこそを考える必要がある。

その一つの可能性を示唆することで、本章を終えることにしたい。それは、スペキュラティヴ・デザイン（speculative design）を活用したＰＵＳの試みである。[3] スペキュラティヴ・デザインとは、人々の常識に揺さぶりをかけ、新しい課題を発見するよう促すデザインの様式である。人々がその前を素通りできるようにするためのデザインではなく、人々の足を止めさせ、視線を釘付けにし、人々に疑問を喚起させることが、スペキュラティヴ・デザインの目指す役割だ。

このようなデザインを活用したＰＵＳの試みとして、二〇一八年、細胞培養技術を活用したワークショップが開催された（FabCafe 2018）。ワークショップでは、細胞培養に関する説明がなされるだけでなく、実際に市民が細胞培養を体験したり、その技術を使って製作された機能性細胞衣服が紹介されたりした。その上で、個人の悩みをベースに細胞培養技術の今後のあり方をディスカッションする、「個々人の問題解決のための細胞培養技術と未来を思考するＷＳ」が行われた。ディスカッションのなかでは、細胞培養技術によって新しく生まれる産業は何なのか、またその未来は許されるものなのかが、自由に議論された。

こうした議論の設計は、実際に細胞培養の体験を介することによって、議論の場に感覚的なリアリティを導き入れることができる。また、個々人の悩みから未来を共有することによって、一つの科学技術に対して異なる立場から議論することを成立させる。その意味でこうした試みは、少なくとも専門家が一方的に知識を講ずるよりも、民主主義的なＰＵＳの実現に寄与するものであるだろう。もちろんそれがアーレントによって洞察された世界疎外を完全に克服するわけではない。しかし、私たちが科学技術のＥＬＳＩに取り組もうとするとき、それは少なくともベターな意思疎通のあり方ではあるだろう。

注

（１）アメリカにおける同プロジェクトの初代ディレクターであったJames Watsonは、一九八八年、アメリカ国立衛生研究所（National Instiutes of Health：ＮＩＨ）のゲノム研究における三％の予算をゲノム解析のＥＬＳＩ研究に充てるべきであると主張した。これを受けて、ＮＩＨと国立ヒトゲノム研究所（National Human Genome Research Institute：ＮＨＧＲＩ）の研究プログラムとして「Ethical, Legal and Social Implications」が一九九〇年に発足した。これが今日におけるＥＬＳＩ研究の直接的な起源である。その後、予算は三％から五％へと拡大し、それによってアメリカのＥＬＳＩ研究は世界最大の予算をもつ生命倫理研究になった。なお、「ＥＬＳＩ」の「Ｉ」は、「implications」と「issues」のいずれかを指すものとして使われているが、どちらと見なすべきかについて決定的な線引きはなされていない。本章では、一般的な研究領域を指す場合、日本国内で多数派を占めている「issues」の語に基づくものとして、「ＥＬＳＩ」を捉えることにする。

（２）たとえば欧州において、科学技術と社会のあるべき関係や取り組みを表す標語として用いられるようになった「責任ある研究・イノベーション（Responsible Research and Innovation：ＲＲＩ）」という理念には、ＲＲＩを成り立たせる要件として、「自己反省的であること（Reflective）」、「予見的であること（Anticipatory）」、「応答的であること（Responsive）」に加えて、「熟議的であること（Deliberative）」が挙げられ、そこでは科学技術の社会的な影響や課題について市民が多様な観点から議論に加わることの必要性が謳われている。ＲＲＩは欧州連合（ＥＵ）の科学技術政策に指針として重視されており、研究助成の枠組みである「Horizon 2020」（2014–2020）において、Ｒ

RIに基づくプログラム「Science with and for Society」が設けられている。また、日本においても、内閣府によって閣議決定された第三期科学技術基本計画（2006–2010）において、科学者と市民の双方向的なコミュニケーションの必要が訴えられている。

（3）スペキュラティヴ・デザインについてはダン2016が詳しい。

文献

FabCafe (2018)「細胞グ。～あなたの体はあなたのもの、なのか？～Workshop by Shojinmeat Project」https://fabcafe.com/jp/events/tokyo/201803_saibo-gu/（二〇二四年一一月一五日閲覧）

Holznienkemper, Alex (2017) “Blind Spot in the March for Science,” *Nature*, 543.

Jasanoff, S. Sheila (1990) *Fifth Branch: Science Advisors as Policy Makers*, Harvard University Press.

The Guardian (2019) “‘Listen to the scientists’: Greta Thunberg urges Congress to take action,” 2019.9.19, https://www.theguardian.com/us-news/2019/sep/18/greta-thunberg-testimony-congress-climate-change-action（二〇二四年一一月一五日閲覧）

Zwart, Hub & Neli, Annemiek (2009) “What is ELSA genomics?,” *EMBO reports*, Vol. 10, No. 6, 540-544.

白井哲哉・加藤和人（2011）「科学者コミュニティによる双方向コミュニケーション活動――「ゲノムひろば」の実践から」『科学技術コミュニケーション』第一〇巻、五三―六四頁

ダン、アンソニーほか（2016）『スペキュラティヴ・デザイン　問題解決から、問題提起へ。――未来を思索するためにデザインができること』久保田晃弘監修、ビー・エヌ・エヌ新社

藤垣裕子・廣野喜幸編（2008）『科学コミュニケーション論』東京大学出版会

藤垣裕子編（2020）『科学技術社会論の挑戦1　科学技術社会論とは何か』東京大学出版会

吉澤剛（2018）「ダークサイエンスとポジティブエンゲージメント」『研究 技術 計画』vol. 33, No. 1、二六―三八頁

7

中絶規制の根拠に関する批判的考察

人間の生の始まりとアーレントの出生性

奥井　剛

人間の生は、一体いつから始まるのだろうか。この問いをめぐる混乱は、現代では中絶の規制の問題として現れている。とりわけ米国において、この問題は文字通り第一級の政治問題となって久しい。近年までその論争の焦点であり続けてきたのは、一九七三年に連邦最高裁で下されたロー対ウェイド判決であった。それ以降、連邦最高裁判事の席をめぐって、判決を覆そうとする共和党と、それを守ろうとする民主党による、約半世紀にもわたる党派的なせめぎ合いが続いてきた。そして二〇二二年、ついにこの判決は覆された。その結果、中絶の権利を保証した連邦規制は米国から失われ、中絶の規制は各州の立法に委ねられることとなった。

中絶の規制をめぐり米国が陥った袋小路は、われわれに冒頭に掲げた問いの再考を迫っていると言える。そこで本章では、1．まずロー対ウェイド判決の結論をふりかえり、それに対するギンズバーグ判事による批判を踏まえた上で、判決文を用意したブラックマン判事による背景の説明をたどり、そこに描かれた中絶規制の根拠に光を当てる。2．次に古代ギリシア哲学から中世神学を経て近代生物学、さらには現代哲学および生命倫理へと連綿と受け継がれてきた人間の生命の始まりをめぐる議論をたどり、問い直されるべき問題を明確にする。3．その上で、人間の生の始まりに焦点を当てつつアーレントの出生性の概念を素描し、この問いに対するひとつの応答の可能性を示す。そして最後に、中絶の問題に対する示唆の導出を試みる。

1 アメリカにおける中絶論争の袋小路

二〇二二年六月二四日に下されたドブス対ジャクソン女性健康機構判決によって、ほぼ半世紀のあいだ米国における中絶の権利を保障してきたロー対ウェイド判決（以下、ロー判決）が覆された。これにより、中絶をめぐる規制は各州の立法府の判断に委ねられることとなった。二〇二四年七月一日付の『ニューヨーク・タイムズ』誌によれば、中絶を完全に禁止している州が一四州、中絶の週数制限を六週までとする州が三州、一二週までの州が二州、一五週と一八週までの州が、それぞれ一州ずつある（McCann and Walker 2024）。それ以外の州では、二二週までと、二四週までの週数制限を設けている州がそれぞれ四州ずつ、胎児が生存可能となるまでを制限とする州が一四州、制限を設けていない州が八州ある。さらに七月二六日には、それまで二二週までの中絶を認めていたアイオワ州の週数制限が六週に修正されることが決定された（Gowen 2024）。

中絶をめぐる米国の世論はこのように分断されており、中絶の禁止や、厳しい週数制限を求める州は、共和党支持者の多いレッド・ステイトに、週数制限を胎児の生存可能ラインや、それに近似する週数に設ける、あるいはそもそも制限を設けないという州が、民主党支持者の多いブルー・ステイトに集中する傾向にある。中絶は米国の党派的な論争の焦点となって久しいが、中絶は女性の選択であるとしてその権利を擁護するプロチョイスと、中絶を胎児の生命を奪う殺人行為とみなすプロライフの主張は激しく対立しており、この構図において中絶をめぐる両者の語りを調停することはもはや不可能であるようにさえ映る。この対立構造は、はたしてわれわれが政治において中絶の是非を語る上で避けて通ることができないものなのであろうか。もしそうでないとすれば、いかにしてわれわれは中絶を語りうるのだろうか。

まずはロー判決を振り返りつつ、問題の所在を確認しておこう。事の発端は、妊娠の継続によって生命が脅かされている場合を除き中絶を違法としていたテキサス州で起こった訴訟にある。当時中絶医を探していた独身女性ジェーン・ロー（仮名）は、テキサス州の中絶法は違憲であると訴え、ダラス郡の検察官であったヘンリー・ウェイドを相手取り、一九七〇年に訴訟を起こした。テキサス州の地方裁判所は原告の勝訴としたが、双方がこれを上訴したことにより連邦最高裁判所で争われることとなった。口頭弁論は二度行われ、最終的に一九七三年にブラックマン判事が提出した「見解」は七対二で可決された。この訴訟に対する最高裁判所の共通見解を、彼は次のようにまとめている（Blackmun et al. 1972 : 164）。

現在のテキサス州のタイプの刑事中絶法は、妊娠段階を考慮せず、関係する他の関心事を認識することなく、母親のための救命処置のみを犯罪から除外するものであり、憲法修正第一四条のデュー・プロセス条項に違反する。

(a)妊娠初期の段階では、中絶の決定とその実施は、妊婦の主治医の医学的判断に委ねられなければならない。

(b)妊娠中期以降の段階では、州は母体の健康に対する利益を促進するために、選択するのであれば母体の健康に合理的に関連する方法で中絶手順を規制することができる。

(c)生存可能な期間に入ったあとの段階では、州は、人間の生命の可能性に対する利益を促進するために、妊娠中絶を規制することができる。(1)

このように、ロー判決は医学的な観点によって貫かれていた。その観点から「妊娠段階」を区切り、妊娠初期の中絶の判断を主治医の医学的判断に委ね、それ以降の週数の中絶については、条件付きで各州の立法府の判断に委ねる形を取ったのである。とはいえ、医療技術が発展すれば、週数が進んでも「母体の健康」が損なわれる危険性は減り、他方で週数が短くても未熟な嬰児の生命維持は可能となる。そのため、医療技術の進歩に伴い、女性の健康を守るためという理由で中絶規制が正当化されうる時点は漸次的に後ろへとずれ込み、同時に胎児の生命および健康を維持するために中絶規制が正当化されうる時点が前倒しになる、という事態を招くことになった。それはすなわち、いずれ女性の保護と胎児の保護という二つの関心が衝突する妊娠段階が生じるだけでなく、それが次第に増幅していくことを意味した。医学的な基準による調停を試みたこの判決は、結果的に、中絶を女性の権利と考える人々と、人の生命は受精から始まるものであると考える人々とのあいだの世論の分断を深めるきっかけとなったのである。

女性の権利の擁護者として功績を残し、一九九三年から二〇二〇年まで二七年間、最高裁判事を務めたルース・ベイダー・ギンズバーグは、つねにロー判決の支持者でありながらも、最後まで批判的な姿勢を崩さなかった。二〇二二年のドブス対ジャクソン女性健康機構判決によってロー判決が覆されたいま、単純な対立構造の枠組みにとらわれなかった彼女のロー判決批判にふたたび注目が集まっている（Blake

2022; Gupta 2020)。ギンズバーグは、ロー判決が「公衆からの反対と学問的批判を巻き起こした」要因の一部は、「裁判所が命じた変更が行き過ぎ、その法の不完全な正当性を提示した」ことにあると主張する(Ginsburg 1985 : 376)。ギンズバーグが問題視するのは、ロー判決が中絶の権利を憲法修正第一四条のデュー・プロセス条項に依拠するプライバシー権に基づけ、平等保護条項に依拠する女性の権利に基づけなかったことと、女性の代わりに「担当医に結びつけられた女性」を中心に据え、「科学審査会」さながら三半期に即した医学的な基準を導入したことである(381f.)。

ギンズバーグによれば、ロー判決が行き過ぎたのは、各州の立法府で当時すでに始まっていた中絶自由化の流れを受け、最高裁がいさみ足で「変化した世界に追いつこうとした」(Ginsburg 1992 : 1205)ためである。そのため、ロー判決は立法者との対話の余地を残さず、むしろ「立法者のコートからボールを完全に取り上げたように思われた」(1205)。その結果、「対話」を欠いた立法府における中絶をめぐる言説は二極化し、終わりのない党派的な政治的論争へと発展していくこととなったのである。ギンズバーグが予期していた通り、ロー判決が提示した医学的な基準を争点とする訴訟が繰り返され、それによって保障されていた中絶の権利は、徐々にその効力を削がれることとなった(1209)。しかし一九九二年に書かれた講義録では、ギンズバーグは一九七〇年代初期に進行しつつあった政治的運動が、一九八〇年代と九〇年代においてふたたび息を吹き返しつつあるとして希望を見出しており、「その新たな力が、比較的短いスパンで、女性の尊厳と平等を肯定する形で、この重要な問題を永続的に解決してくれることを期待したい」(1208f.)と述べていた。

しかしロー判決が終わりを迎えたいまも、ギンズバーグのこの希望は現実になっていない。彼女自身もかつて、「最高裁がその医学志向の意見に明確な性差別のテーマを加えていたとしても、ロー判決が巻き起こした嵐の激しさは、さほど変わらなかったかもしれない」（Ginsburg 1985 : 383）と懸念していたが、現実はむしろその懸念を裏付けているようにさえ映る。ギンズバーグは中絶をめぐる多元的な論争を歓迎してはいたものの、中絶反対派が争点とする「人間の生命の始まり」について直接的に論じることはしなかった。ギンズバーグは、中絶問題では女性の自律が根幹に置かれるべきだという意見の力強い代弁者であり続けているが、こうした議論において「人間の生の始まり」がいつなのかを気にかける人々が置き去りにされているということも、また事実であり続けている。

そこで本節の残りでは、まずブラックマン判事が執筆したロー判決に記された歴史的背景に関する見解をたどりながら、この問題がロー判決の背景においていかに捉えられていたのかを確認しておきたい。プラトンとアリストテレスが中絶を推奨していたことはこの見解でも触れられている通りであるが（Blackmun et al. 1972 : 131）、古代から中絶はさまざまな方法で行われてきた（Pepe 2013 : 43）。一つの転機になったのは、教会法学の父とされるグラティアヌスによって一一四〇年頃に編纂された教令集（Decretum Gratiami）である。そこでは、受胎後一定の期間を経て、肢体が形成された胎児に魂が吹き込まれた後の中絶は罪であるとされた（cf. Müller 2012 : 1f.）。こうした教えが中世から近代にかけて西洋世界に徐々に浸透していったが、初期の米国においても依然として、元宗主国の大英帝国の他の植民地と同様に胎動初感（quickening）までの中絶は認められていた（cf. Acevedo 1979 ; Blackmun et al. 1972 : 133）。

中絶厳罰化の動きはまず、十九世紀の英国に訪れた。一八〇三年、胎動初感以降に行われる中絶を死刑とする「エレンボロウ法（the Ellenborough Act）」が制定されると、その後、一八三七年の修正法で胎動初感に関する文言が削除され、さらに一八六一年に制定された「人格に対する犯罪法（the Offences Against the Person Act）」により、すべての中絶は終身刑によって処罰されることとなった。その後、一九六七年に中絶法が制定されるまで英国の法規制にはほとんど変化はなく、一世紀ほどのあいだほぼ全面的な中絶の禁止が続いた（Blackmun et al. 1972 : 136）。米国でも、一八六一年から一八六五年にかけて起こった南北戦争を境に、各州の立法府において反中絶法が制定され始めた（139; Acevedo 1979 : 161）。当初、これらの州法のほとんどは胎動初感を区切りとしていたが、十九世紀の後半にかけて、胎動初感に関する言及が削除され、より重い刑罰が科されるようになったのである（Blackmun et al. 1972 : 139）。そして「一九五〇年代の終わりまでに、母親の生命を救い維持するためでなければ、いかなる方法で、またどの段階であろうとも、大多数の法域で中絶は禁止される」（139）こととなった。

こうした中絶厳罰化の背景には、医療の専門家の影響があったことが指摘されている（cf. Keown 1978）。ロー判決の判決文も、特に米国医師会が法規制に少なからぬ影響を及ぼしていたことに言及している（Blackmun et al. 1972 : 141）。米国医師会は医学振興と公衆衛生の改善などを目的として一八四七年に設立された団体で、一八五七年には「刑事中絶委員会（Committee on Criminal Abortion）」が設けられ、そして二年後には、この委員会がまとめた報告書が提出されている（American Medical Association 1847; id. 2024）。この報告書は、中絶は「非道な罪」であるとして、「この一般的な道徳的堕落」の原因を三つ挙げていた（id. 1859 : 75; Blackmun et al. 1972 : 141）。それによると、第一の原因は「この犯罪の真の性格について広く行きわたった通俗的な無知、すなわち胎動初感まで胎児は生きていないとする信念」であり、第二の原因は「専門家たち自身が胎児の生命を配慮しないことが頻繁にあるという事実」、第三の原因は法規制の欠如である。同委員会はさらに一八七一年の報告書で「われわれは人間の生命を扱っている。〔…〕法廷に立つ誠実な裁判官であれば、物事を適切な名前で呼ぶだろう。それだけは譲ることができない」（American Medical Association 1871 : 258; Blackmun et al. 1972 : 142）と記している。これらの報告内容は、胎動初感以前の胎児も人間の生命である以上、胎動初感以降の中絶と同様に犯罪として裁かれるべきであるとする、当時の米国医師会の姿勢を反映している。さらに一八七一年の報告書の決議事項において、米国医師会は専門家として中絶に携わることを禁じ、「あらゆる宗派の聖職者たち」に対して、一般的に広く受け入れられている「倒錯した道徳観」に対して注意を喚起すると同時に、正しい認識を広めるよう協力を要請している(142)。

以降、約一世紀のあいだ米国医師会の公式見解に変更はなかったが、一九六〇年代後半から一九七〇年代初頭にかけて各州の立法や司法の判断により中絶の自由化が急速に進み始める。中絶もほかの医療と同様に「患者の最善の利益」を考慮し「説明を受けた患者の同意」に基づいて処置されるべきであることが決議されるなど、大幅な方向転換が図られるようになった(142)。

ロー判決の判決文においては、当時の中絶厳罰化の正当性を主張する立場として、性を抑圧しようとしたヴィクトリア朝時代の社会的関心の産物とする立場、医療行為の観点から説明づける立場、そして出生前の生命を保護するのは国家の利益であると主張する立場の三つが挙げられている。ブラックマンは一つ目の立場を「まともに取り上げた裁判所や論者はいない」と手短に退け、後者の二つの立場の説明に紙幅を割いている。彼によると、第二の立場は、「中絶手術は女性にとって危険なものであった」という事実を足がかりにする(149)。パスツールやリスターが開発した消毒法が一般に受け入れられるようになったのは二十世紀に入ってからであり、中絶は高い死亡率を伴うものであった。二十世紀に入ってからも抗生物質が開発された一九四〇年代までは、頸管拡張と掻爬《そうは》法といった近代的な技法も依然として決して安全なものではなかった。しかしその後の医療技術の発展により、一九七〇年代においては「早期中絶を受けた女性の死亡率は、通常の分娩と同じか、それよりも低」くなった(149)。そのため、早期中絶の規制に関していえば、もはや女性の生命の保護という目的は意味をなさなくなったのである。しかし、リスクの高い妊娠後期の中絶に関しては、依然として女性の健康と安全を守るという州の利害関心が存在していると、ブラックマンは指摘する（150）。三つ目の立場は、受胎の瞬間から新しい人間の生命が存在するという理論にかかっている。ブラックマンは、論争の多い「生命はいつ始まるのか」という議論に立ち入らないとしても、少なくとも「潜在的な人間の生命」を女性の保護以上に考量すべきだという主張は可能であると認める（150）[2]。

ブラックマンはこのように医学的な観点から女性を保護するという目的と、潜在的な人間の生命を保護する目的で、州が中絶を規制することを擁護する立場に一定の評価を与えていたが、他方で、基本的にはプライバシー権によって中絶の権利を擁護する姿勢を取った（152f.）。そこで彼は、公的な介入から中絶の権利を擁護する論拠をプライバシー権に求め、それを州が法の「適正な手続き（due process）」を経ずに「個人の生命、自由、財産」を奪うことを禁じた憲法修正第一四条のデュー・プロセス条項に基づけた。その上で、医学的なリスクが徐々に高まる妊娠中期以降は、女性と潜在的な人間の生命の健康とを保護するために、中絶を規制する権利が州にあることを認めたのである。ただし妊娠初期であったとしても、医学的に特定可能であるさまざまな身体的、心理的、精神的な危害が発生しうるため、女性は医師と相談の上、こうした事柄について検討する必要があると留意している（153）[3]。そこでブラックマンは、プライバシー権でさえ絶対的なものではなく、州には女性と潜在的な人間の生命の健康を守る権利が認められているとして、「個人のプライバシーの権利には中絶の決定も含まれるが、この権利は無限定ではなく、規制における州の重要な利害関心と照らし合わせて考慮されなければならない」（154）と結論づけるに至ったのである。なおブラックマンは、中絶を女性の権利に基づけて女性の選択に委ねるべきだと主張する立場についても言及はしている。しかし彼は、女性の権利とプライバシー権との関連性に疑義を呈しており、ギンズバーグが提案したように女性の権利を平等保護条項に基づけることは検討さえしておらず、そのような主張は説得力を欠くとして一蹴している。

このように、ロー判決は医学的基準によって中絶を望む女性をいわば私的領域へと匿おうとしたのであるが、ギンズバーグが指摘していたように、この戦略が結果的には裏目に出ることとなった。その後の超音波検査の性能の向上を始めとする医療技術の進展は、むしろ受胎の瞬間から人間の生命が始まると信じる人たちが見たいものを、中絶を望む女性たちの意思に反して暴き出すことを可能にし、ロー判決を覆すことを望む勢力に推進力を与えてきた。(4) 結果として、始めから医学的基準という滑り坂に置かれたロー判決は、最終的に覆されることになった。そしていまもなお、女性の権利の擁護者によって避けられ続けてきた人間の生命の始まりの問題は、依然として手付かずのまま中絶規制の根底にあり続けている。それどころか、不妊治療や出生前診断などの生殖に関するさまざまな近年の技術革新は、むしろこれまで以上にこの問題をわれわれの眼前に突きつけながら、ますます応答を迫っているように思われるのである。

2　中絶規制の根拠と人間の生命の始まり

ロー判決の見解に示されていた通り、十九世紀半ばから二十世紀半ばにかけての中絶厳罰化に影響を与えた専門家たちは、胎児はいずれの段階にあったとしても「人間の生命」であるという見解を抱いていた。米国医師会の刑事中絶委員の報告書はこの主張の論拠を示していないが、このような見解が抱かれるようになった背景には、近代医学および生物学の発展が指摘されうるだろう。フーコーによれば、近代医学が誕生したのは十八世紀末である（Foucault 2003, xii：一二）。その「新しい医学精神を最初に、しかもまったく一貫して証した人」（195：三二二）とされるビシャにとって、とりわけ重要であったのは「病理解剖学の発見」（13：二二四）であった。そうした解剖学の手法と知見を人間の発生へと向けたのが近代発生学（modern embryology）である（Needham 2014：224）。その創始者とされるフォン・ベーアは、人間と動物の卵巣の比較解剖を行い、一八二七年、ついにそれまで謎に包まれていたヒトの卵細胞を発見するにいたった（石川 2019：一二一－一二四）[5]。イギリスの修正エレンボロウ法における胎動初感の削除は一八三七年、米国医師会の刑事中絶委員会が「胎動初感まで胎児は生きていない」とする「通俗的な無知」を糾弾したのが一八五九年、さらにピウス九世がキリスト教典を改訂し、胎動初感の文言が削除されたのは一八六九年であったが、こうした変化は、近代科学によって切り開かれた人間の生命の発生に関する新たな知見、すなわち受精はいったいいつ、どのようにして起こるのかということに関する知識がなければ、起こり得なかっただろう。

近代生物学によって発見された受精の瞬間が、人間の生命の始まりとして受け入れられるようになった背景には、胎動初感の正確な時期の不明瞭さが長らく問題とされてきたという経緯がある。ヌーナンによれば、胎動初感は教会法で用いられていたラテン語の animatus を英語に翻訳したものである（江口 2011：四）。この言葉は「生を与える」ことを意味する動詞 animare の過去分詞形であり、また、その名詞形の anima は「魂（soul）」を意味する。つまり、この問題はそもそもいつ胎動が始まるのかという問題ではなく、人間の魂が宿る瞬間、すなわち「入魂（ensoulment）」は一体いつ起こるのかという点をめぐって展開してきた。この問いの起源は古く、もともとはアリストテレスに由来し、トマス・アクィナスを経てキリスト教へと導入された言説に基づく。

トマスは『神学大全』において魂（anima/ψυχή）を栄養摂取のための魂、感覚の魂、知性の魂（anima

intellectiva）の三つに区別したうえで、胎児から人間への生成を段階的に説明しようと試みているが、その際に参照されるのがアリストテレスの『動物の発生について』である（Aristotle 1942, 736b：一二七、Aquinas 1926：743）。アリストテレスによれば、精子が月経血に作用を与えることでまず母体内に胚子が形成される。そしてこの胚子が臍の緒から栄養を吸収するようになると、可能状態であった栄養摂取のための魂が活動状態になる。同様に、ある発生の段階において感覚の魂も可能状態から活動状態へと移行する。人間も動物も同様にこの段階を経て生成するのであるが、人間だけが発生の最終段階において知性の魂をもつことになる。とはいえ、アリストテレス自身が認めている通り、「最大の難問」は、人間と動物を画する知性の魂にわれわれが与るのは「いつ、どのようにして、どこから」なのかという問題である。この点についてアリストテレス自身は次のような見解を示すにとどまっている。その見解とは、「その活動が身体的」であるこれらの二つの魂は身体なしには存在し得ないため、精液に始原を持つが、神的である知性の魂（ἡ ψυχὴ νοητική）だけは「外からやってくる（θύραθεν εἰσιέναι）」（736b：一二八）というものである。[6] トマスはこうしたアリストテレスの見解をほぼ同じ形で踏襲している。ただし、知性の魂が「外からやってくる」という見解には承服せず、その生成は「高次の行為者である、外部から照らす神の力による」ものであるとして、胎児から人間への生成の最終段階で「神によって創造される（creatur a Deo）」と説く（Aquinas 1926：743）。両者の見解はそれぞれの立場から知性の魂が「どのようにして、どこから」来るのかという問題について一定の回答を与えているが、いずれも具体性を持つものであるとは言い難い。そのため、それが具体的に「いつ」起こるのかという点については、発生の最後の段階に起こるということ以上の手がかりは与えられていなかった。こうしてアリストテレスからトマスを経てキリスト教神学へと移入された入魂をめぐる議論は、近代に至るまで同様の問題を抱えることとなった。そして胎動初感に基準が置かれたときも、近代の科学的発見に即して受精に基準が置かれたときも、この問題は根本的に解決されたわけではなく、先送りにされたに過ぎなかったのである。

中絶が第一級の政治問題として姿を現した一九七〇年代以降、哲学者や生命倫理学者たちは、なぜ中絶が禁止されるべきなのか、あるいは許容されるべきなのかという点をめぐってさまざまな議論を展開してきた。これらの議論は、近代生物学の知見に即して受精を人間の生命のはじまりとする保守派、(7) 胎児の脳あるいは中枢神経系が意識や有感性（sentience）の発生を示唆する特定の発達段階に達するまでの中絶を許容する中道派、(8) あるいは「自己意識（self-consciousness）」——自らを「経験や精神状態の持続的主体」とみなす意識（Tooley 1972 : 49; 江口 2011 : 九五）——を欠く胎児や嬰児は人格を持たないとして、中絶だけでなく嬰児殺しまでも容認するいわゆるリベラル派(9)の議論などに分かれ、いまでも論争が続いている。こうした議論に共通するのは、受精や、受精後に特定の発生段階で現れる生物学的あるいは心理学的特徴に従って、胎児はその生命を絶つことが不正であるような存在者であるのかどうかを、すなわち胎児の道徳的地位（moral status, moral standing）を言い当てるという構造である。たしかに、正・不正の判断の対象となる存在者が、われわれにとっていかなる存在者であるのかが明白になれば、その存在者がいかに扱われるべきなのかもまた明らかになりうるだろう。なるほど、近年の発生生物学の進展は目を見張るものがある。とはいえ、そうした科学的知見をいくら積み上げたとしても、その対象がいかなる存在であるのかを言い当てることにはならない。われわれにとって胎児がいかなる存在者であるのかについては、いまだに定見があるわけではないのである。

胎児の道徳的地位をめぐり哲学者や倫理学者が提示するさまざまな対立し合う見解を前に、どのようにしてわれわれは判断すればよいのだろうか。ウォレンは『道徳的地位』という著作において、道徳的地位は「直観的概念（intuitive concept）」あるいは「共通感覚的概念（common-sense concept）」であり、一般的に共有されている「信念」に関わると述べている（Warren 2005 : 3f.）。彼女によれば、道徳的地位という概念を展開するうえで重要なのは、意見の不一致をそのままにすることではなく、われわれのあいだにすでに存在する「実質的な合意」を足がかりとすることである。それが可能であるためには、「大多数が道徳的地位というものが存在するという信念を共有しており、それを持ついくつかのものと持たないいくつかのものについて、実質的な合意がある」という前提条件が満たされていなければならない（3f.）[10]。しかし、本節で概観したように、そもそも西洋哲学の伝統において人間の生の始まりについて実質的な合意があったことはなかった。さらに近代に起こった全体主義という未曾有の出来事がわれわれに突きつけたのは、そもそも大多数が道徳的に誤りうるということはおろか、大多数の共通感覚を拠り所とする道徳的信念をもはや喪失した時代にわれわれは生きているという現実ではなかっただろうか。中絶をめぐり目下繰り広げられている党派的な論争も、裏返せば哲学が陥ったこの袋小路から、いまだにわれわれが抜け出せずにいることを物語っているように思われる。かつて全体主義と対峙したハンナ・アーレントは、自らの思考を「手すりなき思考」（『手すりなき思考』473f.）と呼んだ。自らそれを実践したアーレントによる「出生性」をめぐる思考は、われわれがこの問題に向き合い判断しようとするとき、一つの道標となりうるはずである。

3　アーレントの出生性

これまで見てきたように、人間の生の始まりはいつなのかという問題は、結局のところ人間の生の始ままりとは一体何であるのかという問題に帰着する。前者の問題をめぐり中絶規制の論争が陥っている政治と倫理の二重の袋小路から抜け出す道筋があるとすれば、つまりそれは後者に応答することの他にないだろう。しかし、西洋哲学の伝統においてはアリストテレスが示唆した「知性の魂」以上の手がかりは見出されず、近代医学が受精の瞬間という生物学的な観察結果に基づいてこれを人間の生命の始まりと見なし始めて以来、この問いは覆い隠されてきた。さらに全体主義の台頭により伝統とのつながりが断ち切られ、その光が届かなくなった現代世界に生きるわれわれにとって、伝統にそのままあと戻りする余地は残されていない。管見の限りわれわれに残された唯一の手がかりと言えるのは、西洋哲学の伝統に受け継がれてきた政治に対する敵意を看破し、それに曇らされることなく人間存在を捉えようとしたハンナ・アーレントの「出生性」という概念である。[11]「新しい人びとの誕生」(『人間の条件』247:三八五)とも言い換えられるこの概念は、人類の歴史において人間の生の始まりについての問いに正面から向けられたほとんど唯一といってもいいほどの応答であるにもかかわらず、近年の中絶をめぐる哲学や生命倫理の議論から省みられてこなかった。この事実は、アーレントの全著作にまたがるこの概念の全体像[12]を摑むことの難しさもさることながら、それがいかに西洋哲学の伝統やそこから派生した学問分野において異質なものであり続けてきたのかということを裏付けているようにも思われる。

こうした難しさがあるなかで、生殖の問題やケア倫理といった文脈に向けて洞察を引き出そうとしてきた近年のフェミニストたちによる研究は目を見張るものがある。しかし、これらの研究はアーレントの出生性の概念が問題含みであることもまた指摘している。問題は、出生性によってもっぱら光を当てられるのは新たな始まりを世界へともたらす新参者、すなわち子どもであり、その子を生む存在である女性をその陰へと隠してしまうという点にある(cf. Cavarero 2014:17–25)。『アーレント、出生性と生政治』において中絶問題を取り上げたディプローズとジアレクが問題視するのもまさにこの点である（Diprose and Ziarek 2018 : 183）。彼女たちもまた、アーレントの『人間の条件』では、あたかも女性の生殖は生物学的な生（zoe）との連続性において捉えられ、私的な家の壁の内側に閉ざされてしまっている印象を与えると指摘している（177f.）。そして、ヴァターのように生物学的な生殖活動に出生性を直接的に接続する解釈（Vatter 2006 : 2014）を批判しつつ、女性の生殖をただちに分娩／労働（labor）に結びつけようとする解釈の傾向をフェミニストの立場から牽制する（Diprose and Ziarek 2018 : 179f.）。さらに、現代の生政治はまさに女性の生殖を政治化しているという事実に照らして、「分娩する身体（labouring body）」（179）もまた政治的な行為者として再考する必要があると主張する。生政治とは「少なくとも十九世紀後半から近代民主主義国家においてみられる生物学的な「生命」の政治化」（8）を意味し、「生きた屍」（183）を生産したナチの強制収容所を一つの極に、そして女性の生殖を管理し「強制された誕生（forced birth）」（183）へともたらそうとする近年の自由主義国家にみられる政策をもう一つの極に持つ。彼女たちによれば、女性たちもまた「行為を通して出生性にかかわる相互的開示に参加する人間的行為者たち、すなわち始める者たち」なのであり、避妊や中絶は「女性たちを生政治的な必要性から解放する」ものに他ならない（190）。つまり「出産すること（giving birth）や出産しないと決める活動も、行為の意味において」（180）捉えられなければならないのである。

彼女たちの主張は非常に説得的であり、女性の生殖の権利を擁護する強固な論拠となりうる。とはいえ、人間の生命の始まりを受精に結びつける神学的——あるいは生政治的——な見解に対する直接の応答は提示していない。本論ではアーレントの出生性の解釈から人間の生の始まりとは何なのかという問いに対する応答を導き出すという困難な仕事に正面から取り組むことはできないが、以下では少なくともその道筋を示すことで、そのような仕事がフェミニストたちの中絶に対する立場を補いうるものであることを示したい。

アーレントは『人間の条件』の第五章「行為」の最後で、出生性とは「行為の能力が存在論的に根ざしているもの」であり、出生性の「完全な経験のみが、人間的事象に信仰と希望を与えうる」（強調筆者）と述べている。この「信仰と希望」は、決して神学的なものではなく、人々がひとりではなく複数で生きる世界への「信仰と希望」に他ならない。アーレントはヘンデルのオラトリオ『メサイア』を聴いた体験をもとに、その「もっとも輝かしい簡潔な表現」を、「われわれのもとにひとりの子が生まれた（a child has been born unto us）」という言葉に見出している。この「よき知らせ（glad tidings）」は、救世主誕生の預言を謳う第一部における旧約聖書の『イザヤ書』第九章第六節からの引用であるが、アーレントは、キリストというたった一人の救世主の誕生のみに思いを馳せたのではない（cf. 森川 2010：二九九—三〇〇）。むしろ彼女が理解したキリストの伝説に秘められた「深い真実」は、「すべての新しい誕生は、この世における救いの保証のようなものであり、もはや始まりを持たない人々に対する救済の約束のようなものである」というところにある（『思索日記』I 208：I 二六九）。複数の人々からなる世界は、新たな人間たちがユニークな「誰か」として現れることがなければ、自然と朽ち果てていく。だからこそ、子どもの誕生はわれわれにとって世界を破滅から救う約束のように映るのである。

「われわれはこの複数性の世界に生まれる。そこでは父と母がわれわれを待ち受けており、われわれを受け入れ、歓迎して導き、そしてわれわれがよそ者でないことを証明してくれるのである」（『思索日記』I 469f.：II 二七）。これは一九五四年四月に記された『思索日記』の一節であるが、親こそが「われわれのもとにひとりの子が生まれた」という良き知らせとともにわが子を「複数性の世界」へと導き入れる当の人々に他ならない。「人間の親」は他の動物とは異なり、「受胎と分娩によって子を生命へと呼び出しただけでなく、同時に子どもを世界のうちへと導き入れたのである」（『過去と未来』182：二五〇）。そのため、親は生まれた子の生命を育むだけでなく、その子が生まれ落ちた世界が存続するように導き入れるという「二つの責任」を受け入れる必要がある（182：二五〇）。つまり子の誕生を待ち受ける親には、子の生命とわれわれの世界への二重の責任（responsibility）ないし応答可能性を受け入れる用意がなければならないのである。たとえ子どもの生命を養うことができたとしても、「世界への共同責任を負うことを拒否する者は子どもをもつべきではない」と言われるのはそのためである（186：二五五）[13]。

以上の素描から何らかの示唆を引き出しうるとすれば、人間の生の始まりは生物学的なものであると同時に、あるいはそれ以上に存在論的なものであるということだろう[14]。われわれは単に母体が分娩を経たから生まれたのではない。われわれは「われわれのもとにひとりの子が生まれた」と胸を打ち震わす親の充溢した経験のなかで生まれたのである。初めてその表現が見出されうるのは、ヒトという動物種の生物学的な個体の生命の始まりとされる受精の瞬間、有感性や意識の始まりを示唆する神経系の発達段階、あるいは胎児が生物種として生存可能な段階に達したと推察される段階でもない。むしろそれは、根源的には自らの身体のなかに宿した生命を出産する女性たちの「世界への信仰と希望」のなかに見出されるのではないだろうか。

いかなる理由にせよ「強制された分娩」へと女性たちを追い込むことは、許されるべきではない。女性の中絶の権利を守ることはそうした悲劇へと彼女たちを追い込む社会の生権力に対する最後の防波堤となり、延いてはわれわれ「すべての新たな誕生」がこの世界の「救済の約束」であり続けることを保証することになるはずである。

注

（1）胎児が生存可能となる期間がいつから始まるのかという問題については諸説あるが、ロー判決の判決文は、通常は約二八週、早くて二四週に始まるとしている（Blackman et al. 1972 : 161）。

（2）ただし「十九世紀後半から二十世紀初頭にかけて、法律の解釈を求められた数少ない州裁判所は、胚や胎児の保存よりもむしろ、女性の健康を守るという州の利益に焦点を当てていた」（151）というのが事実であるという。

（3）検討すべき事柄の詳細としては、中絶の医学的なリスクの診断の他に、望まれない子供にまつわる心身の負担や、将来的な苦悩の可能性、あるいは関係者全員の苦悩、さらに未婚の母であることの難しさやスティグマなどまでもが挙げられている。

（4）一九九二年のプランド・ペアレントフッド対ケイシー判決は、ロー判決が確立した中絶の権利を維持したものの、女性に「不当な負担」がない限り、州が中絶を規制することを新たに認めた。結果として「不当な負担」は手続き上のものと見なされ、胎児に関する情報を医療機関が女性に対して提供することを義務づける余地を生んだのである（c.f. Siegel, Reva B. and Greenhouse, Linda 2018 : 70）。例としては、二〇一一年にテキサス州で成立し、胎児の心拍音を義務づけたソノグラム法、二〇一三年にノース・ダコタ州で成立し、胎児の心拍が確認される妊娠六週目以降の中絶を事実上禁止したハートビート法が挙げられる。これらの法律はその後プロライフが多数派を占める他の州にも取り入れられていった。

（5）ちなみにベーアはまず一八二六年にイヌの胎内で卵子を発見し、その後、ヒト、ブタ、ヒツジ、ハリネズミ、マウスの卵巣から卵子を発見した。

（6）アリストテレスは『魂について』の第二巻第二章で、知性の魂について次のように語っている。「知性（τοῦ νοῦ）すなわち観想する能力（τῆς θεωρητικῆς δυνάμεως）をめぐっては、まだ何も明確になっていないにせよ、魂のうちでも以上の諸能力とは異なる何らかの類を構成するように思われる。そしてこれだけが、ちょうど可滅的なものから（τοῦ φθαρτοῦ）永遠なもの（τὸ ἀΐδιον）が分離されうるのと同様な意味で、他の能力から分離されることが可能である」（Aristotle 1957, 413b：七二）。また第三巻第五章では、「原因に相当する知性」と「素材に相当する知性」とがそれぞれ存在するとして、それらは魂のうちに成立している区別であり、「技術が素材に対する関係にある」と述べている（430a：一五二）。さらに前者については、下記のように説明を加えている（430a：一五二）。

この知性は、離在し、作用を受けず、混交せず純粋であり、その本質的あり方において活動実現状態にある。〔…〕そしてこの知性は、分離されて存在し、まさにそれであるところのものであり、それ以外ではない。そしてそれだけが、不死であり永遠である（ἀθάνατον καὶ ἀΐδιον）。しかしわれわれが記憶を欠いているのは、このような知性は、確かに作用を受けないが、作用を受ける知性が可滅的だからである。

『魂について』におけるこのような記述がいかに『動物の発生について』の記述と対応しているのかを明らかにするには、知性単一説をめぐる膨大な先行研究を繙く必要があり、ここでは到底取り組むことはできないが、少なくとも後者において「外からやってくる」と述べられていた知性の魂は一体どこからやってくるのかという問題を考察する上で示唆的であるといえる（cf. 川添 1990、同 1992、同 1994）。

（7）先述のヌーナンや、ヴァイオリニストの思考実験などで中絶が許容されうる例外を示したトムソンも、同様の前提を置くことからここに含まれうる（Noonan 1967; Thomson 1971）。

（8）胎児の道徳的地位に基準を置く論者の多くはここに分類されうる（cf. Warren 1973）。

（9）トゥーリーは分娩後の嬰児やそれ以降に現れるとされる「自己意識（self-consciousness）」という「持続的に実存することを欲求する能力」の発現に基準を置く（1972：49）。また、シンガーは胎児と嬰児の道徳的地位の違いを認めないことで、嬰児殺しを容認している（Tooley 1972; Singer 2013）。なお、注7〜9で示したシンガー以外の論文の邦訳については、江口編訳の『妊娠中絶の生命倫理』（2011）を参照されたい。

（10）ウォレンは、「すべての人間の道徳の本質的かつ本能的な基盤を構成している」とされるヒュームの道徳的感情を支持しており、「この基礎の上に、われわれは道徳的な概念、規則、原則、理論を構築する。この作業には当然、思考と理性が必要である」と考える（3f.）。ウォレン自身の原則的アプローチはこのような前提に基づいている。

そこでウォレンは過去に提示された道徳的地位をめぐる立場を繙き、われわれが共有しうると彼女が考える基本的な信念を、七つの折衷可能な諸原則として再提示している（241f.）それは「道徳的地位の七原則」と呼ばれ、そこに含まれるのは「生命尊重の原則」、「残虐行為反対の原則」、「行為者の権利の原則」、「人権の原則」、「エコロジーの原則」、「間生物種の原則」、「尊重の推移性の原則」である。彼女はこれらの諸原則のバランスを取る「倫理的折衷主義」を提唱しているが、中絶を含むいくつかの事例についての判断を披露しているが、どの原則がどれだけ重みを与えられるべきなのかに関する彼女の議論は、結局恣意的なものにとどまると言わざるを得ない。

（11）生命倫理の分野においてアーレントの出生性を鍵概念として導入した稀有な例外として、ハーバーマスの『人間の将来とバイオエシックス』が挙げられる。近年では森の『アーレントと赦しの可能性――反時代的試論』（2024）第八章「出生の危険について――デモクリトスとクローンの問題」や、森川の「誕生と死、出生性と被投性――アーレントの「政治」とハイデガーの「倫理」をめぐる一考察」（2020）なども参照されたい。

（12）アーレントの出生性を主題的に扱った優れた研究として、それを誕生と政治、精神の生活の三段階に区別して論じたボウエン＝ムーアの『ハンナ・アーレントの出生性の哲学』（Bowen-Moore, Patricia. *Hannah Arendt's philosophy of natality*. New York: St. Martin's Press, 1989. 末邦訳）、森の『死と誕生――ハイデガー・九鬼周造・アーレント』（2008）、森川の『〈始まり〉のアーレント――「出生」の思想の誕生』（2010）などが挙げられる。

（13）歴史は、古代より受胎はおろか分娩であってもただちにそのすべてが生物学的な親によって歓迎されるわけではないということを物語っている。胎児をみごもった女性たちが、貧困や孤独などの理由から、世界への失意のうちに、この「二つの責任」のいずれか、あるいはどちらも受け入れられないと判断せざるをえない事態は実際に生じうる。たとえ自分が養育できないと判断したとしても、産んだ暁にわが子として受け入れ世界へと導き入れてくれる人々に一縷の希望を託し、分娩をむかえる女性もいるだろう。たとえ血のつながりはなくともどこかで彼らを待ち受ける存在がいる限り、彼らの誕生もまた「良い知らせ」であるのは言うまでもない。

（14）ハイデガーは『存在と時間』において「死亡」（Ableben）の医学的・生物学的な解明は、死（Tod）を実存的に解釈する基本的な方向性が確保されていれば、存在論的にも重要な結果をもたらす可能性がある」と述べているが、分娩（labor）と出産（giving birth）も同様の対応関係にあると言えるかもしれない（Heidegger 1977：329［247］；id.

2001：291)。ただし、『人間の条件』でアーレントが「存在論的」と述べているのは、単数の存在（Being）についてではなく、複数で存在する存在者（beings）についてである点は留意すべきであろう。

文献

Acevedo, Zoila, RN (1979) Abortion in Early America, *Women & Health*, 1979, 4:2, 159–167, DOI: 10.1300/J013v04n02_05 (Accessed 30 July 2024)

American Medical Association (2024) “About,” 2024. https://www.ama-assn.org/about (accessed 7 October 2024).

—— (1847) “Introduction to the Code of Medical Ethics” *Proceedings of the National Medical Conventions, Held in New York, May, 1846, and in Philadelphia, May, 1847*, published in 1847, 83–90. https://ama.nmtvault.com/jsp/PsImageViewer.jsp?doc_id=6863b9b4-a8b5-4ea0-9e63-ca2ed554e876%2Fama_arch%2FAD000001%2F0039PROC (accessed 7 October 2024).

—— (1859) *The Transactions of the American Medical Association*, 1859, 75. https://ama.nmtvault.com/jsp/PsImageViewer.jsp?doc_id=6863b9b4-a8b5-4ea0-9e63-ca2ed554e876%2Fama_arch%2FAD200001%2F00000012 (Accessed 30 July 2024).

Aquinas, Thomas (1926) *Summa Theologica*. Marietti, Taurini (Italia), 1926, 743. https://archive.org/details/sthomaeaquinatis0001thom/page/742/mode/2up. (Accessed 6 August 2024)

Aristotle (1942) *Generation of Animals*. Translated by A. L. Peck. Loeb Classical Library 366. Cambridge, MA: Harvard University Press, 1942.（『アリストテレス全集11――動物の発生について』内山勝利・神崎繁・中畑正志共編、岩波書店、二〇二〇年）

—— (1957) *On the Soul. Parva Naturalia. On Breath*. Translated by W. S. Hett. Loeb Classical Library 288. Cambridge, MA: Harvard University Press, 1957（『アリストテレス全集7――魂について、自然学小論集』岩波書店、二〇一四年）

Bowen-Moore, Patricia (1989) *Hannah Arendt's philosophy of natality*. New York: St. Martin's Press, 1989.

Blackmun, Harry A, and Supreme Court of The United States (1972) U.S. Reports: Roe v. Wade, 410 U.S. 113. 1972. Periodical. Retrieved from the Library of Congress, www.loc.gov/item/usrep410113/ (Accessed 30 July 2024).

Blake, Aaron (2022) “What Ruth Bader Ginsburg really said about Roe v. Wade” The Washington Post, 2022. https://www.washingtonpost.com/politics/2022/06/27/what-ruth-bader-ginsburg-really-said-about-roe-v-wade/ (Accessed 31 July 2024)

Cavarero, Adriana (2014) “A child has been born to us”: Arendt on birth,” trans. Silvia Guslandi and Cosette Bruhns, *Philosophia*, 4, 2014. 12–30.

Diprose, Rosalyn and Ewa Plonowska Ziarek (2018) *Arendt, Natality and Biopolitics: Toward Democratic Plurality and Reproductive Justice.* Edinburgh University Press, 2018.

Foucault, Michel (2003) *The Birth of the Clinic: an Archaeology of Medical Perception*. Taylor & Francis e-Library, 2003 (『臨床医学の誕生』神谷美恵子訳、みすず書房、二〇二〇年)

Ginsburg, Ruth Bader (1985) “Some thoughts on autonomy and equality in relation to Roe v. Wade.” *North Carolina Law Review* [63, 2], 1985, 375–86.

—— (1992) “Speaking in a Judicial Voice,” *New York University Law Review* [67] 1992. https://www.law.nyu.edu/sites/default/files/ECM_PRO_059254.pdf. (Accessed 31 July 2024)

Gowen, Annie (2024) “Iowa abortion ban taking effect as residents flee out of state for care.” *The Washington Post*, 26 July 2024. https://www.washingtonpost.com/nation/2024/07/26/iowa-abortion-ban-takes-effect/ (Accessed 29 July 2024)

Gupta, Alisha Haridasani (2020) “Why Ruth Bader Ginsburg Wasn’t All That Fond of Roe v. Wade,” *New York Times*, 2020. https://www.nytimes.com/2020/09/21/us/ruth-bader-ginsburg-roe-v-wade.html (Accessed 31 July 2024)

Habermas, Jürgen (2003) *The Future of Human Nature*, Polity Press, 2003 (『人間の将来とバイオエシックス』三島憲一訳、法政大学出版局、二〇〇四年)

Heidegger, Martin (1977) *Gesamtausgabe Band 2: Sein und Zeit*, Vittorio Klostermann, 1977.

—— (2001) *Being and Time,* translated by John Macquarrie and Edward Robinson, Blackwell, 2001.

Keown, John (1988) *Abortion, Doctors and the Law: Some Aspects of the Legal Regulation of Abortion in England from 1803 to 1982.* Cambridge University Press, 1988.

McCann, Allison, Amy Schoenfeld Walker. "Tracking Abortion Bans Across the Country." *New York Times*, 1 July 2024. https://www.nytimes.com/interactive/2024/us/abortion-laws-roe-v-wade.html (Accessed 29 July 2024)

Mohr, James C. *Abortion in America*. Oxford University Press, 1978. [Kindle ver.]

Müller, Wolfgang P. (2012) *The Criminalization of Abortion in the West: Its Origins in Medieval Law.* Cornell University Press, New York, Ithaca, 2012.

Needham, Joseph (2014) *A History of Embryology*. Cambridge University Press, Cambridge 2014.

Noonan, John T. Jr. (1967) "Abortion and the Catholic Church: A Summary History," *Natural Law Forum*, Paper 126, 1967. http://scholarship.law.nd.edu/nd_naturallaw_forum/126 (Accessed 6 August 2024)

Pepe, Laura (2013) "Abortion in ancient Greece." *Austrian Academy of Sciences*, 2013, 43 https://www.austriaca.at/0xc1aa5576%200x0031f19f.pdf (Accessed 30 July 2024)

Siegel, Reva B. and Greenhouse, Linda (2018) "The Unfinished Story of Roe V. Wade" (June 1, 2018). *REPRODUCTIVE RIGHTS AND JUSTICE STORIES* (Melissa Murray, Kate Shaw & Reva Siegel eds., 2019), Yale Law School, Public Law Research Paper No. 643. Available at SSRN: https://ssrn.com/abstract=3189235 or http://dx.doi.org/10.2139/ssrn.3189235 (accessed 7 October 2024)

Singer, Peter (2013) "Discussing Infanticide." *Journal of Medical Ethics*, vol. 39, no. 5, 2013, pp. 260. *ProQuest*, https://www.proquest.com/scholarly-journals/discussing-infanticide/docview/1781097379/se-2, doi:https://doi.org/10.1136/medethics-2012-100853 (accessed 9 October 2024)

Thomson, Judith J. (1971) "A Defense of Abortion" *Philosophy and Public Affairs*, Vol. 1, No. 1. 1971, pp. 47–66. https://aaron-zimmerman.com/wp-content/uploads/2016/09/1st-Reading.pdf (Accessed 13 August 2024)

Tooley Michael, (1972) "Abortion and Infanticide," *Philosophy and Public Affairs*, Vol. 2, No. 1, 1972. http://www.jstor.

org/stable/2264919 (accessed 8 October 2024)
Vatter, Miguel. (2006) "Natality and biopolitics in Hannah Arendt," *Revista de Ciencia Politica*, 26, 2006. 137–159.
—— (2014) *The Republic of the Living: Biopolitics and the Critique of Civil Society*, New York: Fordham University Press
Warren, Mary Anne (1973) "On the Moral and Legal Status of Abortion." The Monist, Vol. 57, 1973. https://rintintin.colorado.edu/~vancecd/phil215/Warren.pdf (Accessed 15, October, 2023)
—— (2005) *Moral Status: Obligations to Persons and Other Living Things*. Oxford: Clarendon Press, 1997. Reprinted 2005.
石川裕二（2019）『哺乳類の卵——発生学の父、フォン・ベーアの生涯』工作舎
江口聡編・監訳（2011）『妊娠中絶の生命倫理——哲学者たちは何を議論したか』勁草書房
川添信介（1990）「知性単一説（Ⅰ）ブラバンティアのシゲルスとトマス」『人文研究』四二巻三号
——（1992）「知性単一説（Ⅱ）ブラバンティアのシゲルスとトマス」『人文研究』四四巻一一号
——（1994）「知性単一説（Ⅲ）ブラバンティアのシゲルスとトマス」『人文研究』四六巻五号
森一郎（2008）『死と誕生——ハイデガー・九鬼周造・アーレント』東京大学出版会
——（2024）『アーレントと赦しの可能性——反時代的試論』春風社
森川輝一（2010）『〈始まり〉のアーレント——「出生」の思想の誕生』岩波書店
——（2020）「誕生と死、出生性と被投性——アーレントの「政治」とハイデガーの「倫理」をめぐる一考察」『Heidegger-Forum』第一四号

8

アーレント思想と生殖医療の交錯点

新型出生前診断と優生思想

大形 綾

はじめに

近年、さまざまな医療が目覚ましい発展を遂げている。とりわけ、人工授精や体外受精、代理出産、子宮移植などの「生殖補助医療」の発展は、不妊に悩むひとや生殖器の病気をもつひと、先天的に精子や卵子を造ることができないひとを救う、画期的な技術である。しかし、生殖過程に医療が介入する「生殖医療」の進展によって、従来では想像もできなかったような課題や葛藤が生じている（小野寺・藤田 2023：九〇—九九）。

人間の誕生と死に関わる技術である生殖医療が優生思想という負の側面を抱えていることを、ハンナ・アーレントはいち早く看取していた。本章ではこうした彼女の鋭い洞察が、じつは全体主義との対決のなかで派生的に実を結んだことを跡づけてみたい。生殖医療と優生思想に対するアーレントの考察に目を向けることで、こんにち日本で急速に広まりつつある「新型出生前診断」が抱える倫理的課題に、ユニークかつ重要な視点がもたらされることになるだろう。本章は、これまでほとんど行われてこなかった、アーレント思想と生殖医療というまったく異なる二つの項目を、新型出生前診断を介して結びつけることを目指している。(1)

以下、第1節で出生前診断と新型出生前診断の概要を確認し、日本は新型出生前診断にいかなる対応をしてきたのかを、ガイドラインの変遷を通じて確認する。ついで、第2節で生殖医療に対するアーレントの記述を取り上げながら、彼女が抱いた不安の根幹には、優生思想と全体主義の重なり合いがあったことを明らかにする。最後に、第3節で再び日本に視点を戻しながら、アーレントの視座が日本での新型出生前診断をめぐる議論に与えるいくつかの示唆を提示する。

1　新型出生前診断

『入門・医療倫理1』のなかで「生殖医療」の章を担当した奈良と堂囿は、それを「産まない技術」である人工妊娠中絶（以下、中絶と省略）と、「産む技術」である生殖補助医療の二つに分類し、中絶をめぐる議論に「(新型）出生前診断」を、生殖補助医療をめぐる議論に「人工授精」と「体外受精」、「代理出産」を含めて論じた（奈良・堂囿 2022：二〇五—二三八）。まずは前者の「産まない技術」、とりわけ近年急速に普及しつつある、新型出生前診断に目を向けてみよう。

そもそも、出生前診断とは何だろうか。それは「新型」出生前診断と何が違うのか。それらの技術は「命の選別」に関わっている、と耳にしたことがあるかもしれない。それは一体どういうことなのか。こうした問いに答えるために、まずは出生前診断という技術に関する基本的な点を確認しておきたい。

意外に思われるかもしれないが、産婦人科で妊婦検診を受診する女性の多くは、出生前診断を受けている。検診で行われる超音波検査は「広い意味」での出生前診断に該当し、そのとき医師は、赤ちゃんが元気か、発達に遅れがないかを確認している。一方、メディアで批判的に取り上げられる「羊水検査」や「絨毛《じゅうもう》検査」、「新型出生前診断」は、「狭い意味」での出生前診断にあたる。これらの技術は、検査の結果しだいでは妊婦に中絶という選択肢を提示することになるため、「命の選別」という問題と結びつく。染色体異常など何らかの異常が発見された胎児は中絶される割合が高く、異常が発見されなかった胎児はそのまま妊娠が継続されることが多いことから、結果として、検査は中絶の引き金となるということを意味している。実際、胎児に染色体異常が判明したさい約八割の妊婦が中絶を選択した、というデータがある（出生前検査認証制度等運営委員会 2021）[2]。

このように、「狭い意味」での出生前診断の受検がきっかけとなって中絶が選択されることが多いことから、その倫理的課題は広くひとびとに知られている。とはいえ、もちろん受検がもたらす利点もある。たとえば、出生前診断によって胎児に疾患があることが判明したさい、妊婦は妊娠中に設備の整った病院へと転院することで、生まれた直後から赤ちゃんに適切な治療を行うことが可能になる。あるいは、出生前診断で疾患が判明した場合、出産までの間に、親たちは苦しみながらも我が子を迎え入れるためのさまざまな準備――情報収集だけでなく、物質的、精神的な準備――をすることができる。もしも妊娠期間を通じて赤ちゃんは健康ですよ、と伝えられてきた妊婦やパートナーが、出産直後にとつぜん子の障害や疾患を告げられたなら、その事実にどれほどの衝撃を受けるだろう。こうしたことから、出生前診断を十把一絡げに中絶の延長線上にある技術だと考えることは難しいように思われる。

これまで胎児の染色体異常を見つけ出すことを目的とした検査として、「絨毛検査」と「羊水検査」が行われてきた。絨毛検査は妊娠一〇～一三週ごろに、羊水検査は妊娠一六週ごろに行われ、それぞれ妊婦のお腹に針を刺して絨毛や羊水を採取することで検査を行う。しかし、検査の過程でわずかばかりの流産のリスクがあることから、侵襲的な検査、つまり胎児にリスクがある検査だとされている。これらの検査は、胎児の染色体異常の有無をほぼ一〇〇％判定できることから「確定検査」と呼ばれている。

こうした、従来の（いわば「旧型」）出生前診断にたいし、「新型」出生前診断が、二〇一一年から北米で、二〇一三年から日本で導入された。「新型出生前診断」の正式名称は「無侵襲的出生前遺伝学的検査（non-invasive prenatal genetic testing）」（以下、ＮＩＰＴと省略）と言い、妊婦から少量の採血を行うことで、胎児の染色体異常の有無を調べる検査である。ＮＩＰＴは、簡便で的中率が高く安全な検査であることから、導入開始とともに妊婦やカップルからの爆発的な需要を生みだした。現行のＮＩＰＴは「非確定検査」、すなわち精度は高いが染色体異常の有無が確定できるものではない、などの課題がある。しかし、技術の進歩や制度の整備によって、それらはいずれ解消されると言われている（室月 2021：三九）。

先ほど、出生前診断を十把一絡げに中絶の延長線上にある技術だとすることは難しいように思われる、と述べた。とはいえ、ＮＩＰＴが引き金となって中絶が増加する可能性は、医療従事者のあいだで最初から懸念されていた。そのため、日本ではＮＩＰＴ導入前に日本産婦人科学会が「母体血を用いた新しい出生前遺伝学的検査に関する指針」（二〇一三年三月）を提出し、これに則って四月からＮＩＰＴが開始されることとなった（公益社団法人日本産婦人科学会 2013）。二〇一三年度の指針からは、ＮＩＰＴによって障害がある胎児の出生が排除され、障害者の生命の尊重が否定されるのではないか、という医師たちの不安を読み取ることができる。そのため、ＮＩＰＴをマススクリーニング化することを厳に慎むことや、検査対象となる妊婦は高齢出産などの要件を満たす必要がある、といった規制が課せられた。また、検査結果を見て動揺した妊婦が冷静な判断を下すことが難しい可能性があること、検査結果を確定的なものと誤解した妊婦が誤った判断を下す可能性があることなどが問題とされ、ここから、ＮＩＰＴは「医師が妊婦に積極的に知らせる必要はない」検査であると定められた（公益社団法人日本産婦人科学会 2013：八）。

だが、この指針は九年後に廃止となり、二〇二二年二月に新たな指針が発表された（柘植・齋藤 2023：一七―三五）[3]。「ＮＩＰＴ等の出生前検査に関する情報提供及び施設（医療機関・検査分析機関）認証の指針」である（日本医学会 2022）。この文書を読む限り、立案者たちのＮＩＰＴに対する不安はいくぶん弱まったように感じられる。新指針の基本的方針としてまず挙げられるのは、「妊婦及びそのパートナーの家族形成の在り方等に係わる意思決定の支援を目的とする」ことである。直後に「出生前検査をマススクリーニングとして一律に実施することや、これを推奨することは、厳に否定されるべき」と続いていることから、ＮＩＰＴに対する慎重な立場が維持されていることは明らかだ。とはいえ、基本的にはＮＩＰＴに関する情報を制限するのではなく公開することで、医療利用者の自己決定を促すことへと大きく方向転換がなされたことが読み取れる。他にも、以前は「積極的に知らせる必要はない」検査と位置づけられていたＮＩＰＴは、母子手帳交付時にチラシを配布して検査の説明を行うことが推奨されるようになった[4]。加えて、引き続き検査対象となるハイリスク妊婦のリストを掲載しつつも、赤ちゃんの健康に不安がある妊婦は希望すれば誰でもＮＩＰＴを受検できることが併記されている。こうしたことから、かつての医療従事者によるパターナリスティックで垂直的な方針から、医療利用者の自己決定を重視する水平的な指針へと変化した、と考えることができそうだ。

こうした変化を、社会が個人の選択や自己決定を支援する方向に向かっている、と肯定的に捉えることもできるだろう。他方、新方針は自己決定を「個人の責任」へとすり替えていないだろうか、という問いが提示されている（柘植・齋藤 2023：二九）。このことは最近折に触れて耳にする「自己責任」という言葉に置き換え可能ではないだろうか。哲学者の戸谷洋志は『生きることは頼ること』のなかで、次のように述べている。「自己責任論は「新自由主義」とともに日本社会に導入された言説である。新自由主義とは、市場に対する国家の介入を縮減しようとする思想であり、社会保障の削減を進める考え方である」（戸谷 2024：一〇）。新自由主義と連動して日本社会に広まった自己責任論は、他者を頼ることを否定的に評価し、あらゆる責任は当人ただ一人が負うべき、という認識をひとびとに植えつけた。

他者への依存を許さない社会の冷たい態度が子育て世代に向かうとき、若いカップルに次のような台詞が投げかけられるかもしれない——子どもが欲しいと願ったのはあなたなのだから、どんな子どもであれ引き受けなければならない。もしも医療ケアが必要な子どもを育てる自信がないのなら、中絶することは一つの責任の果たし方である——こうした言説は、赤子がこの世界に産まれ来ることによって芽生える奇跡や希望や感謝の気持ちを、真っ向から否定する。子どもを産むことを決めたのはあなたなのだからその結果と責任は自分一人で引き受けよ、という社会からの冷徹なメッセージは、当事者にとって出産のリスクのみを強調したものとして受け取られる。そもそも出産は死と隣り合わせの出来事だが、NIPTが近年急速に普及した背景には、出産に伴うリスクだけでなくさまざまな社会的・経済的リスクを軽減したい、と願うひとびとの素朴な心のありようが作用しているのではないだろうか。

だからといって、私たちはつぎの事実を決して忘れるわけにはいかない。出生前診断という「産まない技術」は、本来「原則禁止・例外容認」として刑法で禁止されている中絶へとつながる技術である、ということを。そして、NIPTの長所が一部のひとびとによって大々的に宣伝される反面、「命の選別」という倫理上の課題は手つかずのまま残されている、ということを。こんにち、この倫理的課題は利便性や安全性によって覆い隠されつつあるのかもしれない。しかし、中絶を規定した「原則禁止・例外容認」という法律上の文言を鑑みるとき、NIPTは私たちに次の問いを突きつける――「私たちの内で、誰が「例外」に該当すると考えられているのか」。この問いを、本章を貫く問いとして以下繰り返し言及したい。

生殖医療の発展は、ますます多くの胎児疾患を見つけ出すことを可能にするだろう。そのとき、私たちは「例外」と見なされる命の範囲を、こんにちよりも拡大させていくのだろうか。あるいは、縮小させる方向へと舵を切ることができるのだろうか。これから結婚や出産といったライフイベントを迎えるひとびとは、今後ますます「知る」ことの重荷を負わされることとなるだろう。そのとき、新たな生殖医療のガイドラインに新自由主義的な価値観が今後も反映され続けるのなら、子どもの誕生を寿ぐというひとびとの心のありようは、いよいよ失われてしまうに違いない。

2　アーレントによる生殖医療への言及

ここまで、生殖医療を「産まない技術」と「産む技術」に分類し、前者に注目してきた。これから少し視点を変えて、ハンナ・アーレントの思想に目を向けたとき、生殖医療の発展にどのような知見がもたらされるのかを考えてみたい。アーレントの哲学的主著である『人間の条件』（一九五八年）には、つぎのように書かれている。「試験管の中で生命を作り出そうとしたり、「能力は折り紙付きの人間から採取している冷凍保存した生殖細胞を顕微鏡を見ながら」混ぜ合わせて「優秀な人間を作り出そう」としたり、「［人間の］大きさや形状、機能を変えよう」としたりする、これらの試みもまた、地球という牢獄から逃れようとする欲望の表現である」（『人間の条件』2：一七）。この箇所は、ドイツ語版『活動的生』（一九六〇年）ではつぎのように書かれている。「たとえば、試験管のなかで生命を産み出そうとする試み、人工授精により超人を育成しようとする試み、突然変異を発生させて人間の形状や機能を根本的に「改良」しようとする試み、等々」(『活動的生』9：四)。こうした技術は、こんにち「凍結胚の胚移植」や「体外授精」として知られている。

これらの記述は、彼女が現代では「生殖補助医療」と呼ばれている「産む技術」に関心を抱いていたことを明らかにしている。あえて率直に言えば、「産まない技術」は死と結びついた技術であり、「産む技術」は誕生と結びついた技術である。アーレントが「生む技術」に注目していたという事実は、ハイデガーとの対比でよく語られる、「誕生の思想家アーレント」という評価を裏づけるものかもしれない。[6]

ところで、なぜアーレントは「産まない技術」、すなわち中絶について語らないのだろう。新しい技術である「産む技術」に比べ、「産まない技術」すなわち中絶は昔から行われており、アーレントにとって、より身近な問題だったに違いない。中絶に対するアーレントの沈黙は、『人間の条件』で繰り返し語られたように、公的なことと私的なことは区別すべきであって、中絶や生殖といった話題は最も私的なことがらに属するのだから公的に議論されるべきではない、という彼女の思想上の立場を示しているのだろうか。あるいは、かつてフェミニストたちから厳しく非難されたように、アーレントは女性の問題にまったく興味がなかった、ということなのか。[7] はたまた、誕生の思想家アーレントは死をめぐる問いから意図的に目を背けていたのだろうか。

ひとつの回答として、中絶は「人間の条件」を根本から掘り崩すような新しい技術ではなかった、ということが考えられる。『人間の条件』の中でアーレントが目を向け警鐘を鳴らした技術は、人工衛星の打ち上げと原子爆弾、そして人工授精だった。これらの技術は人間をその住処である地上から解き放ち、一瞬にして地上を破壊することを可能にし、改良された人間を作り出す可能性を秘めた、まったく新しい技術だった。中絶はそうした新たな技術ではなかったために、ここでの議論に含められなかったのかもしれない。

しかし、ここでいまいちど本章の問いを確認してみよう。新型出生前診断（NIPT）の課題に目を向ける過程で、私たちはNIPTが「私たちの内で、誰が「例外」に該当すると考えられているのか」という問いを投げかけていることを確認した（第1節）。この問いは、アーレントにとっても重要であったに違いない、たとえ彼女が中絶という言葉にいっさい言及していなかったとしても。なぜなら、平等であるはずの生命を選別し、ある者は生きるに値しないと評価してその者たちに死をもたらすことは、ナチスの収容所で組織的に実行されていたためである。エドウィン・ブラックは大著『弱者に仕掛けた戦争』の中で次の事実を明らかにしている。優生思想によって導かれた帰結のひとつは優生手術であって、イギリスで誕生し、アメリカで発展し、ドイツへと輸出された優生思想は、時代ごと・地域ごとにその思想の内実を変化させながら、ナチスの絶滅収容所において最も残酷な形でその姿を現した（Black 2005）。

中絶は優生思想を一つの引き金として生じていたのと同様に、ユダヤ人迫害も優生思想を一つの引き金として生じていた。アーレントはこの事実に気づいていたのかもしれない。次の引用は、『全体主義の起原』のなかで「優生学」という言葉が用いられる「「イギリス人の権利」と人権の抗争」（第2巻6章4節）の一節である。

優生学の見地にしたがえば育種することによって最適者そのものをいわば生産することが可能になり、そうすれば優生学の定める掟に従う諸国民に永遠なる適格性もしくは永遠なる生命を保障しうるようになる。ただそれに必要なことは、自然的生物学的過程の手綱を人間の手にとること、そうやって自然の、あるいは人間が勝手に自然だと考えたものの仕事場に人間が入り込むことだけだ、というわけである。〔…〕「不適格」なことが明らかな人間、つまり不治の病人となかんずく精神病者を絶滅することの必要性を世界が結局は確信するようになるだろう――エルンスト・ヘッケルの言葉を借りれば、この方法で「家族と国家にとっての無意味な支出」をなくすことができる――というのである。

（『全体主義』D393-394：II一〇七―一〇八）

本章でくりかえし用いてきた「産む技術」と「産まない技術」という定式を用いれば、この引用文は、つぎのように読み替えることができるだろう。最適者を育種するために自然的生物学的過程の手綱を人間に手渡すことを可能にする「産む技術」は、不適格な人間を絶滅させることへと応用可能な「産まない技術」と表裏一体である。こんにち、ある人間が「不適格」か否かは、新自由主義的価値観によって判断されている。ここから、私たちは次の推察へと導かれる。確かに、アーレントは、表面的には人工授精などの「産む技術」に目を向けていた。しかし実際のところ、彼女の思考はその裏面にある「産まない技術」にまつわる問い、すなわち優生思想をめぐる問題に達していたのではなかったか。

「不適格」とラベリングされた人間を絶滅させる政策を掲げたのがナチスの全体主義であり、そのおぞましい政体の歩みと内実を、『全体主義の起原』のなかでアーレントは見事な筆致で描き切った。次節では、『全体主義の起原』で用いられた印象的な「余計な人間（überflüssige Menschen）」という言葉を、本章を貫く問いである、「私たちの内で、誰が「例外」に該当すると考えられているのか」と重ねてみよう。

3 現代における「余計な人間」

アーレントは『全体主義の起原』の「暗黒大陸の幻影世界」（第2巻7章1節）という章のなかで、ケープ・コロニーで金とダイヤモンドの大鉱床が発見された一八六〇年ごろ、「余計な人間」と呼ばれるひとびとがさまざまな国からかの地に集まってきた、と綴っている。彼らを形容するアーレントの言葉は辛辣だ。彼らは「市民社会から吐き捨てられ」、「この社会の文字通りの廃棄物」であり、「彼らの存在と労働力の不必要性」によってかの地に集まらざるを得なかった。彼らは「出来事に押し流された人間であり、人間にとっては不条理極まる社会制度の生きたシンボルであると同時に、現実に存在した一つの過程の儚い投影だった」（『全体主義』D413：Ⅱ一二六）。この「余計さ（Überflüssigkeit）」という言葉を、アーレントは別の箇所ではユダヤ人に用いながら、ナチスの絶滅政策を説明している。

> ユダヤ人は第二級の公民であるとの宣言に始まり、次いで国籍の剝奪、ゲットーと強制収容所への強制移送、そしてすでに絶対的な無権利者とされたユダヤ人はここでもう一度世界に公然と売りに出され、彼らの返還を要求するものがあるか否かが確かめられた。そして彼らが全人間世界における「余計者（Überflüssigkeit）」あるいは居場所のないものであると立証されたとき、はじめて絶滅が開始された。換言すれば、生命に対する権利は、絶対的な無権利——すなわちこの特定のカテゴリーの人間に対し権利を保障する用意のあるものが全くいない状態——が既定事実となったときはじめて危地に立たされるのである。
>
> （『全体主義』D612：Ⅱ三一四。強調は引用者）

他者の生命に責任を持とうとするひとが誰一人存在しなくなって初めて絶滅が開始される。この示唆を、本章で取り上げてきた「私たちの内で、誰が「例外」に該当すると考えられてきたか」という問いと重ねたとき、次のように考えることができないだろうか——現代における「例外」的な地位に置かれたひとや「余計な人間」には、障害や疾患を持つ胎児が含まれている、と。(8)

さしあたり、彼らの生命を引き受ける責任を負うひとびとは、胎児を宿した妊婦とパートナー、そしてその家族である。しかし、子どもは親や家族だけではなく多様なひとびと——医療関係者、市役所の職員、保育園や幼稚園や小学校の職員、同じ年頃の子どもやその親たち、近隣の住人など——に見守られ、助けられながら育つ。一人の人間がこの世界に生まれ、生き、成長するには、個人の「生命に対する権利」を多様な他者が認めるとともに、その生命を守るための他者からのたゆまぬ努力が必要となる。

そうであればこそ、疾患が判明したあなたの胎児は「例外者」であると名指され、その胎児の生命は望まれていないと言われ、胎児の権利を保障する用意のあるものは誰もいないと告げられたなら、いったい誰が、そうした言葉に抗って生命を守る決断、すなわち産むという決断を下せるだろうか。たとえ妊婦が産みたいと強く願ったとしても、誰も出産や育児に手を貸してくれないことが明らかであったなら？　あるいは子育ての途中で両親が誰かに助けを求めたさいに「自己責任」という言葉が投げつけられたなら？

私が想像する未来は暗すぎるだろうか。確かに、私はいまの日本がこのような危機的状況にあるとは考えていない。ひとびとによる「産まない技術」への直感的な受け入れがたさという精神的ストッパーや、医療従事者や行政による制度としての「命の選別」への規制はしっかりと作用している。しかし、未来のことは分からない。これまで見てきたように、新型出生前診断をめぐるガイドラインはつねに変更を加えられているのであって、その変更には時々の社会的な価値規範が反映されている。そうであるならば、「私たちの内で、誰が「例外」に該当すると考えられているのか」という問いはこれからも変化し続けるに違いない。

おわりに

生殖医療をめぐるさまざまな課題をアーレントの思想から照らしたとき、どのような示唆がもたらされるのだろうか。本章は冒頭で掲げたとおり、アーレント思想と生殖医療という無関係と考えられてきた二つの項目を、新型出生前診断を媒介に結びつけることを試みてきた。本章を通じて導き出された考察を、いま一度まとめてみたい。

第一節では、生殖医療における「産まない技術」のなかでも、近年導入されたＮＩＰＴのガイドラインの変遷に目を向けた。その過程で、この技術にまつわる課題が「私たちの内で、誰が「例外」に該当すると考えられているのか」という問いへと読み替えられることを確認した。第二節では、ＮＩＰＴの課題とアーレント思想の交錯点を模索した。それによって、一見、人工授精などの「産む技術」に注目していたように思われるアーレントの議論の射程が、「産まない技術」の課題である優生思想へと及んでいたことが明らかとなった。第三節では、『全体主義の起原』の中で登場した「余計な人間」という彼女独自の概念を、現代社会に当てはめて考察を行った。アーレントは「余計な人間」を市民社会からのはぐれ者やユダヤ人に対して用いたが、ＮＩＰＴが急速に普及する日本において、こんにち障害や疾患を持つ胎児もそこには含まれうるのではないか、という仮説を提示した。

現代社会の中で「余計な人間」として日陰に生きることを強いられているひとびととは、今後、第二次世界大戦下で「余計な人間」と名指され過酷な運命をたどったひとびとと同様に、こんにちそれと判別しにくくなっている優生思想のもとで息の根を断たれてしまうのだろうか。彼／彼女らの居場所が未来にも確保されているかどうかは、彼／彼女らの存在や生命を受け止めその生命の責任を担おうとする、他者の存在にかかっている。そうした、誰かの生命の責任を担おうとする他者の存在とは、なにも親や家族だけに限らない。私たちひとりひとりが、誰かの存在を私たちの内なる「余計な人間」と見なしたり、誰かの生命に優劣をつけようとするとき、私たちは再び「暗い時代」の到来を目の当たりにすることとなるだろう。

注

（1）アーレント思想を用いて妊娠中絶を論じた最近の著作には Diprose & Ziarek 2018 がある。また、森 2024 は生殖工学の発展が優生技術へと応用されることへの危惧を論じており、本章の執筆に際して多くの刺激を受けた。

（2）出生前検査認証制度等運営委員会「ＮＩＰＴを受けた10万人の妊婦さんの追跡調査」。ただし、Ｗｅｂページの次の一文を見落としてはならない。「あきらめた〔中絶を選択した〕方が多い背景には、妊娠継続を希望する方ははじめからＮＩＰＴを受けない傾向があるためと思われます」（補足は引用者）。胎児に疾患があろうとなかろうと、産むことを決断している妊婦はこの数値に現れていない、という可能性に注意されたい。

（3）指針の変遷の詳細は、柘植・齋藤 2023 を参照。

（4）新指針では母子手帳交付時にＮＩＰＴの説明を行うことが「推奨」されているものの、実際に説明が「実施」されているかどうかは分かっていない。筆者在住の自治体からは、ＮＩＰＴの説明は行っていない、という回答が得られた。自治体の職員からは、妊婦の多くはＮＩＰＴについてかかりつけの産院で相談しているようだ、と告げられた。

（5）奈良・堂囿 2022 には次のように書かれている。「中絶に対する規制は国によりさまざまである。わが国の場合、原則禁止・例外容認という立場を打ち出しており、中絶が容認される要件は法律で定められている」。

（6）アーレント思想における誕生や出生性に言及したもののうち、日本語で読める代表的なものは以下を参照。森川 2010、森川 2020、森 2008、森 2024、青木 2021、林 2023。

（7）アーレントに対するフェミニストたちのさまざまな解釈については、Honig ed. 1995 を参照のこと。

（8）もちろん、アーレントは「余計な人間」という言葉を市民社会からのはぐれ者やユダヤ人に用いただけであって、そこに障害や疾患のある胎児を含めていたわけではない。そもそも一九五〇年代に胎児の詳細な様子を知ることなど技術的に不可能だった。

文献

Black, Edwin（2005）*War Against the Weak : Eugenics and America's Campaign to Create a Master Race*. New York: Thunder's Mouth Press, 2005.（ブラック、エドウィン『弱者に仕掛けた戦争――アメリカ優生学運動の歴史』貴堂嘉之・西川美樹訳、人文書院、二〇二二年）

Diprose, Rosalyn, Ewa Plonowska Ziarek（2018）*Arendt, Natality and Biopolitics: Toward Democratic Plurality and Reproductive Justice*, Edinburgh: Edinburgh University Press.

Honig, Bonnie ed.（1995）*Feminist Interpretations of Hannah Arendt*, Pennsylvania: Pennsylvania State University Press.（ホーニッグ、ボニー『ハンナ・アーレントとフェミニズム――フェミニストはアーレントをどう理解したか』岡野八代・志水紀代子訳、未來社、二〇〇一年）

青木崇（2021）「赤子はどこへ生まれるか――可死性と出生性、ハイデガーとアーレント」『Arendt Platz』第六号、二三―二四頁

小野寺祐紀執筆、藤田みさお監修（2023）「生殖医療の未来――今、議論するべき生命倫理の課題とは?」『ニュートン』二〇二三年二月号、九〇―九九頁

公益社団法人日本産婦人科学会（2013）「母体血を用いた新しい出生前遺伝学的検査に関する指針」https://www.jsog.

or.jp/news/pdf/NIPT_shishin.pdf（二〇二四年五年二三日閲覧）
出生前検査認証制度等運営委員会（2021）「ＮＩＰＴを受けた10万人の妊婦さんの追跡調査」https://jams-prenatal.jp/testing/nipt/follow-up-survey/（二〇二四年七月一一日閲覧）
柘植あづみ・齋藤有紀子（2023）「ＮＩＰＴ（非侵襲的出生前遺伝学的検査）の臨床応用をめぐる議論――私たちが関連医学会に提言を送付した理由」
戸谷洋志（2024）『生きることは頼ること――「自己責任」から「弱い責任」へ』講談社現代新書
奈良雅俊・堂囿俊彦（2022）「生殖医療」、赤林朗編『入門・医療倫理１』勁草書房、二〇五―二二八頁
日本医学会（2022）「ＮＩＰＴ等の出生前検査に関する情報提供及び施設（医療機関・検査分析機関）認証の指針」https://www.mhlw.go.jp/content/11908000/000901425.pdf（二〇二四年五月二三日閲覧）
林大地（2023）『世界への信頼と希望、そして愛――アーレント『活動的生』から考える』みすず書房
室月淳（2021）『出生前診断と選択的中絶のケア――日常診療で妊婦・家族ときちんと向き合うための基本がわかる』ＭＣメディカ出版
森一郎（2008）『死と誕生――ハイデガー・九鬼周造・アーレント』東京大学出版会
――（2024）『アーレントと赦しの可能性――反時代的試論』春風社
森川輝一（2010）『〈始まり〉のアーレント――「出生」の思想の誕生』岩波書店
――（2020）「誕生と死、出生性と被投性――アーレントとハイデガーの「倫理」をめぐる一考察」『Heidegger-Forum』第一四号、一九―三四頁

9 アーレントにおける農業技術への問い

齋藤宜之

はじめに

今日において「エコロジー（ecology）」という言葉は、「生態学」という元来の意味から拡大して、環境問題全般に係わる語としても使われるが、そのような用法が定着する重要な契機となったのは、レーチェル・カーソン『沈黙の春』（一九六二年）である。この書は、当時、農業の現場で使用されていたＤＤＴなどの農薬が「生態系（ecosystem）」に甚大な悪影響を及ぼすことを警告するものであった。つまり、「エコロジー」という概念が今日のような意味を持つようになった当初からすでに、農業はエコロジカルな価値を脅かす営為として位置づけられていたのである（cf. Thompson 1995, ch. 1, ch. 2）。

そのことを物語る歴史的事例には事欠かない。例えば「ダストボウル」は、一九三〇年代にアメリカ中西部の大平原地帯で発生した、農業活動に起因する大規模な環境災害である。一帯の土地はもともとは草原であったが、農地化のために表面の草が除去されたことで表土が露出し、直射日光に曝されて乾燥した土は巨大な土埃の塊となり広範囲を覆い尽くした。その結果、農地そのものまでもが不毛の地となり、約三五〇〇万人もの農民がその土地を手放して移住することを余儀なくされた。

とはいえ、農業とは不可避的にエコロジカルな価値を毀損するしかないような営為なのであろうか。それは、農業一般の問題なのではなく、農業のあり方の問題なのではないだろうか。本章では、農業とはそもそもいかなる営為なのかについての展望をアーレントの思索のうちに見出したうえで、近現代におけるテクノロジーの発達が農業という営為の意味にどのような変容をもたらしたのかについて、マルクスやP・B・トンプソン等の見解を援用しつつ考察してみたい。

1　アーレントにおける農業の位置づけ

アーレントは『人間の条件』において、人間の為す諸々の「営為（activity）」を「労働（labor）」、「仕事（work）」、「活動（action）」という三つの類型に区別するが、本章の主題に関係するのは前二者である。「労働」とは、人間の「生命それ自体」という「条件」によって、すなわち、人間も他ならぬ動物の一員であるという厳然たる事実によって不可避的に強いられる営為を意味する。アーレントによれば、「労働」と「仕事」とを区別するメルクマールは、営為それ自体の様態よりも、それらの営為によって生み出される産物の性格の相違にこそ存するとされる。「労働」とは、生物学的意味での生命を維持するのに不可欠な「必需物」を産物とする営為だが、その典型が食糧であることからも分かるように、それは同時に「消費物」でもある。それに対して「仕事」とは、人間の「非自然性」に対応する産物、つまりは人間の生命の必要性の文脈に回収されないような産物を作り出す営為のことである。その産物の典型は道具や芸術作品などであるが、それらが労働の産物と異なるのは、「永続性（permanence）」や「耐久性（durability）」という特質を有し、この世に永きにわたって存続する堅固な工作物であるという点にある。

では、以上で確認したような労働と仕事の類型論において、農業という営為はどのように位置づけられるのであろうか。さしあたって言えることは、農業の主要な産物が食糧という必需物＝消費物であることに鑑みれば、その営為は労働に分類されるだろうということである。実際アーレントも、最終的な結論としては農業という営為を労働として位置づけてもいる。とはいえ、事態はもう少し複雑である。アーレントは次のようにも述べているからだ。

> 人間にとってもっとも必要かつ基本的な労働である土壌の耕作は、その過程においていわば労働が仕事へと変容することを示す格好の事例のようにも見える。なぜなら、なるほど土壌の耕作は、生物学的なサイクルと密接な関係をもち、さらに大きな自然のサイクルに完全に依存しているが、それにもかかわらず、人間の営為よりも永く存続する産物を後に残し、人間の工作物に耐久性のある物を付け加えるからである。
>
> （『人間の条件』138：二一五）

農業という営為がたんに「労働」であるのみならず、「仕事」の性格をも併せ持つのは、その産物の二面性に理由がある。すなわち、農業が必需物＝消費物としての食糧を生産する営為である一方で、「人間の営為よりも永く存続する産物」、つまりは「耕作地」をも生み出すからだ。しかしながら、農業が純然たる「仕事」と見なされるかといえばそうではない。アーレントは続けて次のようにも述べる。

たしかに〔農業における労働と仕事の〕類似性は否定しがたく、疑いの余地すらないかのように思われる。農業が昔から尊重されている理由は、土壌の耕作によって生存手段が確保されるというだけでなく、その過程において、世界を建設するための大地（the earth）もが準備されるという事実に存する。とはいえ、それでも、両者の区別は依然として明確なままなのである。なぜなら、耕作地とは、厳密には使用物ではないからである。使用物の場合、それ自体の耐久性によって存続することができ、それが永続するためには、保存のための当り前の配慮がなされれば十分である。一方、耕作された土壌の場合、その状態を維持しようとするならば、繰り返し労働の手間をかける必要がある。言い換えれば、〔土壌の耕作の場合〕、物が一度生産されて現実化しさえすればその存続が保障されるような真の物化は、決して生じえない。したがって、それが人間世界にあり続けるためには、繰り返し再生産される必要があるのだ。（138f.：二五五）

農業という営為に「仕事」的な性格があるように思われるのは、農地という「人間の営為よりも永く存続する産物」を生み出すからなのであった。とはいえ、農地が存続するのはそれ自体に具わる永続性や耐久性によるのではなく、一度開墾された農地も反復的な手入れをすることによってのみ、「農地」としてのあり方を保ったまま存続しうるのである。『人間の条件』の「労働」章では、「掃除」という営為が念頭に置かれつつ、労働の「第二の課題」について語られてもいるが、そこで述べられていることは、農業という営為にもそのまま当てはまることであろう。

自然は成長と衰退をもってして、人間の工作物のうちへと侵入し、世界の耐久性を脅かして、世界を人間の使用に耐えないものにしようとするが、労働は、その成長と衰退の過程に対して、不断で終わることのない闘いを続けなければならない。自然の過程から世界を保護し保存することは、労苦の種であり、単調な雑事を日々繰り返すことが求められる。〔…〕しかしその闘いは、自然に抗うことで護られる世界との、はるかに密接な結びつきを有している。

（100f.：一七一）

アーレントの言うところの「世界（world）」とは、人の手によって作られた人工的な事物ないしその総体を意味する。ここで注意すべきは、「保護」や「保存」の対象となるのは「世界」の方なのであって「自然」ではないという点である。農業の営為とは、雑草の繁茂、土壌の流出や固化、肥沃度の低下といった「自然」の「成長と衰退」に対する不断の抵抗に他ならず、原生自然を「保存」するといった意味での「自然保護」の営為であるべくもない。それはむしろ自然から世界を保護するような営みである[1]。

とはいえ、「文化の危機」においてアーレントは、「農業」概念のローマ的な伝統に依拠したうえで、元来「文化（culture）」とは「農業（agriculture）」を意味していたことを指摘しつつ、文化＝農業と自然との関係性について次のようにも述べている。

文化という言葉は、語源的にも概念的にもローマに由来する。「文化（culture）」という語は、colere（耕す、住まう、気遣う、慈しみ保存する）から派生したものであり、自然が人間の住み処にふさわしいものになるまで、自然を耕作し慈しむという意味での、人間と自然との交わりに主に関わっている。そういうものとして、文化という語は、愛をもって気遣う態度のことを指すのであり、自然を人間の支配のもとに服従させようとする企てとことごとく鋭い対照をなしている。

（『過去と未来』208：二八五―二八六）

先に確認したところでは、農業とは、世界を侵食してそれを蝕む自然に対する抵抗の営みであることが指摘されていたわけだが、ここでは農業という営為の別の側面にも光が当てられていることが分かる。すなわち、文化＝農業とは、自然を「人間の住み処にふさわしいもの」つまりは「世界」というあり方へともたらす営為ではあるものの、その当の営為は「自然を耕作し慈しむ」ことを通じて遂行されるという事態についてである。

農業とは、本来的には、世界と自然の両者に向けられる「気遣い」である。しかし、そうであるならば、農薬による生態系の攪乱やダストボウルのような歴史的事例に示されるように、それが世界をも自然をも毀損するような営みになってしまったのは何故なのであろうか。

2　農業における「総かり立て体制」

一九五三年の講演「技術への問い」においてハイデガーは、風車に代表されるような旧来の技術と、原子力発電に代表される現代技術の相違を指摘して、後者の本質が「総かり立て体制（Ge-stell）」にあるとして特徴づけた。「総かり立て体制」とは、自然を「挑発」することで「自然のうちに秘め隠されたエネルギーが開発され、開発されたものが変形させられ、変形させられたものが貯蔵され、貯蔵されたものがふたたび分配され、分配されたものがあらためて変換される」（Heidegger 2000, 17：一一五）という過程を通じて、この世界に存在するあらゆる物を「徴用物資（Bestand）」として性格づけるような現代技術のあり方を指す言葉である。そのようなものとして現代技術の本質は、それを導入した農業のあり方をも根本的に規定することとなった。

かつて農夫が畑を耕していたときの、その耕すこと《ベシュテレン》は、まだ、世話する、面倒をみる、という意味でした。農夫のこの営為は、耕地をとくに挑発しません。穀物の種を播いては、種子の生育力にゆだね、その生長を見守るのです。しかしいつしか、土地の耕作も、自然をかり立てる、別の種類のベシュテレン、つまり徴用して立てることにとり込まれてしまいました。こちらのベシュテレンは、挑発するという意味で、自然をかり立てるのです。農業は今や、機械化された食物工業なのです。

(Heidegger 2000, 15f.: 一一三)

「機械化された食物工業(motorisierte Ernährungsindustrie)」については、例えば、トラクターに代表されるような内燃機関を動力とする機械を用いての農業を思い浮かべればよい。二十世紀初頭にアメリカで開発され、ナチス政権下のドイツでも「フォルクストラクター」の名の下に開発が推進されていたこの農業機械[2]に対して向けられるハイデガーの視線は、ダストボウルに翻弄される農民たちの苦境を描いた、ジョン・スタインベック『怒りの葡萄』でのそれと相通じるものがある。「トラクターは光り輝く円盤をうしろで回転させながら、その刃で大地を切り刻んでいる。耕すのではなく、外科手術だ」(Steinbeck 2002, 36: 七二)。

また、先の引用に続けてハイデガーは、「大気は窒素の放出に向けてかり立てられ」とも言うが、それが「ハーバー法」を念頭においての言であることは明らかである[3]。「ハーバー法」とは、二十世紀初頭にフリッツ・ハーバーによって開発された化学合成技術であり、大気中に存在する窒素(N_2)と天然ガス等から得られる水素(H_2)を反応させてアンモニア(NH_3)を合成することで、窒素肥料の大量生産を可能にした技術である。旧来の農法では、有機肥料を施肥したうえでそれが微生物によって分解されるのを待ったり、窒素固定能力を有する根粒菌が寄生するマメ科植物を植えることによって窒素を土壌に供給する手法が採られていたが、そのとき「農夫」は土地を「挑発」したりはせず、ただ「世話」することを通じて自然の生育力を補助することだけをしていたというわけである。それに対して、現代の農業においては、大気中の窒素という自然物ですら食糧生産のためにかり立てられ、化学肥料という「徴用物資」に「変形」される。農業における「総かり立て体制」である。

3　化学肥料と森林伐採

ハイデガーによれば、旧来の農業は、自然の運動を過度に急き立てることなく、むしろ人間の営為をそのリズムに寄り添わせることによって可能となる営為なのであった。それは、人間の営為を自然の大きなサイクルの一環として位置づけることによって実現される。それに対して、現代の農業は、自然界における物質循環とは異なる化学的経路を人工的に作り上げることで単位面積当たりの農産物の収量を増加させようとする企てである。

とはいえ、化学肥料についてはそれほど単純でもない歴史的な経緯がある。二十世紀初頭にハーバー法が開発されるに先立って、そもそも圃場に窒素その他のミネラル類を含む化学肥料を施肥することの必要性を説いたのは、後に「近代農芸化学の父」と呼ばれることになるユストゥス・フォン・リービッヒであった。リービッヒは、短期間のうちに土地から養分を搾り取り、最終的にはその土地を捨て去る農業形態である「掠奪式農業」を批判した。休耕も施肥もせずに実施される農業では、数千年の期間を経て蓄積された土地の養分も短期間で消尽され、農地は不毛の地と化してしまうのだ。そこで推奨されたのが、化学肥料を施肥して栄養素を補塡する農法であり、そのような農業のあり方こそが「自然法則」に合致した、いわば〈持続可能〉な農業とされたのである。[4]

カール・マルクスが掠奪式農業の問題性と化学肥料を施肥することの重要性について学んだのもリービッヒからであった。[5]『資本論』では、「自然科学の立場から近代農業〔＝掠奪式農業〕の否定的な側面を明らかにしたことは、リービッヒの不朽の功績のひとつである」（Marx 1987, 477：六三五）として、リービッヒの功績が高く評価されている。ところが、『資本論』初版（一八六七年）から五年後に刊行された同書第二版においては、リービッヒに対する評価は相対的に切り下げられることになる。その理由は、マルクスがカール・フラースの「沖積理論」を知るに至ったことにある。「沖積理論」とは、沖積平野の土地の肥沃さは河川が運ぶ土砂の堆積によってもたらされるとする説であり、化学肥料に依存するのではなく、自然の力を活用した〈持続可能〉な農業のあり方を提唱するものであった。それは具体的には、鉱物類の成分が豊富に含まれる河川の水を農地上で一時的に堰き止めて、圃場に栄養分を補塡するという手法が採られる。

リービッヒとフラースは、圃場への栄養分の補塡方法に関しては異なる立場をとるわけだが、掠奪式農業を問題視し、それに代わる手法を提示しているという点では立場を同じくしている。それでもマルクスがフラースの方を高く評価していたことの意義は大きいと言えよう。というのも、化学肥料の施肥に過剰に依存した農法は、短期的には収量の増加を可能にするものの、長期的には農地の劣化を引き起こすのであって、持続可能な農法ではないという認識は今日では広く共有されているからである。

フラースがリービッヒに優るのは、圃場への栄養素の補塡方法に関してだけではない。フラースは、農地の開墾その他の理由で為される森林の伐採が、一帯地域における気温・湿度・降水量などの気候条件を変化させ、植生の多様性の低下や砂漠化をもたらすことを明らかにし、農業等の人間の営為が地域的な気候変動を引き起こすことを指摘しているのである。そのことから導かれる結論は、可能な限り森林は伐採されるべきではなく、したがって「森林と草原の形においてもっとも光輝く自然という宝石の最大の敵は、商業と工業を伴った耕作である」(Fraas 1847 : 68) というものである。ここでは、農業がそのあり方いかんによっては、環境的価値を毀損する営為となってしまうことが指摘されているのは明らかであろう。とはいえ、フラースは農業という営み一般を「敵」として指弾しているわけではなく、「商業と工業を伴った耕作」の問題性を指摘している点を見落とすべきではない。この点について以下では、アメリカの食農倫理学者P・B・トンプソンの見解に即して考えてみよう。

4 工業型農業とアグラリアン型農業

トンプソンは農業という営為を、そのあり方に応じて、「工業型農業 (industrial agriculture)」と「アグラリアン型農業 (agrarian agriculture)」という二つの類型に分類している。[6]「工業型農業」とは、農業という営為の特殊な性格を重視せずに、工業に代表されるような他の生産活動と本質的には区別されないものとしてその営為を意味づけるような農業である。また工業型農業は、投下資本に対して可能な限り多くの収益を短期間であげること、つまりは短期的な経済合理性を重視する農業でもあり、農産物の市場価値に敏感に反応し、消費者のニーズに合わせた農作物を作ろうとする商業的な性格を有する農業でもある (cf. Thompson 2010, ch. 3.)。これらの根本的な性格に鑑みれば、フラースの言うところの「商業と工業を伴った耕作」というものを、トンプソンの言う「工業型農業」と重ね合わせて理解することも許されるであろう。

その具体的な特徴の一つとしては、「生産至上主義」が挙げられる。「生産至上主義」とは、「生産こそが農業を倫理的に評価する唯一の基準であり」、「より多くの生産は常により良いことである」（Thompson 1995, 48：七八）とする考え方である。たしかに、あらゆる生産活動において生産量の最大化が目指されるのは当然のことのようにも思われるが、旧来の小作農業においてはそうでなかった。というのも、農民にとって必要最低限の食糧を確保できるかどうかは文字通りの死活問題なのであり、生産活動が上首尾に運んだ場合における最大化よりも、壊滅的な不作のリスクを最小化することの方が優先されたからである。(7) 見込まれる最大生産量を減少させたとしても最低限の収量を確保する農法として、複数の種類の作物を混生させるといった方法が選択されたが、これは、工業型農業においては「単一種栽培《モノカルチャー》」が一般的なのと対照的である。

工業型農業のもう一つの特徴としては、特定の土地との結びつきの弱さという点があげられる。これは、工業という営為と共通する特徴である。本来、農地の立地に際して考慮されるのは、気温・降水量・土壌の質などの長期的に変化しにくい自然的条件が主であり、農業活動は特定の土地で長期的に継続されるのが通常のあり方であった。それに対して、工業用地の立地に際して考慮されるのは、市場との距離や地域の人件費、地政学的リスクといった短期的にも変化しうるような社会的条件が主である。したがって、人件費が高騰すれば生産拠点を移転するといったことが普通に為されるように、工業は特定の土地との密接な結びつきを有してはいない。農業が工業のそのような性格を備えたとき、それは一種の掠奪式農業の形態をとることとなる。「生産至上主義者」たちは、「もっとも肥沃な地域を目指し、弱った土壌は放棄せよ」という方針のもと、広大な地域を開墾してきたのである（cf. Thompson 1995, 58f.：九七）。

もう一つの農業類型である「アグラリアン型農業」とは、「アグラリアニズム（agrarianism）」という思想に基づく農業のことであるが、さしあたっての理解としては「工業型農業」とは対照的な農業のあり方を思い浮かべればよい。すなわち、生産至上主義や商業主義の立場をとらず、地域共同体への帰属と責任を自覚し、土地への長期的な配慮をなしつつ営まれる農業である。そして、アグラリアニズムの根底に存するのが「スチュワードシップ（stewardship）」という思想である。「スチュワードシップ」とは、もともとはユダヤ＝キリスト教的な世界観を背景にした、自らを土地の「管理責任者（steward）」と見なす精神態度のことであり、「神の被造物の美と完全性を保護して育むという宗教的な義務感」（Thompson 1995, 72：二一九）と要約されうる。「農民が土地の管理責任者《スチュワード》であるのは当然のことだと長らく考えられている。良き農業の理想は、農民の管理による、土壌、水、植物、動物への気遣いとして表現されてきた」（Thompson 1995, 73：一二二）。それは、土地に資産や収益源としての価値のみを見出すのではなく、土地への配慮やエコロジカルな価値の考慮という倫理的な義務を説く、アルド・レオポルドの「土地倫理」とも親和的な思想である（cf. Thompson 1995, 42ff.：六八以下）。

とはいえ、一方でトンプソンが強調するのは、スチュワードシップとは「ありのままの自然への愛」によって自然を保護することを推奨するといった類の思想ではないということである。スチュワードシップの精神に基づく農業といえども、農産物の生産が第一の目的であるのは当然のことであり、環境に配慮したり原生自然を守ることそれ自体が目的なのではない。つまりスチュワードシップは、自然への支配権とそれを根拠にした自然からの搾取の是認や生産至上主義という思想とのみ対立するのではなく、搾取とは区別される限りでの自然の「利用」を導くための倫理なのでもあり、自然はその内在的価値によって無条件に「保存」されるべきとする考え方とも対立するのである。したがって、「経済主義」や「生産主義」と、ロマン主義的な「自然への愛」を根拠とした「原生自然主義」という二項対立構造において事態をとらえようとしても、そこにアグラリアン型農業を適切に位置づけることはできないのである（cf. Thompson

1995, ch. 4)。

5　技術の選択としての「気遣い」

上述のような両極の立場に対するアグラリアン型農業の位置関係を理解するために、アーレントの農業論は重要な示唆を与えるものである。というのも、先に指摘したように、「世界」を打ち建てそれを維持するための営為としての農業は、自然に抵抗しつつも同時にそれを気遣うことを不可欠とするのであり、その際、「人為」対「自然」といった単純な対立構造は止揚されるからである。このことを、ふたたびトンプソンに即して具体的に説明すれば以下のように言えよう。

アグラリアン型農業は、一面においては自らを土地の管理責任者《スチュワード》と見なすことによる義務感に発するものではあるが、しかし重要なのは、スチュワードシップの思想は農業者の長期的な自己利益の追求と両立可能であるという点である。というのも、農業活動による農地や周辺環境への影響は、当の活動にフィードバックされる形でその成果にも影響を及ぼすのであって、農地や自然環境への「気遣い」を怠ることは長期的な功利の観点からしても賢明な選択ではないからである（cf. Thompson 1995, 84：一四二）。先に紹介したフラースにしても、彼が農地の周辺地域の森林を過度に伐採することを戒めたのは、自然そのものの価値を主張してのことではなく、農業とそれを土台にして成立する文明の存続を慮ってのことであった。つまりは、アグラリアン型農業とは、農業という営為そのものの持続可能性のためにこそ、自然環境への人為的な介入のあり方を熟慮する農業のあり方なのであり、そして、そのような熟慮とは、具体的には農法や農業技術の慎重な取捨選択という形で実践される。

トンプソンによれば、旧来の小作農業においては、新技術の導入に対してはきわめて慎重な態度がとられ、あるいは、新技術を導入する場合でも生産量を増大させることを最優先にして技術が選択されるわけではないという（cf. Thompson 1995, 50：八二―八三）。それに対して、工業型農業は新技術の導入に積極的であるが、新たなテクノロジーの導入は農業者の長期的な利益とスチュワードシップの両立可能性を脅かしかねない（cf. Thompson 1995, 82ff.：一三七以下）。先に紹介したダストボウルの事例も、その一例であったと言えよう。ダストボウルは、化学肥料の過剰投入と重量のあるトラクターによる圧縮によって土壌の団粒構造が破壊され、細かい砂塵になった土が強風で吹き飛ばされることによって起こった環境災害である（藤原 2017：六三）。それは、新技術を導入するに際しての熟慮という「気遣い」を欠く農業によって、当の農業活動そのものを持続不可能にしてしまった出来事だったのである。

おわりに

「私たちは何をしているのか」という問いは、アーレント『人間の条件』の中核をなす問いであったが、農業という営為において、「私たちは何をしているのか」。以上で明らかになったことは、それが必需物＝消費物を生産する営為であるという意味での労働であると同時に、労働の「第二の課題」を果たす「気遣い」の営為でもあるということだ。もちろん、自然への抵抗の営為である農業は、自然を守ることそのものを第一の目的にしているわけではない。しかし一方において、農業が諸々の自然的条件とのフィードバック・サイクルのなかにある営為である以上、農地や地域の自然環境への「気遣い」が、当の営為そのものの持続可能性の条件として構造的に組み込まれているのである。

世界の土台である「大地」への気遣いは、賢慮に基づいた農業技術の取捨選択として実践されるが、とはいえ、その選択を導くための明確な基準が与えられているわけでもなく、テクノロジーの複雑化にともない、その種の「気遣い」をなすことはますます困難になっていると言えよう。ハイデガーは化学肥料の合成と使用に、「総かり立て体制」のもとでの自然の「徴用」という事態を見出したわけだか、その技術とて、リービッヒの認識としては、自然からの「掠奪」によって遂行されていた農業からの転換をもたらす技術なのであった。ゲノム編集技術によって品種改良された作物の栽培、AI技術やロボット技術を導入した「スマート農業」、農地の耕作を要しない食物工場といった二十一世紀における農業実践の光景を見るにつけ、トラクターで田畑を耕す農業のあり方に大地への蹂躙としての「外科手術」の姿を見出すことは、私たちには困難になったとも言えよう。それは、ハイデガーが原子力技術との対比において、旧技術の実例としてあげる風車の技術が、ヨーロッパ世界に普及した当初においては、アラブ世界から移入された、自然を搾取する新奇なる技術と目されていたのと同様である(8)。

『人間の条件』は、スプートニク1号の打ち上げという、人類の「地球（the Earth）」からの離脱といった「現代」の時代状況において著された書であったが、二十一世紀の農業において人類は「大地／土（the earth）」からも離脱しつつある。そのような時代にあって、農業が自然と世界への「気遣い」という課題を果たすためには、いかなる技術が選択されるべきなのであろうか。農業という営為にまつわる「技術への問い」は緒に就いたばかりなのである。

注

（1）この点に関連して森一郎は、「労働の第二の課題」が「自然保護」ならぬ「世界保護」にあることを指摘している（森 2013：二九四）。また、農業という営為が本来有している「世界維持的な働き」についても指摘されているが（森 2017：三〇二）、本章はこれらの論考における知見に学ぶところも大きい。

（2）農業史におけるトラクター開発の意義については藤原 2017 を参照。

（3）ハイデガー「技術への問い」における農業への言及に関する理解については藤原 2018 を参照。

（4）リービッヒによる「掠奪式農業」批判については吉田 1978 を参照。

（5）マルクスによるリービッヒとフラースの受容に関しては以下に依拠している。岩佐 2016、斎藤 2016。

（6）「工業型農業」と「アグラリアン型農業」の相違については、トンプソンの複数の著作で言及されるが、ここでは主に Thompson 1995 と Thompson 2010 に依拠している。

（7）トンプソンはこのような小作農の方針を、ロールズが『正義論』において論じた「マキシミン・ルール」に合致したものとして説明している（Thompson 1995, 50：八二）。

（8）ハイデガーの技術論における「風車」の意味づけについては以下を参照。加藤尚武 2003：二四以下、檜垣 2019：一八九。

文献

Fraas, Carl (1847) *Klima und Pflanzenwelt in der Zeit, ein Beitrag zur Geschichte beider*, Landshut.

Heidegger, Martin (2000) "Die Frage nach der Technik," in: *Gesamtausgabe*, Bd. 7: *Vorträge und Aufsätze*, Vittorio Klostermann.（マルティン・ハイデガー『技術とは何だろうか』森一郎編訳、講談社学術文庫、二〇一九年）

Marx, Karl (1987) "Das Kapital. Kritik der politischen Ökonomie," in: *Karl Marx Friedrich Engels Gesamtausgabe*, Bd. 6, Dietz Verlag.（カール・マルクス『資本論（第一巻）』向坂逸郎訳、岩波書店、一九六七年）

Steinbeck, John (2002) *The Grapes of Wrath*, Penguin Books.（ジョン・スタインベック『怒りの葡萄（上）』伏見威蕃訳、新潮文庫、二〇一五年）

Thompson, Paul B. (1995) *The Spirit of the Soil : Agriculture and Environmental Ethics*, Routledge.（ポール・B・トンプソン『〈土〉という精神――アメリカの環境倫理と農業』太田和彦訳、農林統計出版、二〇一七年）

――（2010）*The Agrarian Vision: Sustainability and Environmental Ethics*, University Press of Kentucky.

岩佐茂（2016）「マルクスのエコロジー論の意義と射程――物質代謝論の視点から」、岩佐茂・佐々木隆治編著『マルクスとエコロジー――資本主義批判としての物質代謝論』堀之内出版

加藤尚武編著（2003）『ハイデガーの技術論』理想社

斎藤幸平（2016）「「フラース抜粋」と「物質代謝論」の新地平」、岩佐茂・佐々木隆治編著『マルクスとエコロジー――資本主義批判としての物質代謝論』堀之内出版

齋藤宜之（2019）「農業とはいかなる営為なのか――トンプソン・アーレント・マルクスに即して」『環境倫理』第3号、中央大学

檜垣立哉（2019）『ドゥルーズ――解けない問いを生きる〔増補新版〕』ちくま学芸文庫

藤原辰史（2017）『トラクターの世界史――人類の歴史を変えた「鉄の馬」たち』中公新書

――（2018）「農業技術への問い――ハイデガーの概念「育む hegen」について」『現代思想』46巻3号、青土社

森一郎（2013）『死を超えるもの――3・11以後の哲学の可能性』東京大学出版会

――（2017）『世代問題の再燃――ハイデガー、アーレントとともに哲学する』明石書店

吉田文和（1978）「リービヒ『農耕の自然法則・序説』と『資本論』」『經濟學研究』28（4）、北海道大学

第3部
シンポジウム「テクノロジーは私たちを幸福にするのか」

◉ introduction

渡名喜庸哲

第3部に収められた四つのテクストは、いずれも二〇二三年三月一一日(土)に立教大学池袋キャンパスで行われたシンポジウム**「テクノロジーは私たちを幸福にするか?──戸谷洋志著『スマートな悪』を手掛かりに」**の口頭発表に基づくものである。このシンポジウムは、本論集自体の土台となっている科研費基盤研究(c)「テクノロジー時代の人間の条件──アーレント思想の応用可能性」によるものだが、研究分担者の戸谷が二〇二二年に公刊した著作『スマートな悪──技術と暴力について』は、この共同研究の関心に密接に結びついている。それゆえ同書を主題にしたシンポジウムを開催したわけだが、そこでは、単なる合評会にとどまらず、現代テクノロジーがわれわれにとって何をもたらしているのかという問題について、アーレント思想を一つの共通項として、多角的な検討を施すことを目指した。

言うまでもなく、今世紀はICT(情報通信技術)、ビッグデータ、AI(人工知能)、IoT、バイオテクノロジーといった情報通信技術や科学技術の急速な発展・普及によって、政治・社会のあり方が大規模に変容していく時代になると予想される。戸谷はそのなかでも、二〇一六年に日本政府がSociety 5.0という標語とともに提示した第五期科学技術基本計画に見られる「超スマート化社会」という表現に注目する。この計画では現代の科学技術の発展によって今後の日本社会が目指すべき未来の社会像が「超スマート社会」と呼ばれているが、ここでの「スマートさ」とは何か──戸谷が問いの俎上に載せるのはこのような問いである。
戸谷の著書『スマートな悪』ではこの問いをめぐって、二〇世紀の技術に関する哲学的な議論を踏まえ、なかでもマルティン・ハイデガー、ハンナ・アーレント、ギュンター・アンダース、イヴァン・イリイチらの考察に注目している。本論集に収められた戸谷の論考**「超スマート社会における人間の幸福」**（第10章）は、同書のなかでもアーレントと関わる部分について改めて問題をまとめ直したものである。戸谷の論考の焦点は、「超スマート社会」において「スマートさ」に向けられる過剰な期待を、ナチス・ドイツの将校であったアドルフ・アイヒマンの姿に重ね合わせ、アイヒマンにおける「悪の陳腐さ」に準えることにあるだろう。「超スマート社会」における社会全体の「システム」化とそこにおける人間の「同調」化には、人間の「思考欠如」という可能性が巣食っているというのだ。

だとすると、こうした「超スマート社会」において実現されるように思われる「幸福」、すなわち、われわれが感じ取っているように思われる「幸福」は見せかけのものであるばかりか、じつは危ういものではないのか。このような問いが生じることになるだろう。

ただし、本論集第3部は、アーレントの思想に基づいて、こうした現在のテクノロジーの問題点を批判的に描き出すことのみを目的としているわけではない。とりわけ以下に収められた戸谷以外の論考は、戸谷のこのような主張に対し、さまざまな角度から問題点を提起している。これらを通じてそもそもの問題（「テクノロジーは私たちを幸福にするか」）を複合的に考えることがこの第3部の、ひいては本書全体の企図とも言えるだろう。

堀内進之介は、政治社会学および応用倫理学を専門としている。『データ管理は私たちを幸福にするか？――自己追跡《セルフトラッキング》の倫理学』（光文社新書、二〇二二年）、『感情で釣られる人々――なぜ理性は負け続けるのか』

（集英社新書、二〇一六年）をはじめとするさまざまな著作があるが、これらの著作で堀内は、現代のテクノロジーがわれわれの感性にどのように働きかけているかについての具体的なデータや最新の議論に基づきつつ、単にテクノロジーを負の側面を強調するのではなく、むしろ人間と技術との補完関係を重視する方向での議論を展開してきた。本論集での論考**「スマートな徳」**（第11章）では、そのような立場から、とりわけ経験的な研究の成果に依拠することで、技術による「スマート化」が人間の自律性を奪うとする戸谷の見解に異論を唱える。とはいえ、哲学的技術批判に対する実践研究からの批判にとどまるのではない。アーレント思想の深い理解および現代の研究状況への幅広い目配せとともに、最終的に堀内が提示する人間と技術との「共生」をめぐる展望は、現代テクノロジーの進展についての哲学的な考察にとってもきわめて重要な課題を突きつけるだろう。

河合恭平の論考**「スマートさは「悪の凡庸さ」をもたらすのか」**（第12章）は、アーレント研究の立場から、とりわけ戸谷がそのテクノロジー論でアーレントの「悪の凡庸さ」という概念を借用していることの是非を論じる。アーレントが、ナチスにおいてユダヤ人の絶滅政策を指揮する立場にあったアドルフ・アイヒマンの裁判を傍聴し、そこに「悪の凡庸さ」を見たことは有名な話であるが、近年ではこの捉え方にはさまざまな角度からの批判がある（とりわけベッティーナ・シュタングネト『エルサレム〈以前〉のアイヒマン――大量殺人者の平穏な生活』（香月恵里訳、みすず書房、二〇二一年）、田野大輔・小野寺拓也編『〈悪の凡庸さ〉を問い直す』（大月書店、二〇二三年））。河合はこうした動向を踏まえつつ、現代科学技術における「スマートさ」がはたして「悪の凡庸さ」をもたらすと言えるのかを問う。

最終章の**村田純一**の論考**「スマート社会と技術の創造性」**（第13章）は、これまで『現代社会の倫理を考える〈13〉技術の倫理学』（二〇〇六年）や『技術の哲学』（二〇〇八年／二〇二三年）等の著作を通じ、日本における技術哲学・技術倫理学研究の第一線を担ってきた。本書に収められた論考では、このような村田の観点から戸谷の主張が検討される。村田は、従来の技術についての哲学的議論に見られた技術決定論と社会構成主義の対立を振り返りつつ、西田幾多郎を援用し「作られたものが作るものになる」という点に技術の特質を見る。この観点から、戸谷が対立的に示した技術の「スマートさ」と「ガジェットさ」に関して、むしろどのような技術システムも双方の性質を不可分なかたちで備えているものとして捉えるべきとの見解を示す。こうして村田は、技術についての哲学・倫理的な議論やユニヴァーサルデザインをはじめとする現代の具体的な実践を踏まえつつ、アーレント/戸谷の見解に対してある種のオルタナティブを提示していると言えよう。

以上のように、この第3部は、戸谷の著作を出発点にしつつ、さまざまな角度からそれについての批判的な検討がなされている。収められた論考はどれも、現代テクノロジーをアーレントによって考えるのでも、アーレントに抗して考えるのでもなく、アーレントとともに批判的な対話を通じて考える道筋を示しているだろう。

（なお、第3部のキーワードとなっている語に「悪の陳腐さ/凡庸さ」がある。周知のように、アーレントが『エルサレムのアイヒマン』で提示した概念である。これについて、戸谷は『エルサレムのアイヒマン』の邦訳（みすず書房）と同様「陳腐さ」の訳語を用いているが、近年では右に引いた田野・小野寺らの研究をはじめ「悪の凡庸さ」という表記も一般的に用いられ、河合の論考はこちらを採用している。いずれも原語は banality of evil であり、日本語でも以上の二つの表記が同等に通用していると思われることから、特に表記の統一はしていないことをお断りしておく）。

10

超スマート社会における人間の幸福

アーレントの思想を手がかりに

戸谷洋志

テクノロジーは人間を幸福にするだろうか。この問いに対する一つの古典的な回答は、次のようなものだ。すなわち、人間の設定する目的のために使用されるなら、テクノロジーは人間を幸福にするだろう。こうした回答の源流は少なくともアリストテレスにまで遡ることができる。彼は、人間の活動を分類する際に、行為と制作を厳密に区別したことで知られている。前者が、それ自体が目的であるような営為であるのに対して、後者は、その目的が外部に存在するような営為である。そして、前者に対応する営為が思慮であるのに対して、後者に対応する営為は技術にほかならない。

このような古典的な回答は、今日においても依然として説得力を持っているし、日常における私たちの発想を支配するものですらあるだろう。しかし、こうした発想は、そもそも人間が技術を自らの目的のために使用することができるということ、あるいは、そうした使用が資する目的を、人間が主体的に設定することができるということを、前提としている。要するに、テクノロジーが人間を幸福にしうるとしたら、それは人間がテクノロジーをそのために使用するところの目的を、自ら設定することができるときなのだ。換言すれば、この前提が崩れるとき、少なくとも前述のような古典的回答は、その有効性を失うことになる。

では、今日において、人間はテクノロジーの使用目的を自ら主体的に設定している、と考えることができるだろうか。この問いについて考えるために、本章では、日本政府によって掲げられる「超スマート社会」という科学技術開発の理念的指針を、アーレントの思想を分析視角としながら検討していく。

以下ではまず、超スマート社会の概要を検討し（第1節）、そこで描かれる人間の幸福のあり方を分析する（第2節）。次いで、「悪の陳腐さ」について、ナチス・ドイツの将校であるアドルフ・アイヒマンの事例をもとに（第3節）、「思考欠如」の関係から再構成する（第4節）。最後に、超スマート社会において想定されるテクノロジーと人間の幸福の関係が、アーレント的な思考欠如の状態を引き起こしうるものであり、したがってそれは人間がテクノロジーを適切に使用するための条件を掘り崩しかねないという暫定的な解答を提示する（第5節）。

1 「超スマート社会」とは何か

「超スマート社会」は、二〇一六年から二〇二〇年までの科学技術の政策的指針となる、第五期科学技術基本計画で提示され、重点的に投資されるべき研究開発の選定における基準として用いられている。超スマート社会は、人類がこれまで段階的に経過してきた社会形態の最新のものであり、「Society 5.0」に位置づけられる。政府によれば、Society 1.0 は狩猟社会、Society 2.0 は農耕社会、Society 3.0 は工業社会、Society 4.0が情報社会である。第5期科学技術基本計画において、超スマート社会の具体的な姿は、次のように説明されている。

必要なもの・サービスを、必要な人に、必要な時に、必要なだけ提供し、社会の様々なニーズにきめ細やかに対応でき、あらゆる人が質の高いサービスを受けられ、年齢、性別、地域、言語といった様々な違いを乗り越え、活き活きと快適に暮らすことのできる社会
（内閣府 2016：一二）

超スマート社会の大きな特徴は、このような社会を実現するための手段として、ＩＣＴを最大限に活用するという点にある。

今後、ＩＣＴは更に発展していくことが見込まれており、従来は個別に機能していた「もの」がサイバー空間を利活用して「システム化」され、さらには、分野の異なる個別のシステム同士が連携協調することにより、自律化・自動化の範囲が広がり、社会の至るところで新たな価値が生み出されていく。これにより、生産・流通・販売、交通、健康・医療、金融、公共サービス等の幅広い産業構造の変革、人々の働き方やライフスタイルの変化、国民にとって豊かで質の高い生活の実現の原動力になることが想定される。
（一〇）

情報社会として位置づけられたSociety 4.0とSociety 5.0の違いは、フィジカルな空間に存在する諸問題がサイバー空間において「システム化」され、統合され、一元的に管理されるということ、またそれによって、さまざまなサービスの「自律化・自動化」が促される、ということだ。こうしたアプローチは、

「サイバー空間とフィジカル空間（現実世界）とを融合させた取組」（同前）とも表現される。

では、超スマート社会において幸福とはいったい何を指すのだろうか。この問題について、第五期科学技術基本計画からは曖昧な答えしか導き出すことができない。一方で、国民の「必要」性に応えること、いわばニーズを満たすことが訴えられるとともに、他方で「豊かで質の高い生活の実現」が訴えられもする。しかし、生活の豊かさは、ある種の必要性を超えたもの、余剰によってもたらされるのではないか。もしも超スマート社会が、人々に豊かな生活を約束するものであれば、それは必要のないものに人々がアクセスできる環境が開かれていなければならない。しかし、そのように不必要なものが視界に入る社会は、決して「スマート」ではないだろう。

この矛盾は技術的に解決可能なものかもしれない。しかし、少なくともそれがどのように両立するのか、その具体的なイメージが、第五期科学技術基本計画のなかで、明確に語られているわけではない(1)。

2　超スマート社会における個と社会の調和

超スマート社会における幸福について考えるために、日立東大ラボの研究を参照しよう。日立東大ラボは、二〇一六年に東京大学と日立製作所によって設置された産学連携拠点であり、Society 5.0の実現に向けたビジョンの創生を中心とした研究開発を行っている。その研究成果として公刊された『Society 5.0——人間中心の超スマート社会』では、「幸福につながるような関係性を生み出す社会として、“Society 5.0”を特徴づけねばならない」（日立東大ラボ 2018：二七）と述べられている。

同書によれば、幸福感には「経済社会状況」、「健康」、「関係性」などの要因が関連しており、「“Society

5.0”に向かうことで、経済社会状況が向上し、心身の健康を維持する環境が整うなら、少なくともこれらの側面については、「より幸福な社会」が実現できる」(二七五)とされている。しかし、それ以上に問題とされるのは、個人が私的に幸福を追求していったとき、いかにして利害の衝突を調整するのか、ということだ。同書によれば、「個人は自らの価値観にのっとり、選択の自由を行使し、幸福を追求する行動をおこなう」のであり、「そのような行動が、社会の持続的発展のために要求されるモラルと整合するところに、より幸福な社会を構築する可能性が開ける」(二七六)。つまりSociety 5.0におけるテクノロジーと人間の幸福の関わりは、テクノロジーが各人の幸福を実現するということよりも、各人が幸福を追求したとしても破綻しない社会をテクノロジーによって実現する、という観点から説明されている。同書は次のようにも説明している。

技術の導入が効率のよいシステムを可能にし、豊かさをもたらしたとしても、社会が限りある資源分配の上に成立していることには変わりはない。快適さを求めたり、個人の欲求を充足させやすくなったからといって、過度の消費に走ったり、自らの福利を高めるためのリソースを不当に独占するなど、利己的でシステムを搾取するような個人の行動が重なれば、社会は持続しない。個人の幸福の達成だけではなく、全体の福利を守るためのモラル、またそれに整合した個人の行動を社会は必要とする。“Society 5.0”が幸福をもたらすためには、技術やデータだけではなく、行動の自由と制御にも着目した社会設計が必要になる。

(二七五—二七六)

ただし、そうした調整が個人の自由を著しく制約するのであれば、それはむしろ幸福感に対して負の作用を及ぼすかもしれない。それに対して同書では、個人の行動をテクノロジーによって誘導することで、この問題を解決できると述べられる。

報酬や罰ではなく、「さりげなく」行動が誘発される環境のなかで、実際に行動がなされるなら、自分はそれと合致する態度や価値観を持つという自己認知が成立する。このメカニズムは、自律性や選択の自由を求める心と矛盾しないかたちで、行動の制御を達成する可能性を、さらには、態度や価値観により、社会と調和する個の行動が支えられる状態が形成される可能性を示唆するのである。（二八二）

すなわち、テクノロジーによって、ある特定の意図に基づいて設計された環境を準備することで、個人に特定の行動をさせながら、その行動が強いられたものではなく、自分で行ったものであるという「自己認知」が与えられる。それによって、テクノロジーを通じた個人の行動の制御と、個人の自由を両立させることができる、と考えられている。

同書は、このようにして、個と社会の調和を実現できると主張する。すなわち、個人はそれぞれが自分の私的な幸福を追求して行動しているが、実際にはその行動はテクノロジーによって誘発されたものであり、利害の衝突や社会の破綻は起こらない。それが超スマート社会において実現される人間の幸福なのである。

3　アイヒマンのスマートさ

筆者は二〇二二年に公刊された『スマートな悪――技術と暴力について』において、以上のような超スマート社会のうちに見出される「スマートさ」への過剰な期待を、ナチス・ドイツの将校であったアドルフ・アイヒマンの姿と重ね合わせた。

第二次世界大戦中、アイヒマンは「ユダヤ人問題の最終的解決」の実務に携わり、アウシュヴィッツ強制収容所へのユダヤ人の輸送を主導した。戦後、潜伏していたアルゼンチンでイスラエル諜報特務庁（モサド）に拘束され、エルサレムで裁判（アイヒマン裁判）にかけられ、処刑された。

アイヒマン裁判を傍聴していたアーレントは、その記録を『ザ・ニューヨーカー』に連載し、その後『エルサレムのアイヒマン』として公刊した。同書のなかで、アーレントはアイヒマンのうちに示された悪を、「悪の陳腐さ」（『アイヒマン』252：三四九）と名付けたことで知られている。

この概念は、全体主義において出現した新たな悪のあり方を指すものでありながら、同時に多くの誤解をこうむってきた。そうした誤解として典型なのは次のようなものである。すなわち、アイヒマンは凡庸な小役人であり、どこにでもいる普通の存在である、という捉え方だ。たしかにアーレントは、アイヒマンが確固たる信念に基づいて虐殺に関与したわけではない、と考えていた。しかしその一方で、ある能力に関して、アイヒマンは卓越していたとも述べられている。その能力とは、課題解決における組織の調整力、今日の言葉で言うなら、システムをスマート化させる能力である。

アーレントはアイヒマンの次のようなエピソードを引用している。一九三八年、アイヒマンはオーストリアに派遣され、現地のユダヤ人を国外に追放する任務に携わった。彼が着任した当初、現場は前例のない規模のプロジェクトに混乱しており、賄賂や虐待などトラブルが起こっていた。その問題を解決するために、アイヒマンはきわめてスマートな手続きのシステムを考案した。アーレントは次のように述べる。

アイヒマンはすべてがどのように進展しているか、いやむしろいかに進展していないかを見て取ってしまうと、「自分の頭で考えて」みたあげく、「双方とも満足させられると思えるような案をひねり出した」。彼は「まず最初の書類を入れ、次々に書類を入れていくと、最後にパスポートが出てくるという流れ作業のライン」を考案した。すべての関係職員——財務省、税務署の所得税係、警察、ユダヤ人共同体等々——をひとつ屋根の下に集め、申請者の面前で即座に仕事をかたづけるようにさせれば、このプランは実現可能だった。そうなれば申請者は役所から役所へ駆けずりまわる必要もなく、たぶん屈辱的ないやがらせにも遭わずにすみ、袖の下もそれほど要らないだろうというものである。（44：六三）

アイヒマンは、オーストリアでの課題解決のために、それまで有効に組織されていなかった関係者を再編成し、一元化し、システム化した。その組織力は、単にプロジェクトの遂行を可能にしただけではなく、問題の表面化を防ぐ形でも機能した。なぜなら、アイヒマンの考案した手続きは、賄賂や虐待を防止するものでもあったからだ。だからこそ、アーレントがいうように、「アイヒマンは、自分の組織力の才能、自分の機関で行われた強制移動や移送の手順は、事実上犠牲者たちの救いになっていると一度ならず主張した」（190：二六三）のであろう。

こうしたアイヒマンの能力は、「ユダヤ人問題の最終的解決」においても重用されることになる。アーレントは次のように説明する。

アイヒマンの位置は、全体の作業の中で最も重要なコンベヤーベルトというものであった。なぜなら、ある地域から輸送し得る、あるいは輸送すべきユダヤ人の数はつねに彼と彼の部下の決定にゆだねられていたし、また個々の輸送の最終目的地は彼が決定するのではないが、彼の課から発表されるのだから。

(153:二一三―二一四)

こうした説明を顧みれば、アーレントがアイヒマンを、どこにでもいる凡庸な小役人とみなしていたわけではない、ということは明らかだ。むしろ、アイヒマンはそのスマートさにおいて卓越していたのであり、その卓越性がホロコーストを可能にしたのである。

ここには注目すべき逆説が示されている。スマート化は、表面的なトラブルを消し去ることができるが、同時にそれは、その根底に伏在するより大きな問題の進行と両立するし、またその進行を促進しもするのだ。超スマート社会において理想とされる個と社会の調和もまた、そうした逆説に陥らないとは限らない。

4　同調と思考欠如

システムをスマート化させる力に関して、アイヒマンが卓越しているのだとしたら、アーレントはなぜ彼を「陳腐」と呼んだのだろうか。彼女はその理由を次のように説明している。

俗な表現をするなら、彼は自分のしていることがどういうことか全然わかっていなかった。まさにこの想像力の欠如のために、彼は数か月にわたって警察で訊問に当たるドイツ・ユダヤ人と向き合って座り、自分の心の丈を打ち明け、自分がSS中佐の階級までしか昇進しなかった理由や、出世しなかったのは自分のせいではないということを、くり返しくり返し説明することができたのである。

（287：三九五）

すなわち「悪の陳腐さ」とは、巨大な悪に加担しながらも、その悪の巨大さを自分でまったく理解することができない、という点にある。ただし、ここでいう「理解することができない」、とは、ただ偶然に委ねて行為しているとか、前後の因果関係を把握していないとか、そうしたことを意味しているのではない。そうではなく、自分の行為を他者の視点から吟味することができない、そうした「想像力の欠如」を意味するのである。

では、こうした想像力の欠如もまた、卓越した組織力と同様に、アイヒマンという個人の特異な点なのだろうか。アーレントはそのようには解さない。たしかにアイヒマンには著しく想像力が欠如していた。しかし、同様の事象は当時の一般的な国民の間にも見出される、と彼女は指摘する。

こうした問題の議論において、とくにナチスの犯罪を一般的な形で道徳的に非難しようとする際に忘れてならないのは、真の道徳的な問題が発生したのはナチス党員の行動によってではないということです。いかなる信念もなく、ただ当時の体制に「同調した」だけの人々の行動によって、真の道徳的な問題が発生したことは見逃すべきではないのです。

（『責任と判断』54：九一）

アーレントがアイヒマンの悪を「陳腐」と呼ぶ理由の一つが、ここにあるのではないだろうか。すなわち、想像力が欠如し、自分の行為の意味を理解しないままに行動していたのは、アイヒマンだけではなく、当時のドイツ社会においてナチスに「同調」していたすべての人々でもあるのだ。たしかにアイヒマンは傑出した組織力を持っていた。しかし彼には想像力が欠如していた。そしてそれは、ナチスに同調していたすべての人々に等しく見出されるありふれた現象に過ぎなかった。だからこそ、アイヒマンは「陳腐」なのである。

アーレントは、そのように想像力を欠いた同調が引き起こされる原因を、「良心」が「自動的に機能する」という事態のうちに見いだす。ある社会のなかで共有されている道徳が何らかの「規則」として捉えられてしまうと、特殊な事例が発生した場合、その規則を自動的に適用するだけで問題は解決されると見なされる。そのとき「すべての新しい経験や状況は、あらかじめ判断されていて、習得していたか、あらかじめ所有していた規則にしたがって行動するだけでよい」(『責任と判断』44：七二)ことになり、人間はその事例に際して自ら考えたり、想像を巡らせたりしなくなる。そのように人間の良心が自動的に作動し、想像力が失われていく状態を、アーレントは「思考欠如」と呼ぶ。

もちろん、当時のドイツ社会において、すべての人間が「規則」に同調していたわけではない。そこにはナチスに対して抵抗した人々も存在していた。では、そうした人々はなぜ「悪の陳腐さ」に飲み込まれることを免れ得たのだろうか。アーレントによれば、それはそうした人々が思考していたからである。そして、その際の思考が意味しているのは、「特定の行為を実行したあとでも、自分と仲違いせずに生きてゆける限度はどこにあるかと問う」(『責任と判断』44：七二—七三)営みに他ならない。

5　おわりに

本稿の主題は、テクノロジーは人間を幸福にするか否かを検討することであった。最後に、これまでの議論を振り返りながら、この問いに対する暫定的な答えを示そう。

政府は、未来において実現されるべき理想的な社会像として、超スマート社会を掲げている。それは、ICTをはじめとするテクノロジーを用い、サイバー空間とフィジカル空間を融合させ、さまざまなサービスをシステム化することで、必要なものが必要なときに必要なだけ提供される社会である。

その社会は次のような形で人間の幸福に関与する。すなわち、人間が私的な幸福を追求しても、社会が破綻しないように、人間の行動を先行的に誘導するということだ。それによって人間は、テクノロジーによって誘導された行動を、あたかも自分が望んだ行動であるかのように思い込み、幸福感を得ることができる。そのように人間の行動を制御することによって、個と社会の調和が実現される。

しかし、そうした調和は、行動を誘発されている人間が、自分の行動が誘発されていることに気づかないときにしか、成立しない。言い換えるなら人間は、自分の行動がテクノロジーによって先導されていることを認識することができない。そして、そうである以上、自分がどのように行動するのかを、テクノロジーによる誘発に先行して思考することはできないのだ。

それは、アーレントによって批判された、規則への自動的な同調へと人間を向かわせるのではないだろうか。テクノロジーによって誘発された仕方でのみ行動する人間は、そのように誘発される自分を外部から眺める他者の目線を想像できなくなるだろう。そのとき、もしもテクノロジーが人間を何らかの悪へと加担させるよう働きかけたとしても、人間はそれに対して抵抗することができないだろう。そこには、ICTと結合した、新しい「悪の陳腐さ」が出現するのではないだろうか。

筆者は、超スマート社会という理念のうちに、すでに何らかの反倫理的な問題が含まれている、と言いたいわけではない。そうではなく、仮に超スマート社会が実現され、そして仮に何らかの状況の変化によって、そのテクノロジーが深刻な倫理的課題を抱えたとしても、人間にはその課題を反省したり、問い直したりすることができない、ということである。

以上のように考えるなら、超スマート社会において人間は、何が人間にとって幸福であるかを判断する力を、全面的に失うか、あるいは少なくとも大幅に制約されることになるだろう。したがって人間には、テクノロジーが人間を幸福にするように、テクノロジーを適切に使用することができないだろう。なぜなら、何を幸福と判断するか、またどのようにテクノロジーを使用するかということ自体が、テクノロジーによって誘発されているからである。これが本稿の暫定的な答えである。[2]

裁判においてアイヒマンは、「オーストリア・ユダヤ人移住センター長としてヴィーンで過ごしたこの一年が自分の最も幸福で成功した時期だった」(『アイヒマン』43-44：六一)と回顧していたという。テクノロジーによってもたらされる幸福を、これとは別の仕方で考えるために、アーレントの思想は有効な手がかりであり続けているのではないだろうか。

注

(1) なお、内閣府が公開するホームページでは、「豊かで質の高い生活」という表現はなく、「快適で活力に満ちた質の高い生活」という表現に置き換わっている。また、図のなかでは「質の高い生活」と対応するものとして「より便利で安全・安心な生活」が挙げられている。内閣府「Society 5.0」(https://www8.cao.go.jp/cstp/society5_0/ 二〇二三年二月二八日閲覧)。

(2) 次のような異論が想定されうる。すなわち、以上のように理解することは、Society 5.0 を誇張的に曲解するものである、ということだ。そうであるとしたら、Society 5.0 の理念は修正されるべきであり、個と社会の調和を、個人の思考を棄却しないで成立させる方途が考案されるべきだろう。

文献

内閣府(2016)『第5期科学技術基本計画』二〇一六年(https://www8.cao.go.jp/cstp/kihonkeikaku/5honbun.pdf)(二〇二一年三月一日閲覧)
日立東大ラボ(2018)『Society 5.0——人間中心の超スマート社会』日本経済新聞出版社

11

スマートな徳
技術と内省について

堀内進之介

1　はじめに

近年、日本政府は「Society 5.0」や「超スマート社会」という理念を掲げ、テクノロジーによる社会変革を推進している。このような動向に対し、戸谷洋志著『スマートな悪――技術と暴力について』（以下、本書）は鋭い批判を投げかけている。

本稿では、本書の主張を詳細に検討しつつ、テクノロジーと人間の関係性についてより多面的な視点を提供することを目的とする。そのために、まず本書の概要と主要な主張を確認しておきたい。

❶ 本書の概要と主要な主張

本書は、テクノロジーの「スマート化」が新たな形の暴力や悪を生み出す可能性を指摘し、技術と人間の関係性を根本から問い直そうとする試みである。著者はまず、「スマートさ」の語源的考察から議論を展開する。著者はこの考察において、この言葉の起源が「痛み」にあることを示し、「余計なものを排除する」という本質的な性質を論じている。

その上で、著者は「スマートな悪」という概念を提示する。これは、効率性を追求するシステムが引き起こす新たな形の悪を指す。著者によれば、人々がこうしたシステムに適応しようとするうちに、個人は単なる「歯車」と化し、責任ある主体としての能力を失う。その結果、気づかぬうちに暴力に加担してしまう事態が生じるという。

この「スマートな悪」という概念を具体的に示すために、著者はナチス・ドイツのアドルフ・アイヒマンの例を挙げる。そして、アイヒマンのユダヤ人虐殺への関与を「スマートな悪」の典型として分析し、彼がシステムの効率化に没頭するあまり、自らの行為の倫理的問題を顧みなくなった過程を詳しく論じている。

さらに、著者は現代日本の満員電車の問題を取り上げ、そこに見られる日常的に発生している暴力性をこの概念の枠組みで解釈している。著者によれば、乗客同士の物理的な押し合いや、それを当然視する社会の態度は、「スマートな悪」の現代的な表れである。

本書の後半では、イヴァン・イリイチの自立共生社会の概念を援用しながら、「ガジェット」としての人間の在り方が提案される。これは、閉鎖的なシステムに対する抵抗の可能性として、複数のシステムに開かれた存在としての人間像を模索するものである。著者は、この「ガジェット」としての人間の在り方が、「スマートな悪」に抵抗し、テクノロジーと人間の新たな関係性を構築する可能性を秘めていると主張している。

❷ 本章の目的と構成

本書の意義は、テクノロジーの発展がもたらす倫理的問題や人間性の喪失といった負の側面に目を向け、政府主導のテクノロジー政策に対する批判的視座を提供している点にある。ただし、テクノロジーの負の側面を強調するあまり、その有用性や可能性を過小評価している面も否めない。また、著者が提示する代替案の実現可能性や具体性に乏しい点も指摘できる。

このような本書の主張と課題を踏まえ、本章では、以下の三点に焦点を当てて検討を進める。

1. 「スマートな悪」の概念と経験的研究による再考
2. 人間の認知能力に対する本書の二面的評価
3. 「スマートな悪」への対抗策

これらの検討を通じて、本書が提起する「スマートな悪」の概念と、そこで指摘されるテクノロジーがもたらす倫理的問題の重要性を認識しつつ、その論理展開や結論の妥当性を批判的に検討する。特に、テクノロジー利用に関する経験的研究から得られた知見を踏まえ、テクノロジーと人間の関係性をより複雑で多面的に捉え直す。

最終的に本章は、テクノロジーと人間社会の関係性に関する本書の洞察を評価しつつ、その議論の限界を明らかにする。同時に、スマートなテクノロジーが人間の認知能力を補完し、拡張する可能性や、アーレントの思想とテクノロジーの融合による新たな対抗策の可能性など、今後の検討課題を提示する。

2 「スマートな悪」概念の批判的検討

❶「スマートな悪」の定義と特徴

本書の中核的な主張は、スマートなテクノロジーが人間を奴隷化するような、自律性や批判的思考を脅かす強い影響力を持つというものである。この認識は、本書全体の論旨を貫く屋台骨に当たる。

著者によれば、スマートさの本質には二つの側面がある。「第一に、それが余計なものを排除するという性格を表すものであるということ、そして第二に、それによって人間が受動的になるということ」（戸谷 2022：四四）である。著者は、この二つの特徴が、「スマート」という言葉の語源である「痛み」の意味を反響させていると主張する。

これらの特徴を踏まえ、著者はスマートさがもつ賢さを「最適化」と名付け、これを特殊な賢さとして理解することを提案している。それによれば、最適化のプロセスでは余計なものが排除され、唯一の「最適」な答えに到達することが目指される。その結果、人間の選択の余地は失われ、能動性を発揮する機会も奪われることになる。

このようなスマート化の帰結として、著者は以下の点を強調している。まず、人間の自律的思考が不要になる、あるいは奪われる可能性があること。次に、人間がシステムの歯車となり、責任の主体性を失う危険性があること。そして、システムの外部からの思考や良心に基づく抵抗が困難になることである。これらの分析に基づき、本書は超スマート社会を「すべてが最適化された社会」（四四）として描き出している。

本章が最初に検討に付すのは、こうした中核的な主張である。スマートなテクノロジーが人間を奴隷化し、自律的思考を放棄させるような強い影響力を持つという見解は、果たして妥当だろうか。以下に示すような経験的な研究の成果に照らせば、この中核的な主張には異議を差し挟む余地がある。まず、この点を明らかにしよう。

❷ 経験的研究による再考：QS実践者の事例

近年、ＩｏＴデバイスや人工知能（ＡＩ）システムに代表されるスマートなテクノロジーが日常生活に急速に浸透し、生活の効率化に広く活用されている。ヘルスケアモニタリングや自動運転技術など、その応用範囲は拡大している。このような技術の日常的な利用は、現代社会の顕著な特徴の一つとなっている。

こうした技術依存の高まりが、本書におけるスマートなテクノロジー批判の背景にあるのは間違いなかろう。しかし、技術による人間の従属化を危惧するこの種の批判自体は目新しいものではなく、そうした批判への異議も旧聞に属する。すなわち、この種の批判は、技術と人間の関係性を過度に単純化しているきらいがある。

実際、本書にも同様の傾向が見られる。この単純化への反証を端的に示すのが、定量化された自己(Quantified Self：ＱＳ）の実践者たちに対する経験的な研究群である。これらの研究は、スマートなテクノロジーが人間の自律性を奪うとは限らず、むしろ人々が能動的にデータと関わり、意味を見出していく環境になることを明らかにしている（Sharon & Zandbergen 2016）。

ＱＳとは、個人による日常生活の数値化と自己追跡実践を指す概念であり、実践である。ＱＳ実践者は、健康指標から生産性、心理状態に至るまで、生活の多様な側面を定量化し、デジタルツールを用いてデータを収集・分析する。この活動の中心的理念は「数値を通じた自己認識（self-knowledge through numbers）」の獲得にある。

二〇〇七年にサンフランシスコで発足したQS運動は、その後の急速な技術革新と社会的受容の拡大により、驚異的な成長を遂げた。二〇一九年時点での調査データによれば、アメリカだけでもQS実践者は約五四〇〇万人（成人人口の約二一％に相当する）に達している（*SAMHSA* 2023）。グローバルな視点で考えれば、世界規模でのQS実践者の数は、この数字を大きく上回ることが推測される。

このようなQS運動の急速な拡大と社会への浸透は、同時に批判的な視点も呼び起こしている。特に注目すべきは、QS運動が「データフェティシズム」を助長しているという指摘である。

QS運動の文脈では、データフェティシズムとは、個人の経験や感覚を定量化可能なデータに還元し、そのデータを通じて自己を理解しようとする姿勢を指す。批判者たちは、QSが推進する自己の定量化は、人間の複雑な経験や感情を単純な数値やグラフに還元することで、その本質的な豊かさや多様性を疎外すると見なしているのである（Sharon & Zandbergen 2016 : 1697–98）。

しかしながら、QS実践者に対する経験的な研究は、このような批判が必ずしも現実を正確に反映していないことを示している。これらの研究によれば、QS実践者は決してデータを盲信しているわけではない。むしろ、彼らはデータと自分の直感や感覚との間で慎重な「クロスチェック」と「再調整」を行い、両者を整合させようと試みている（Sharon 2016）。つまり、QS実践者たちは、数値化されたデータを自己理解のための絶対的な真理として受け入れるのではなく、それを自己省察や自己改善のためのツールとして能動的に活用しているのである。その意味で、数値を通じた自己認識は、個人データの集積で作られる「ペルソナ（自己）」と「ユーザー（わたし）」との綱引きでもある。

さらに、他の質的な研究では、ユーザーは、スマートなテクノロジーを、健康や業務管理のツールとしてだけでなく、コミュニケーションや自己物語を構築するための補助として、そして何より、抑圧的な社会規範に対する抵抗の手段としてもしばしば意味付与していることが示されている。例えば、ある参加者は、「自分で自分を追跡すること」と「他人に追跡されること」の間には重要な違いがあると指摘し、「医者に体重計に乗せられること」と自分で行うことは同じではないと述べている（Choe, Lee, Lee, Pratt, & Kientz 2014）。

彼らは、データと個人的な経験や感覚を照らし合わせ、その過程で新たな気づきや洞察を得ているのである。この行動は、本書が危惧するような技術による人間の従属化や自律的思考の放棄とは対照的である。このような研究成果は、スマートなテクノロジーと人間の関係がより複雑で多面的であることを示唆している。したがって、本書の技術批判は重要な問題提起ではあるものの、現実の技術利用の実態を十分に反映していない可能性がある。以上に鑑みれば、スマートさの本質を「余計なものの排除」と定義しても、それが人間の自律的な思考の排除に直結するかは議論の余地があろう。

❸人間の認知能力に対する本書の二面的評価

上述の経験的な研究において特筆すべきは、QSが単なる情報の外部化ではなく、人間の認知能力の限界を出発点として、それを拡張しようとするプロセスだという点である。QS実践者たちは、スマートなテクノロジーを活用した実践を通じて、認知能力を補完し、より効果的に拡張することを目指している（Nafus & Sherman 2014）。この取り組みの根底には、「人間の認知能力には限界がある」という現実的な認識が存在する。

この認識に関して、本書は、支持と不支持の間で揺らぎが見られる。「スマートな悪」を論じる際には、人間の認知能力の限界が強調され、システムに組み込まれた個人の倫理的判断力の脆弱性が指摘される一方で、「抵抗の可能性」を論じる段では、人間の内省的思考と批判的自己評価の能力が高く評価されるからである。

それは、人間がテクノロジーのシステムに自らを最適化することで、システムの「歯車」となり、責任の主体としての能力を失い、無抵抗なままに暴力に加担してしまう悪のあり方である。〔…〕「スマートな悪」に私たちが陥っていない保証などなにもない。私たちがそれとして認識できないうちに、私たちもまたその悪に加担し、歯車となって誰かを傷つけているかも知れない。（戸谷 2022：一二一―一二二）

この記述において、人間は紛れもなく「スマートな悪」の一因である。スマートなテクノロジーが自律的な思考を阻害する環境を生み出すことにより、人々が無自覚のうちに悪に加担し、他者への暴力行使に至る可能性が示唆されている。本書はこの状況を、「ある条件が整い、ある環境に陥ったとき、誰でもそうなりかねない」（八七）と表現し、アーレントの「悪の陳腐さ」と関連づけて論じている。つまり、スマートな環境下では、人間の認知能力の限界が顕在化し、道徳的判断力が低下する可能性があると示唆されているのである。

しかしながら、本書がスマートな悪への「抵抗の可能性」を講じる段では、こうした評価は一変する。人間には自らの存在様式を再定義する能力があると論じられるのである。

つまり私たちは、たとえシステムに帰属せざるをえないのだとしても、そのシステムとは別のシステムへと転用可能であり、別のシステムではまったく違った機能を発揮しうるものとして、自らを理解することができるのだ。（一八二）

ここでは明らかに、人間には悪への加担を認識し、それを克服する可能性があると論じられている。そして、「システムのなかで、一定の役割を担い、何らかの機能を果たし」つつも、「私たちは、そうしたシステムの閉鎖性に究極的に還元されうる存在ではない」とされている（一七三）。このように、本書は「抵抗の可能性」を論じる過程では、人間の可塑性と自己変革の余地を前面に押し出している。

このような見解は、本書がスマートな環境の拘束性を、「スマートなテクノロジーは人間をさまざまな物とのかかわりから切断する」（四三）と述べるときでさえ、実は緩やかなものと捉えていることを反映しているのかもしれない。それゆえに、本書は人間自身による抵抗の可能性を高く評価しているのかもしれない。

しかし、このような評価は妥当とは言えない。認知心理学や「道徳の神経科学」の経験的な研究は、人間の認知バイアスや道徳的判断の偏り、そして道徳的行動の動機不足を次々と明らかにしている。また、紛争、貧困、差別といった社会問題の原因を、人間の生得的な能力や資質、特に向社会性の機能不全に求める議論も数多く存在する（Wade 2020）。これらの知見を考慮すると、生身の人間に対する楽観的な評価には慎重にならざるを得ない。

これらの知見を踏まえると、『スマートな悪』の根源は、テクノロジーそのものよりも、むしろそれに容易く「逆適応」してしまう、生身の人間の認知的・道徳的な脆弱性にあると考えられる。問題の原因が少なからず人間の本性に起因するのであれば、その解決を人間の自発的な努力のみに期待するのは現実的とはいえない。

この点では、QS実践者たちのように、人間の認知能力の限界を起点に置き、その改善や補完を図ることには利点がある。実際、認知的実践（cognitive practices）に関する研究は、人間の認知能力が適切な介入によって向上する可能性を示唆している（Menary 2012）。例えば、記憶障害患者の認知リハビリテーションにおける情報端末の使用は、規則的な記録と参照の手順として捉えられる。患者は情報の一貫した記録と参照の方法を学び、これらの行動を構造化された訓練と反復を通じて習慣化することができる。QS実践者と同様に、これらの患者は自己の認識を補完し、拡張するためにテクノロジーを効果的に活用しているのである。

認知的実践において重要なのは、単なるテクノロジーへの依存ではなく、それを操作し維持する実践そのものが認知プロセスの一部となり、個人の認知的性格（cognitive character）に統合されていく点である。このような理解は、認知的実践を情報の外部委託や資源利用としてではなく、新たな認知能力の獲得と統合のプロセスとして捉え直すものである。

3　テクノロジーと人間の新たな関係性

❶ HCIと認知的実践の視点

こうした認知能力の補完と統合のプロセスを、より広い社会的文脈で考える上で、HCI（Human-Computer Interaction）の研究分野は重要な役割を担っている。HCIは、ユーザーがテクノロジーとの相互作用を通じて、より効果的に学習していく過程を重視する。この観点からすれば、スマートなテクノロジーに期待される役割は、単なる作業の効率化にとどまらない。それは人間の意思決定プロセスをサポートし、より深い理解と洞察を促進することにある。すなわち、利用可能な情報を精緻化し、ユーザーに提供することで、より適切で根拠のある判断を可能にすることが目指されているのである（Gorichanaz 2022）。

このようなアプローチは、先に見たQSに関する研究でも支持されており、データと自分の直感・感覚との交渉を通じて、社会実践に対する「内省」が深まることが確認されている（Sharon 2016）。興味深いことに、同様の作用は、本書で批判されるナッジにも当てはまる。

通常、ナッジは「行動を変える」ことに焦点が置かれるが、繰り返しの中で、行動を変えるプロセスを反省的に捉える「経験的学習」環境として機能することが示唆されている。特に、この環境を意識してデザインされた機構は「Nudge Plus」と呼ばれ、より深い内省と学習を促進することが明らかになっている（Banerjee & John 2020）。

ナッジからNudge Plusへの展開は、まさにHCIが重視する「経験的学習」環境の創出という考え方を反映している。この環境下では、ユーザーが自らの行動を変えるプロセスを反省的に捉え、その経験を通じて学習することが可能となる。つまり、そこで得られた洞察や習慣は、ユーザーの思考様式や意思決定プロセスの一部になりえるのである。

これは『Society 5.0』で言及されている「人間が変化するということ」に通じており、テクノロジーが単なるツールではなく、人間の認知や学習のプロセスと密接に結びついた存在として機能しうることを示している。QSやHCIに関する経験的な研究群が示すこの可能性を考慮すると、『Society 5.0』の構想は、本書が危惧するような「調整や共生が、強制力をもった統治によって行われる」（戸谷 2022：二五）未来ではなく、むしろ人間の自律的な学習と成長を促進する可能性として位置づけることもできる。

このように、QSやHCIなどのスマートなテクノロジーと人間との関わりに関する研究は、人間の認知能力の制約を出発点としながらも、実践を通じて認知を変容させ、拡張する可能性を示している。この知見は、テクノロジーと人間の関係をより動的で相互作用的なものとして捉え直すものであり、「スマートな悪」への対処においても重要な示唆を与えているといえよう。

❷「スマートな悪」への対抗策の再検討

以上で見たように、本書は「超スマート社会」や「Society 5.0」といった現代の構想に対して批判的な立場を取っている。これらの構想は、必要なもの・サービスを、必要な人に、必要な時に、必要なだけ提供し、あらゆる人が質の高いサービスを受けられるという理念を掲げている。しかし、本書はこれを人々の行動を予測し、コントロールしようとする企てとして捉えているのである。

本書は、これらの構想が表面的には個人の自由や変化の可能性を謳いながら、実際には個人の自律的思考を阻害し、予め設定された価値観に基づいて人々を誘導するものだと指摘する。すなわち、個人の自律性を尊重するという体裁をとりつつ、新たな権力行使の手段として機能するという批判的な解釈を展開しているのである。

この批判的解釈は、全体主義的統治の目的に関するアーレントの洞察と通底している。アーレントは全体主義的統治の目的を、「人びとを反応の束になるよう訓練し、人びとをパヴロフの犬のように振舞わせ、人間の心理から自発性（spontaneity）を跡形もなく消し去る」（「社会科学のテクニックと強制収容所の研究」『政治思想集成』242：Ⅱ四〇）ことであると述べているからである。

それゆえに、著者は、スマートなテクノロジーによる「最適化」や「効率化」が、アーレントが警告した全体主義的な状況と類似した結果をもたらす可能性を危惧しているといえる。つまり、個人の批判的思考や自律的判断の余地が奪われ、画一的で管理された社会が生まれる可能性である。

こうした認識から、本書は「スマートな悪」への対抗策もまたアーレントの思想に見出そうとする。すなわち、アーレントの「一者の中の二者」(I am two-in-one) という思想にである。

わたしは自分自身と語りあうのであり、自分自身を単に意識しているだけではないのです。この意味ではわたしは一人 (I am one) ですが、わたしは一者のなかの二者 (I am two-in-one) なのであり、そこでわたしはこの自己 (self) と調和したりできなかったりするのです。

(「道徳哲学のいくつかの問題」『責任と判断』90:一四九)

アーレントによれば、人間は、自己との対話を通じて、自らの行動や考えを吟味し、批判的に評価しうる存在である。彼女は、個人の内面におけるこの対話的なプロセスが、良心を自動的に作動させることなく、能動的で批判的な「思考」を可能にする契機になると捉えている。アーレントは、「思考」の活動力に基づいた行為のうちに、全体主義に対する「個人的」な抵抗の可能性を探ろうとしたのである。実際、道徳的な問題の考察では、「私が他人 (others) だけでなく」、自己と「ともにあること」(togetherness) が他のすべての問題に先行すると指摘している (「集団責任」『責任と判断』153:二八四)。本書ではこの思想を高く評価し、スマート社会においても個人が自律的思考と判断を維持し、システムに対して批判的距離を保つための理論的基盤になると見なしている。

しかしながら、この期待に対しては、次のことを指摘しないわけにはいかない。それは、自己内対話を通じた「思考」の活動力を持ち得るのは、ナチスに立ち向かった人びとがそうであったように、「数少ない人びと」(同前 157：二八九)だろうということである。

行動科学や認知心理学が示しているように、私たちは、ヒューリスティックやバイアスといった人間本性に由来する内的問題を抱えている。そして、本書がまさに問題視する、そうした内的問題を誘発する社会的・自然的・物質的な環境としての選択アーキテクチャーにも囲まれている。それゆえに、こうした問題を自助的に退け、「思考」の活動力を持つことは容易ではないのである。

❸データダブルとアーレント哲学の融合

では、この活動力を持つことは、いかにして可能か？

その一端は、上記で取り上げたQSやHCIなどに示されていよう。つまり、スマートなテクノロジーは、必ずしも個人の批判的思考や自律的判断の余地を奪うものではなく、むしろそれらを首尾良く達成するための可能性の条件にもなりえるということである。認知的実践に関連する先行研究では、特にこの点に寄与するスマートなテクノロジーは、認知強化技術(CET：cognitive enhancement technology)と呼ばれている(Prensky 2009)。

QS実践者たちの活動やHCIに見られるように、CETは「経験的学習」環境を創出するが、それは履歴を蓄積することによってである。この点に関連して興味深いのは、アーレントが「思考」は「自分がしたことの記憶」に根ざしていると述べていることである(『責任と判断』94-95, 100-101：一五五―一五七、一六七)。本書も指摘する通り、この考えは、アーレントにとって最大の悪者が自分のしたことの記憶を「忘却」した者であるという認識と表裏一体の関係にある。このアーレントの洞察をＣＥＴの文脈で捉え直すと、履歴の蓄積は単なるデータ記録を超えた意味を持つ。なぜなら、いとも簡単に行いを忘却しがちな人間にとって、それは自己反省と倫理的判断を促す「思考」の基盤となりえるからである。

そうであれば、履歴を蓄積することで「内省」の契機を与えるＣＥＴは、魅力的な選択肢にすら思える。「ユーザー（わたし）」が、個人データの集積で作られる「ペルソナ（自己）」、つまりデータダブルとの間で「クロスチェック」と「再調整」を行い、ユーザーの認知的性格に統合されていくプロセスは、徳倫理学的に見ても、思慮深い認知的性格（アレテー）と実践的知恵（フロネーシス）を育む契機となると考えられる。

このように、ＣＥＴを徳の涵養のツールとして捉え直せば、スマートなテクノロジーはむしろ、本書が好意的に取り上げるアーレントの思想（I am two-in-one）を「補完」すると見ることもできる。このような観点は、単にスマートなテクノロジーを避けたり、生身の人間に期待したりするよりも、積極的に徳の涵養を図る点で、より倫理的な行動を促進する可能性を持つといえるのではなかろうか。

4　結論——テクノロジーと人間の共生に向けて

前節で述べたデータダブルとアーレント哲学の融合という観点は、本書の結論とはベクトルが逆向きである。本書では、「スマートな悪」への対抗策として、複数のシステムを一つの大きなシステムに統合するのではなく、それぞれの特性を保ちながら「結ぶ」ガジェット的な存在様式を提唱している。換言すれば、本書は、このようなガジェット性を人間自身が取り入れることで、閉鎖的なシステムから「切れる」

ことを理想にしているといえよう。

しかし、「結ぶ」べきなのはシステム同士とは限らない。経験的な研究の成果に照らせば、むしろシステムから「切れる」のではなく、人間とシステムとを「結ぶ」実践の中にこそ、真に有効な対策を見出せるように思われる。

文献

Banerjee, S., & John, P. (2020) Nudge plus: incorporating reflection into behavioural public policy. *Behavioural Public Policy*, 1–16.

Choe, E. K., Lee, N. B., Lee, B., Pratt, W., & Kientz, J. A. (2014) Understanding quantified-selfers' practices in collecting and exploring personal data. In *Proceedings of the SIGCHI Conference on Human Factors in Computing Systems* (pp. 1143–1152). ACM.

Gorichanaz, T. (2022) Designing a future worth wanting: Applying virtue ethics to HCI. *ArXiv*.

Menary, R. (2012) Cognitive practices and cognitive character. *Philosophical Explorations*, *15* (2), 147–164.

Nafus, D., & Sherman, J. (2014) This one does not go up to 11: The Quantified Self movement as an alternative big data practice. *International Journal of Communication, 8*, 1784–1794.

Prensky, M. (2009) H. Sapiens Digital: From Digital Immigrants and Digital Natives to Digital Wisdom. *Innovate: Journal of Online Education*, 5 (3).

Sharon, T. (2016) Self-tracking for health and the quantified self: Re-articulating autonomy, solidarity, and authenticity in an age of personalized healthcare. *Philosophy & Technology*, 30 (1), 93–121.

Sharon, T., & Zandbergen, D. (2016) From data fetishism to quantifying selves: Self-tracking practices and the other values of data. *New Media & Society*, 19 (11), 1695–1709.

SAMHSA. (2023) Key substance use and mental health indicators in the United States: Results from the 2022 National Survey on Drug Use and Health (HHS Publication No. PEP23-07-01-001, NSDUH Series H–58). https://www.samhsa.gov/data/

Wade, M. (2020) Risky disciplining: On interdisciplinarity between sociology and cognitive neuroscience in the governing of morality. *European Journal of Social Theory*, 23 (1), 72–92.

戸谷洋志（2022）『スマートな悪——技術と暴力について』講談社

12 スマートさは「悪の凡庸さ」をもたらすのか

河合恭平

はじめに

スマートフォンを使った電子決済で、財布から小銭を出す手間もなくスムーズに進むレジ。スマートウォッチで心拍数を測り、異常があれば通知が届いて重大なリスクを知らせてくれる、等々。戸谷洋志の『スマートな悪』は、技術の発展とともに、そんな日常に関わるあらゆるもののスマート化、そしてそれを望ましいものと考える傾向を問題として問い直そうとしている。戸谷が問題とする、内閣府「第五期科学技術基本計画」に提示された超スマート社会の定義は次のとおりである。

> 必要なもの・サービスを、必要な人に、必要な時に、必要なだけ提供し、社会の様々なニーズにきめ細かに対応でき、あらゆる人が質の高いサービスを受けられ、年齢、性別、地域、言語といった様々な違いを乗り越え、活き活きと快適に暮らすことのできる社会。
> （内閣府 2016：11）

こうした社会は、不要で余分なことをなくす最適化、まさにスマートさを至上のものとするが、戸谷によれば、そこから悪や暴力性が立ち現れてくるという。戸谷が挙げるのは、満員電車、ジェンダー差別的な判断をする人事採用AI、そして、ユダヤ人虐殺にまさに効率的に従事したとされるナチス親衛隊の将校アドルフ・アイヒマンの「悪の凡庸さ」である。

たしかに、私たちの日常を振り返れば、勉強でも仕事でも何でも効率的にこなし、日々いかにスマートでいられるか、私たちはそんなことばかり考えている。そんななか、つい他人に対して冷たくなったり、厳しくなったりしてしまいがちである。気がつけば、その他のことについて考える余裕もないこともある。だからこそ、もしアイヒマンと同じ立場になったとすれば、同じように無情になれてしまうかもしれない、そういう恐怖感を抱く人がいたとしても不思議ではない。だから、スマート化や最適化を批判すればどこか安心できるところがある。

しかし、スマートさは悪の凡庸さとどのようなつながりを持っているのか。以下、本稿では、戸谷によるスマートさの問題提起を確認し、アーレントの論じた「悪の凡庸さ」の内容を整理したうえで戸谷の主張に批評を加える。

1　戸谷によるスマートさの問題提起

まずは、戸谷の問題提起を確認しておく。戸谷は、冒頭に引用した超スマート社会の定義から、「必要」が根本的な価値観になっていることを見出し、そうした社会は、「無駄なこと、不要なこと、余分なことが、一切存在しないような社会」（戸谷2022：一七）であると考える。そして、それはＩＣＴによって可能となり、サイバー空間によって社会はより自律化・自動化するものと論じられる。

さらに、「スマートさとはロジスティクスの最適化である」（四六）という。ロジスティクスは、単に物流だけでなく、「調達、生産、販売、回収などの供給プロセス全体を一元的に管理する活動を指す」（四九）。超スマート社会では、「最適化を考案する主体が人間である必要がなくなり、そうした作業がサイバー空間において自動的に処理され」（五〇）、無駄を排除した供給プロセスが実現されるのだ。

かかるスマートさに対し、「生活からあらゆる価値を駆逐することになってしまうのではないか」（二三）、「何も考えなくてもよい」状態になってしまうのではないか（第2章）、「スマートなテクノロジーは人間を様々な物とのかかわりから切断する」（四三）、といった危惧を戸谷は呈し、暴力性とスマートさ特有の悪へと結びつける。その例として、二〇一四年に開発着手されたアマゾンの人事採用ＡＩが挙げられている（五一）。このＡＩは、アマゾンに送付された過去一〇年分の履歴書を分析し、評価されるべき応募者の人材像を学習し、それをもとに実際に応募者を評価するものである。これを用いた結果、ＡＩは女性よりも男性を高く評価する傾向にあったという。これは、過去一〇年間の応募者の大半が男性であったことが原因である。

このように、人間を「最適化という観点からのみ眺める態度は、人間に対してある種の暴力性を帯びる。そしてその暴力性のうちに、スマートさに特有の「悪」の姿が立ち現れるのである」（六三）。その悪こそが「悪の凡庸さ」である。

戸谷（第4章）は、上からの命令に対するアイヒマンのロジスティクスが、非情なスマートさを持ち、そこに無思考と悪が生じていることを論じている。すでによく知られていることだが、アイヒマンはユダヤ人の強制移住、そして絶滅収容所への強制移送を担当し、何百万ものユダヤ人を殺害した移送の専門家と言われている（『アイヒマン』114, 153：一六〇、二一三―二一四）。そして戸谷は、ユダヤ人移送のロジスティクスの構築において、アイヒマンはスマートであると承認されることを求めており、それこそがユダヤ人虐殺に加担した動機だったのではないかと考えるのである（戸谷2022：七五）。そのうえで、次のように論じられる。

最適化を至上の原理とする社会は、良心の自動最適化を、つまり悪の陳腐さを再生産し、強化するように人間に働きかけるだろう。（九九―一〇〇）

こうして、ここまでの議論を踏まえて、戸谷の著書のタイトルにもなっている「スマートな悪」の定義が提示されることになる。

すなわちそれは、人間がテクノロジーのシステムに自らを最適化することで、システムの「歯車」となり、責任の主体としての能力を失い、無抵抗なままに暴力に加担してしまう悪のあり方である。アイヒマンが加担していたのはこの意味での「スマートな悪」である。（二二一―二二二）

こうしたスマートな悪の例として、戸谷（二三九）はさらに、都市の満員電車に生じる暴力性を挙げている。

以上が、戸谷の論じるスマートな悪の一端である。戸谷によれば、ロジスティクスへの最適化の結果、それがもたらす悪や暴力に対して人間が無抵抗になる点が、満員電車とアイヒマンの悪に共有される特徴だという。たしかに、できるだけ少ない待ち時間やスムーズな乗り換えといったスマートさを私たちが求めるあまりに、他の乗客を無理に押し込んだり、駆け込んで他人にぶつかってしまったりといった暴力性が生じてしまうことはある。効率やスマートさを優先することをもって、それに当てはまらない人に対して差別的、排除的で、過激な発言をする政治家や、テレビやYouTubeに登場する批評家なども容易にイメージできる。

これらに関する限りは、戸谷の言い分は理解できなくもない。このように効率性に警鐘を鳴らす議論は、アーレントの行動批判ばかりでなく、マックス・ヴェーバーの鉄の檻やユルゲン・ハーバーマスの生活世界の植民地化等々の古典的な近代批判にも通じているとも言える。

しかし、実際には、スマートさそれ自体が悪や暴力につながるわけではないし、つながるケースもどれくらいあるのか、それがどうやってなのかはわからない。戸谷に対する筆者の疑問点は、スマートさ（最適化）は、果たして悪の凡庸さをもたらし、さらには再生産し、強化するのかという点である。そもそも、アーレントは、悪の凡庸さの要因をスマートさや最適化にあると考えているわけではない。そのことを明示するために、以下では、アーレントが論じる悪の凡庸さの要点をまとめ、そのうえでこの点についてあらためて考えてみたい(1)。

2　悪の凡庸さとはいかなるものか——無思考と昇進への熱意

❶アーレントが悪の凡庸さに言及した箇所

ここでは、『エルサレムのアイヒマン』（以下、『アイヒマン』と表記）のなかで悪の凡庸さという言葉が実際に用いられた箇所に照準をしぼって内容を整理する。[2] 同書内でこの語が登場するのは、この語自体がよく知られている割には意外に少なく、以下に引用するたった二箇所しかない。（なお、以下の『アイヒマン』からの引用に付したアルファベット付きの傍線は、本節❷でそれぞれに言及して、悪の凡庸さの内容を説明するために筆者が付した。また、訳文は訳書に基づきながら、適宜、筆者が訳を改めたり、〔　〕によって補ったりした部分もある。）

①アイヒマンが絞首台の下で最後の数分間に述べた言葉に対して、アーレントがコメントした『アイヒマン』本文の最終部分。

> 最後の数分間のあいだに、人間の邪悪さについてのこの長い講義がわれわれに与えてきた教訓——恐るべき、言葉に言いあらわすことも、考えてみることもできない悪の凡庸さという教訓を要約しているかのようだった。
>
> （『アイヒマン』252：三四九）

なお、アイヒマンの最後の言葉は、この引用の直前に出てくる。こちらも悪の凡庸さを捉えるために重要になるので、次に引用しておく。

「もうすこししたら、皆さん、われわれはみな再会するでしょう。それはすべての人間の運命です。ドイツ万歳、アルゼンチン万歳、オーストリア万歳！　これらの国を私は忘れないだろう」。死を目の前にして、(a)彼は弔辞に用いられるクリシェ（紋切り型の決まり文句）を思い出したのだ。絞首台の下で、彼の記憶は彼を最後のペテンにかけたのだ。彼は「昂揚」しており、これが自分自身の葬式であることを忘れたのである。

（252：三四九）

②『アイヒマン』をめぐる紛糾に関し、「追記」にてこの語にふれた際。

私が悪の凡庸さについて語るのはもっぱら厳密な事実の面において、裁判中、だれも目を背けることのできなかったある不思議な事実に触れているときである。アイヒマンはイアーゴでもマクベスでもなかった。しかも「悪人になってみせよう」というリチャード三世の決心ほど彼に無縁なものはなかったろう。(b)自分の昇進には恐ろしく熱心だったということのほかに、彼には何らの動機もなかったのだ。そして、(c)この熱心さはそれ自体としては決して犯罪的なものではなかった。もちろん、彼は自分がその後釜になるために上役を暗殺することなどは決してなかったろう。俗な表現をするなら、(d)彼は自分のしていることがどういうことか全然わかっていなかった。まさにこの想像力の欠如のために(e)彼は数か月にわたって警察で尋問にあたるドイツ・ユダヤ人と向き合って座り、自分の心の丈を打ち明け、自分がSS中佐の階級までしか昇進しなかった理由や、出世しなかったのは自分のせいではないということを、繰り返し繰り返し説明することができたのである。大体において彼は何が問題なのかをよく心得ており、法廷での最終弁論において、「〔ナチ〕

政府の命じた価値転換」について語っている。彼は愚かではなかった。(f)まったくの無思考(thoughtlessness)――これは愚かさとは決して同じではない――、それが彼があの時代の最大の犯罪者の一人になる素因だったのだ。(g)このことが「凡庸」であり、それのみか滑稽であるとしても、またいかに努力してみてもアイヒマンから悪魔的なまたは鬼神に憑かれたような底の知れなさを引き出すことは不可能だとしても、やはりこれは決してありふれたことではない。

(287–288：三九五)

❷悪の凡庸さにつながった原因と動機――スマートさは関係しているのか

では、以上の引用の傍線部分を順次取り上げながら、悪の凡庸さが示している内容の整理を試みたい。まず先に(d)・(f)部分。この部分は、アイヒマンが最大の犯罪者の一人になる原因にあたる「無思考(thoughtlessness)」状態が示されている。次の引用に示すとおり、アーレントによれば、無思考は話す能力の不足によってもたらされるという。彼女がその状態を見出したのは、アイヒマンが裁判にあたって官庁用語のようなクリシェまた紋切り型の決まり文句を頻繁に用いていたことにおいてである。

アルゼンチンやエルサレムで回想録を記しているときでも、警察の取調官に、あるいはまた法廷でしゃべっているときでも、彼の述べることはつねに同じであり、しかもつねに同じ言葉で表現した。彼の語るのを聞いていればいるほど、この話す能力の不足が思考する能力――つまり誰か他の人の立場に立って考える能力――の不足と密接に結びついていることがますます明白になってくる。アイヒマンとはコミュニケーションが不可能だった。それは彼が嘘をつくからではない。言葉と他人の存在に対する、したがって現実そのものに対するもっとも確実な防壁〔すなわち想像力の完全な欠如という防壁(独)〕で取り囲まれていたからである。

（49：六八―六九、傍線は筆者による）[3]

対話は、『人間の条件』などのアーレントの他の主著において、きわめて重要な位置を占めるテーマである。彼女によれば、対話は人間が複数性を有する存在であることを示し、他者がそれを見聞きすることを可能にし、さらにその複数性を目の当たりにすることで、別のパースペクティブのもとに思考が促される。

これに対し、アイヒマンに見られるクリシェの多用は、言葉と他者の存在、すなわち現実そのものに対する防壁となってしまう。たとえば、政府や企業が業務内容の責任を問われた際に、「その件については、現在調査中です」や「現時点でのお答えは差し控えさせていただきます」、「記憶にない」などのような決まり文句を、私たちはよく耳にする。そして、これらの言葉は、対話を逸らし終わらせるために多く用いられるものである。引用内で言う「防壁」とは、このことを示している。これは、アーレントが言う対話とは逆のものになってしまう。ゆえに、彼女からすればクリシェを多用するアイヒマンは話す能力が不足しており、他者の立場に立って考える機会が失われ、無思考状態に至ってしまっているのである。

『アイヒマン』には、ナチス党内でユダヤ人虐殺に関し厳重な用語規定が課せられたことが書かれており、たとえば、殺害は「最終的解決」、移送は「移住」や「東部における就労」と言い換えていたという（『アイヒマン』83：一一九）。そして、何よりガス殺のことを銃殺の残酷さに比して「慈悲による死」と呼び、実際にそのようなものとして考えることで、いずれにしてもユダヤ人の死という変わらぬ事実に対する防壁となっていたとされる（108：一五二）。こうしてしまいには、(a)部分にあるようにアイヒマンは自らの処刑を前にして、あたかも弔辞に用いられるような決まり文句を言ってしまうような滑稽さを呈するに至るのである。

では、無思考において、アイヒマンが「全然わかっていなかった」こととは具体的に何なのか。これは、命令されること以外には何も考えずに移送の業務を行っていたとか、その結果としてのユダヤ人の死を想像すらできなかったとか、そういうことではない。彼は、直属の上司にあたるハインリヒ・ヒムラーの命令に反することがあったし、移送を効率的にうまくこなすために彼は非常によく考えていた。そしてまた、たしかに戸谷（2022：七五―七八）が取り上げているように、アイヒマンは裁判時に自身の無実を訴えるように、ユダヤ人の殺害に対して「私の命令ではありません」という決まり文句のごとき発言を何度もしているが、にもかかわらずアーレントは、アイヒマンが自身の犯した罪を認めており、移送の結果についてもよく自覚していたのだと論じている（『アイヒマン』52-53, 90：七四―七五、一二七、Jalusic 2007：152）。なぜなら、アイヒマンは移送の目的地を現に見ており、ユダヤ人の処刑の様子を見て非常にショックを受けていたためである。

アイヒマンがわかっていなかったこととは、ユダヤ人ら他者の立場に立って考え、彼の行ったこと自体がどのようなものとして映り受け取られるのかということである。だからこそ、(e)部分にあるように、彼が大量虐殺した対象であったユダヤ人に対して、自分の出世のことを心を打ち明けて繰り返し説明するような異様なことが、彼にはできてしまったのである。さらには、彼は「昔の敵〔ユダヤ人〕と和解できればと思う」といった、現実性を欠いた決まり文句まで述べていたという（『アイヒマン』53：七四）。これが、無思考の状態に陥るということである。

念のために述べておくとすれば、私たちも仕事をするなかで、できるだけ煩わしいやりとりを避けるために定型表現を用いることは日常的によくあるが、それだけで無思考や悪の凡庸さに行き着くかというと、そうではなかろう。それどころか、アーヴィング・ゴフマンが論じた印象管理等の自己呈示のあり方にも、定型的な言い回しの使用を見て取ることができるが、そのことによって他者との相互行為や思考が促されることもあれば、社会や状況に対する戦略や抵抗になる場合もある（Goffman 1959）[4]。

さて、以上のような無思考とともに虐殺という命令への従事に向かわせた動機は、(b)部分の「昇進」である。アーレントによれば、アイヒマンには、(g)部分に書かれているように、悪魔的で鬼神のような倒錯したサディスティックな動機や、過激な反ユダヤ主義といったレイシズムによる動機があったわけでもない（『アイヒマン』26, 276：三六、三八〇）[5]。

昇進に向かって労働に勤しむというのは、私たちにとってありふれた凡庸なことと言える。しかし、アイヒマンのクリシェもそうだが、私たちが日常に持つような凡庸な動機やふるまいと、本来結びつくはずのない虐殺がなぜか結びついてしまったということが、アイヒマンの特筆すべき特異さなのだ。そして、これは凡庸であり滑稽であるとしても、(g)「決してありふれたことではない」。つまり、このような悪の凡庸さの現象はそうそうあることではなく、私たちがアイヒマンであることなどめったにありそうにないことなのである。

以上が悪の凡庸さの内容である。そこに至るロジックに、戸谷の言うようなスマートさや最適化は明示的には出てこない。少なくとも、アーレントのロジックに基づくのであれば、戸谷の議論は適切ではない。たしかに、昇進を実現させることにおいて、アイヒマンがスマートさや最適化を追求していたと考えることはできる。しかし、昇進への熱心さというのは(c)「それ自体としては決して犯罪的なものではなかった」。

このことは、スマートさにも言えるだろう。物事をスマートにこなす人、それを主義とする人がいたとしても、現に「それ自体としては決して犯罪的なものでは」ない。これは、スマートなテクノロジーについても同様である。スマートフォンそれ自体が犯罪的でないことは言うまでもない。そして、上述の人事採用AIも使い方次第であろう。たとえば、意図せぬ結果ではあるが、人事採用AIは、アマゾンの人事にジェンダー偏向があったことを気づかせる発見器として機能したと捉えることもできる。このことから転じて、このAIをそうした発見器として意図的に逆用することで、ジェンダーの偏りを気づかせ、より平等化を促すように活用すればよいのではないか(6)。

したがって、スマートさ（最適化）は、悪の凡庸さをもたらし、再生産し、強化するのかという、本節冒頭に掲げた疑問点に対しては、少なくともスマートさを至上の原理として追求することだけではその説明はつかないため、本節から導かれる回答は「否」となる。

3　悪の凡庸さには官僚制のスマートさがどれくらい介在しているのか

しかしながら、戸谷のアイデアはなおも次のような思考を誘発してくれる。すなわち、スマートさやそれへの承認欲求がなければ、アイヒマンの悪は成立しえなかったのではないか、と。こうした考えは、たとえばジグムント・バウマンの『近代とホロコースト』と主張を共有している面がある。彼は、ホロコーストの原因が近代官僚制にあったことを同書の全体にわたり一貫して論じているが、なかでも効率性、いわばスマートさや最適化をその特徴の一つとして幾度となく強調している（Bauman 1989）。

では、悪の凡庸さは官僚制的なスマートさをどれくらい持っていたのか。ここで、バウマンも言及しているヴェーバーの官僚制の理念型を参照してみたい(7)。

ヴェーバーによれば、近代官僚制は、首長や指導者といった、いわゆる支配者の意思による人格的な支配（伝統的支配とカリスマ的支配）ではなく、法という非人格的秩序に従う合法的支配のもっとも純粋型にあたるとされている（Weber 2013, 459：二〇）。そして、それは純技術的に、最高度に効率性を高めうる形式上もっとも合理的な支配行使の形態である（Weber 2013, 463：二六―二七）。つまり、近代組織の編成において、技術的にスマートで最適であると言える。ヴェーバーは、近代官僚制の理念型において次の六点の特徴を挙げている（Weber 2005, 157–160：七〇―七八）。

①権限の原理
②官職の一元的な階層構造（ヒエラルキー）
③文書による職務遂行および公私の区別
④官職の専門性
⑤官職の専業化
⑥一般的な規則に基づく職務遂行

『アイヒマン』の記述によれば、ナチス組織において①官職権限および②階層構造は煩雑であり、明確であったとは言いがたく、そこに所属していたアイヒマンにもそれは言える。上述したとおり、彼がヒムラーの命令に背いて越権的にふるまっていた事例もあるからである（『アイヒマン』135–146：一八九―二〇四）。

しかしながら、こうしたふるまいは、ヒトラーの言葉・命令としての法の下にあるユダヤ人虐殺の義務を果たすこと、さらにそれだけでなく法の立法者たるヒトラーであるかのように行為することから生じていたのだという（135–146：一八九―二〇四）。彼によれば、「総統の言葉は法律の力を持っていた」のである

（148：二〇六）。この点から考えれば、アイヒマンは総統の命令と法による権限を遵守していたとも捉えることはでき、実際にそうした彼の姿勢は繰り返し示されている（116-117：一六三）。

この点では①は当てはまると言え、それは⑥にも一貫して徹底されている（『アイヒマン』136-137：一九一―一九二）。③〜⑤も、『アイヒマン』全体に示されており、アイヒマンに概ね当てはまる。となると、悪の凡庸さは官僚制のスマートさをおおむね持ち合わせて生じていたことになる。

しかし、総統の言葉が法であるとすれば、それは人格的秩序となる。アーレントは、「少なくとも理論的には法の支配の下にある」（『アイヒマン』93：一三〇―一三一）とは言うものの、実質的には合法的支配とは言いづらい点で大きく異なっている。これは支配の三類型で言えばカリスマ的支配に相当する。だとしても、合法的支配の下になくとも、アイヒマンのふるまいにおいては依然として近代官僚制の側面を多く持っていた点が、悪の凡庸さの特異性と考えることもできるのではないか。ヴェーバー自身が、近代官僚制の機構がひとたび成立すれば、たとえば仮に敵に占領されるようなことがあったとしても、最高幹部のすげかえを行うだけで、非の打ちどころもなく機能し続ける旨を述べているが（Weber 2005, 208-210：一六一―一六六）、これはアイヒマンの状況に当てはまっているのかもしれない。(8)

結語

さて、『スマートな悪』の批評をまとめよう。まず、繰り返しになるが、スマートさ（最適化）は、悪の凡庸さをもたらし、再生産し、強化するのかという疑問点に対しては、第2節の議論から考えると首肯することはできない。そして、満員電車などの日常的に見られる暴力性とアイヒマンの悪の凡庸さは、戸谷が論じたような両者に共有される特徴のみをもって、並べて論じられるわけでなく、両者は分けられるべきではないかと考える。

しかし、第3節では、悪の凡庸さは官僚制のスマートさをかなり有していることが明らかになった。たしかに、無思考に陥った場合、悪の達成においてスマートさが加わったときに、対話や思考による歯止めがかからず、悪の凡庸さやその暴力性をいっそう再生産し、強化することは十分に考えられる。ただし、バウマンにも言えることだが、官僚制のスマートさを悪の凡庸さや虐殺の原因と論じきるにはまだ根拠が不十分である点を付け加えておく。それに、ヒトラーの意思という人格的側面またイデオロギーが介在している点では、官僚制としてはスマートではない面もある。

最後に展望的な批評を付け加えておきたい。悪の凡庸さは近代官僚制の観点からはすべてがスマートとは言えないが、それでもなおユダヤ人虐殺という目標達成に対してはスマートだったと言えるかもしれない。ダン・ストーンのホロコースト研究史によれば、ナチスの組織としての効率性はケース・バイ・ケースで一概に言えず、近代官僚制に合致しない面が見られるにもかかわらず、ユダヤ人の殺害という目標は一貫して共有され、効率的に実行されたという（Stone 2010, 126–144：一三〇—一四八）(9)。たとえば、『アイヒマン』にも描かれたような、多様な機関が競い合い、互いに足を引っ張り合っていた、いわゆる「多頭支配」のケースがあったものの、こうした組織間の競合は共通の目標達成にマイナスになったわけではなく、むしろ効率性と両立していたことが論じられている。スマートな悪は、近代官僚制のそれとは別のスマートさに求められる可能性はありうる。あるいは、そうした部分と近代官僚制のスマートさが組み合わさったところにあるのかもしれない。

注

（1）悪の凡庸さに関し、もはや無視できなくなったのがベッティーナ・シュタングネトの『エルサレム〈以前〉のアイヒマン』である（Stangneth 2011）。この本は、アーレントの見解に反し、アイヒマンが非常に強烈な反ユダヤ主義者であり、自覚的な加担者であったことを史料によって徹底的に裏づけたためである（田野・小野寺編 2023：一九）。本稿の主題はあくまで戸谷の本の批評にあるためこの点について詳細に触れないが、悪の凡庸さを扱う以上、一言述べることは必要かもしれない。アイヒマンが実際には反ユダヤ主義者であったことは、シュタングネトの著作以前にすでにアーレント研究史においてもよく知られたことであり、たとえば『アイヒマン』ドイツ語版再版（一九八六年）に際して付されたハンス・モムゼンによる序文において、歴史学的観点からみたアーレントの解釈の問題性の指摘が挙げられる（Mommsen 1986）。アーレント思想を専門的に研究する者の多くは、専門領域の違いゆえに歴史学的事実のすべてを隅々まで知りうるわけではないが、アイヒマンが反ユダヤ主義者であるという、これほど明白になっている事実は当然知りうるものであり、それを学問的な成果として受け入れ、その事実をアーレントが認識していなかったか過小評価していた点を認めるべきであると考える。そのうえで、反ユダヤ主義者であったとしても（あるいはどちらにしても）、第2節で整理するような悪の凡庸さという状況がありうるのかどうかは問われてくるかもしれない。だが、それでもこの概念が、田野大輔の言うように歴史実証的に耐えるものではないのだとすれば（田野・小野寺編 2023：五一）、少なくとも歴史・社会分析において通用するものだと考えるのはやはり難しいのではないかと筆者は考える。なお、『エルサレム〈以前〉のアイヒマン』の訳者である香月恵里は、対談記事のなかでシュタングネトが悪の凡庸さについてのアーレントの議論を弁護している点を紹介している（田野・小野寺編 2023：四五）。しかし、シュタングネト自身が史料によって裏づけた上記の点のほうが説得的であり、それを踏まえた擁護になっているとは必ずしも言いがたいのではないか（Stangneth 2013, 5–6）。

（2）アーレントの悪の凡庸さが実際にはいかなるものなのかについては、田野・小野寺の編著（2023）所収の百木漠の論稿が詳しく参考になる。

（3）引用内の［ ］内の文章は、大久保和郎による独語版からの訳である。参考のために載せておくこととした。

（4）ただし、アイヒマンが責任を逃れるために演技していたかどうかまで、ここで判断することはできない。

（5）研究史においては、悪の凡庸さの意義として、アーレントが悪の原因を行為者の悪に満ちた意図や意志によっては捉えられないものとした点が挙げられることが多い（Bernstein 2010 ; Neiman 2010）。しかし、アイヒマンが自身の決定による結果をわかっていた以上、そこに悪意がなかったわけではないと思われる点の扱いについては注意が必要である。

（6）私たちは、日常的に気がつかぬうちにさまざまなバイアスにとらわれがちである。堀内（2022）は、ＡＩを用いたスマートテックが、そうした偏りやバイアスに「気づき」を与えてくれる面を実例とともに示している。

（7）二〇二三年度日本社会学会大会にて筆者の行った報告では（河合 2023）、『支配の諸類型』で挙げられている一〇点に照らし、またロバート・キング・マートンの官僚制の逆機能も含めたより詳細な考察を行った（Merton 1957）。本節は、紙幅の関係でその考察を大幅に縮小して提示したものである。この報告内容については別稿を用意している。

（8）『全体主義の起原』を参照するならば、この点を人格的な支配と捉えるよりも、ヒトラーすらもそこに巻き込まれたイデオロギーとテロルによる運動体と捉える可能性も出てくる。しかし、そのためにはより詳細な検討が必要である。

（9）アーレントが参照していたＲ・ヒルバーグも、ナチス組織がおよそ官僚制的な体系をもたなかったという記述をしつつ、ユダヤ人虐殺をもっぱらの担当とした絶滅機構の構造を官僚制組織として論じている（Hilberg 1997）。

文献

Bauman, Zygmunt（1989）*Modernity and the Holocaust*, Polity.（『近代とホロコースト［完全版］』森田典正訳、筑摩書房、二〇二一年）

Bernstein, Richard. J.（2010）"Are Arendt's Reflections on Evil Still Relevant?," Seyla Banhabib ed., *Poilitics in Dark Times: Encounters with Hannah Arendt*, Cambridge University Press.

Goffman, Erving（1959）*The Presentation of Self in Everyday Life*, Anchor.（『日常生活における自己呈示』中河伸俊・小

島奈名子訳、筑摩書房、二〇二三年）
Hilberg, Raul（1997）*The Destruction of the European Jews*, Revised and update edition, Tuttle-Mori.（『ヨーロッパ・ユダヤ人の絶滅』上・下、望田幸男・原田一美・井上茂子訳、柏書房、一九九七年）
Jalusic, Vlasta（2007）“Post-totalitarian Elements and Eichmann’s Mentality in the Yugoslav War and Mass Killings,” Richard H. King and Dan Stone eds., *Hannah Arendt and the Uses of History: Imperialism, Nation, Race, and Genocide*, Berghahn Books.
Merton, Robert, K.（1957）*Social Theory and Social Structure: Toward the Codification of Theory and Research*, Free Press.（『社会理論と社会構造』森東吾ほか訳、みすず書房、一九六一年）
Mommsen, Hans（1986）“Hannah Arendt und der Prozeß gegen Adolf Eichmann,” Hannah Arendt, *Eichmann in Jerusalem: Ein Bericht von der Banalität des Bösen*, Piper.
Neiman, Susan（2010）“Banality Reconsiderd,” Seyla Banhabib ed., *Politics in Dark Times: Encounters with Hannah Arendt*, Cambridge University Press.
Stangneth, Bettina（2011）*Eichmann vor Jerusalem: Das unbehelligte Leben eines Massenmörders*, Rowohlt Taschenbuch.（『エルサレム〈以前〉のアイヒマン――大量殺戮者の平穏な生活』香月恵里訳、みすず書房、二〇二一年）
――（2013）“Avner Less (1916–1987): Das Verhör von Adolf Eichmann,” *Newsletter,* Haus der Wannsee-Konferenz, 37: 1–12.
Stone, Dan（2010）*Histories of the Holocaust*, Oxford University Press.（『ホロコースト・スタディーズ――最新研究への手引き』武井彩佳訳、白水社、二〇一二年）
Weber, Max（2005）*Max Weber Gesamtausgabe*, Abt. I, Bd. 22–4. Wirtschaft und Gesellschaft. Teilband 4, Herrschaft (MWG I/22–4), J.C.B Mohr (Paul Siebeck).（『支配について』１、野口雅弘訳、岩波書店、二〇二三年）
――（2013）Die Typen der Herrschaft, in *Max Weber Gesamtausgabe*, Abt. I, Bd. 23. Wirtschaft und Gesellschaft. (MWG I/23), J.C.B Mohr (Paul Siebeck).（『支配の諸類型』世良晃志郎訳、創文社、一九七〇年）
河合恭平（2023）「官僚制論を用いた「悪の凡庸さ」概念の批判的考察――直観的な理解を問いなおす」第96回日本社

会学会大会報告原稿
田野大輔・小野寺拓也編（2023）『〈悪の凡庸さ〉を問い直す』大月書店
戸谷洋志（2022）『スマートな悪――技術と暴力について』講談社
内閣府「科学技術基本計画」第5期（2016）内閣府ホームページ（https://www8.cao.go.jp/cstp/kihonkeikaku/5honbun.pdf　二〇二四年八月一四日閲覧）。
堀内進之介（2022）『データ管理は私たちを幸福にするか？――自己追跡《セルフトラッキング》の倫理学』光文社

13

スマート社会と技術の創造性

技術のスマートさとガジェット性

村田純一

著作『スマートな悪——技術と暴力について』（戸谷 2022）のなかで、戸谷洋志氏は、わたしたちが何らかの問題解決に当たり、人工物や人工システムを技術的に製作し、使用する場合、少なくともその技術が成功したとみなされる限り、余計なことに煩わされず、既存のシステムに最適化する傾向が含まれていることを指摘し、その特徴を技術のスマートさと呼んでいる（戸谷 2022：四三以下）。

他方で、このスマートさは不可避的に、システムの閉鎖性を強化し、技術の使用者に、他の可能性を排除する暴力に加担させるような傾向（スマートな悪）を含んでいる。戸谷氏によると、スマートな悪とは「人間がテクノロジーのシステムに自ら最適化することで、システムの「歯車」となり、責任の主体としての能力を失い、無抵抗なまま暴力に加担してしまう悪のあり方である」（戸谷 2022：一二一—一二二）。そして、そうした悪に陥らないためには、スマートな技術に代わって、ほかのシステムへの開放性をもたらすガジェット性をもつ技術のあり方に沿った設計を目指すべきだと主張する。

わたしの戸谷氏への質問は、スマート性とガジェット性という二つの性格は、対立し、相互排除するのか、それとも、どんな技術にも両方の性格が備わっていると考えられるのか、という点である。スマート技術とガジェット技術との関係をどのように考えたらよいのか、という点である。

わたしの提案は、二つの技術があるのではなく、どんな技術もスマートさとガジェット性に対応する二面を備えている、というものである。この二つの矛盾したようにみえる特徴を結合させることが、技術の創造性をもたらすのであり、この創造性に「うまく（状況を改善するように）」付き合うことで、新たな人工物やシステムが生まれるのではないだろうか。それゆえ、もしスマート社会がスマートさのみを実現する技術によって作られているとすると、そのような社会は技術の創造性がすべて否定されるような社会ということになるだろう。

以下では、筆者が以上のような技術についての考え方をもつきっかけとなった最近の技術哲学の議論を振り返りながら、技術に備わる最も重要な特徴である創造性について考えてみることにしたい。

1　技術の多次元性——技術決定論と社会構成主義

わたしたちが技術についてイメージする場合、まわりのさまざまな要因から独立に、自立的、自律的に働き続ける機械のような存在を思い浮かべることが多いのではないだろうか。そうした前提のもとで、新しい技術が社会のなかに登場することによって、社会のあり方が大きく変化する、という言い方がしばしばなされてきた。哲学の世界でも、技術と社会との関係をこのように理解する見方を前提したうえで、技術は人間社会のあり方を決定するという決定論的な見方が大きな影響力をもってきた。加えて、そうした技術と社会の関係を肯定的に評価するのか（楽観論）、それとも否定的に評価するのか（悲観論）に関して議論が分かれてきた。

こうした伝統的な見方に代えて、一九七〇年代頃から、社会構成主義、あるいは、アクターネットワーク理論などと呼ばれる見方が登場し、決定論を根本的に批判する議論を展開しはじめた。それらの見方では、出来上がってブラックボックス化し自立的に機能するようにみえる技術を前提するのではなく、技術が設計され、製作され、そして使用に供されるに至る過程に注目し、いわば「作られつつある技術」に眼を向ける必要性が強調される。そして、具体的な成立過程のなかでは、たんに効率性や技術的合理性のみではなく、社会的、文化的、さらに政治的、あるいは自然的な要因が影響していることを明らかにすることが試みられた。戸谷氏の言い方を用いると、製作過程では、たんに既存のシステムに「最適化」するスマートさのみではなく、多様な要因が働いていることが明らかにされたのである。

社会構成主義者たちが行った事例分析のなかでもっとも有名なのは、十九世紀後半にみられた自転車の発明の歴史に関するものである。最初はごく単純な二輪車から出発した自転車の発明の歴史は、十九世紀の後半から末にかけて、実に多様な展開を示すことになった。すなわち、前輪の大きなもの、逆に後輪の大きなもの、空気タイヤを用いるもの、用いないもの、チェーンを用いるもの、用いないものなど、ありとあらゆる型が作られては消えていった。

こうした歴史のなかで、最初に一世を風靡したのは、前輪が後輪に比べて極端に大きなペニーファージング（Penny Farthing）と呼ばれた型だった。この型は、前輪にペダルがついており、座りながらこのペダルを漕ぐために、座席は極端に高い位置にあった。そのために、乗り降りが大変不便だが、一旦漕ぎ出すと高速を得ることができるために、おもには若い男性が移動の速さを楽しむ一種のスポーツないしレジャー用に使用するものとして人気を博した。それに対して、しばらくすると、若い男性のみならず、老人や、とりわけ女性たちが用いるのに便利な自転車が製作されるようになった。この種の自転車は、前輪と後輪は同じ大きさであり、チェーンと空気タイヤを用いる型のもので、現在の自転車の型に近いもので「安全自転車」と呼ばれた。この型を使った自転車は、特に、当時、参政権の獲得運動を行っていた女性を中心として、女性解放運動に従事する女性たちにとって、女性解放のシンボル的存在として広がった（ロス 2023）。

このような意味で、自転車の発明の歴史は、自転車とは何かに関する解釈の争いの歴史だったということもできる。現在では、だれも、自転車を見て、それが、女性解放の役割を担った技術であるとは思わないかもしれない。現在の型はそれだけ自明視され、ブラックボックス化されている。にもかかわらず、どれだけブラックボックス化されていたとしても、それが解釈の争いの結果であるという点で、解釈の柔軟性を帯びていることを忘れることはできないのである。技術的合理性や効率性、そしてスマートさという技術の論理は、一見するとどんな解釈とも無縁に貫徹する技術的論理のように思われるかもしれないが、決して解釈の柔軟性と原理的には無縁ではないのであり、その意味で、技術の具体的な成立過程のなかでは、変化の可能性と偶然性を排除しうるものではないのである。

以上の事情を戸谷氏の言葉を借用して表現すると、自転車のようなシンプルな人工物の設計、製作、使用の過程も、決して既成のシステムへの最適化のみに方向づけられて進むのではなく、多様な関心や価値観をもつ社会グループの影響を受けながら、多様な方向へガジェット的に進んでいくものなのである。戸谷氏は、スマートさのみを追求する技術のあり方を、ハイデガーの「集 - 立（Ge-stell　総かり立て体制）」やアンダースの「機械の原理」などを引き合いに出して論じているが、これらの見方はどれも、すでに出来上がった技術を前提とした一種の技術決定論の枠組みにもとづく一面的な見方ということができるのではないだろうか。つまり、新たな人工物やシステムの形成過程に寄与するガジェット性を排除した技術のあり方のみに焦点が当てられているのではないだろうか。

2 技術の創造性——作られたものから作るものへ

技術が社会のあり方を決定するという見方が一面的であることを批判するのが社会構成主義だからといって、この見方は、今度は逆に、社会のあり方が技術のあり方を決定するという点のみを主張するというわけではない。社会構成主義という言葉を聞くと、社会のあり方によって、技術のあり方が「構成」されるとみなす見方のように思われるかもしれないが、そうではない。

もちろん、必要は発明の母、という言葉があるように、何らかの社会的必要性を出発点にして新たな人工物が製作される場合も多々あるだろう。しかし、多くの場合は、作られた人工物が必要とみなされるには、さまざまな前提が満たされていなければならない。

例えば、馬車より速い乗り物として自動車の必要性が認められるには、自動車が社会のなかで一定程度普及し、自動車の通れる道路が整備されるようになっていなければならない。少なくともこのような条件が整うまで、馬車より速い乗り物の必要性という言葉は現実的な意味をもちえなかったであろう。この点を強調するなら、必要が発明の母ではなく、むしろ、発明が必要の母というべきなのである。

以上のような事情は、技術的製品の製作過程にとって、使用がもつ役割の重要性を示唆している。

技術的人工物の成立過程の理解の仕方として、もっとも一般的なものは、製作者ないし設計者、あるいは発明家を中心に据える見方である。すなわち、最初に、設計者ないし製作者が作られるべき人工物のアイデアを思いつき、それにもとづいて、設計図を書き、材料や道具を集め、製作を開始する。そして試作品ができたところで、それを試用してみて、その結果を受けて改良し、目標としての人工物を完成させ、最後に、使用者の手に渡す、といった順序で進んでいくと考えるような見方が広くみられる。

このような製作過程の理解の仕方は、プラトンのイデア論やアリストテレスの形相論のモデルになったものでもあり、長い歴史をもっているが、他方で、さまざまに批判されてきた。

技術哲学者のD・アイディは、こうした見方を「設計者をもとにする誤謬（Designer Fallacy）」と呼んで批判している。アイディによれば、実際の設計、製作過程は、設計者に浮かんだアイデアを出発点にして順序良く進んでいくわけではなく、設計者と材料、その時々の状況、そして使用者などの間で生じる相互作用を通して実現されるものであり、決して一次元的、直線的に進んでいくわけではない。

しかも使用過程を含んで実現される製作過程は、必ずしもいつも成功をもたらすわけではなく、むしろ失敗の繰り返しというべきことが多いのである。さらには、まさに失敗によって、思ってもみなかった成功事例が生み出されることも珍しくはない。

たとえば、アメリカの3M社では、強力な接着剤を製造することが仕事の中心だった。ところがあるとき、はがれない接着剤ではなく、簡単にはがれてしまう接着剤が試作品として作られてしまった。まったくの失敗作だったが、製作者の一人は、たまたま、その接着剤を付けた紙をしおりとして用いると、書物を汚さずに目印として使えることに気づいた。少なくともこれが、付箋（post-it）発明の第一歩であった、といわれている。製作過程に登場した作られたものが、本来目指す方向に対して抵抗したため、製作は失敗となったが、その代わりに、まさに失敗したことによって、新たな成功をもたらす人工物が生み出されたのである。技術的製作過程では、この意味で、作られたものが作るもの、すなわち製作者を否定することから、新たなものが作られるということもある。西田幾多郎の言葉を使うと、否定を介した「作られたものから作るものへ」という過程こそが製作の創造性をもたらすのだとも言いうるのである。

西田によると、この「作られたものから作るものへ」という創造過程の論理は、因果論によっても、目的論によっても説明できない独特のものであり、しかもそれがわたしたちの生きている歴史的世界を創造的に形成する根本原理となっているとみなされる。西田はまた、この作られたものから作るものへという論理で成立する歴史的世界のあり方を「矛盾的同一性」とも呼んでいる。失敗を介して新たな人工物が生み出される過程などは、まさに「矛盾的同一」の世界の典型例のひとつではないだろうか。この点からみると、技術によって成立する歴史的世界は異質なものを排除して首尾一貫した論理が貫徹するスマートな世界とはまったく異なった論理が働く世界ということになるだろう（西田 1949：九以下参照）。

3　スマート社会と技術の創造性

本論では、最初の箇所で、技術のスマートさとガジェット性の関係をどのように考えるべきか、という問題設定を行った。この問題設定の表現の仕方は、戸谷氏自身の言葉遣いに従ったものであるが（一七二）、別の箇所では、戸谷氏は、最適化されるのはテクノロジーの性能ではなく、「仕組み」すなわちロジスティクスであり、したがって、「スマートさとはロジスティクスの最適化である」（四六）と述べている。

本論では、人工物であれ、システムであれ、技術によって作られ使用される対象について、使いやすく、「賢い」とみなしうるものであれば、すべてスマートであるとみなしてきたので、あまり細かい区別にはこだわらないことにしたい。ただし、これまでは、おもに人工物を例に挙げてきたので、次には、戸谷氏がロジスティクスの最適化の例として取り上げている満員電車の事例を考えてみたい。

❶満員電車の暴力、あるいは、技術と政治

戸谷氏によると、「満員電車は効率的に配置された都市のシステムによって要求される機能であり、そのなかで暴力が蔓延する」(一三八)現象である。だからこそ、人びとは都市システムに最適化しようとして発生する満員電車での暴力に加担しながら、それを仕方ないものとして受け入れているとみなされる。しかし、はたして以上の点から満員電車の暴力はスマートな悪といえるだろうか。ここには論理の飛躍があるのではないだろうか。というのも、満員電車はどう見てもスマートではない現象に思われるし、むしろ都市のシステムにとってスマートな仕方で解決されるべき現象のように思われるからである。

戸谷氏自身も以下のように述べて、こうした反論の可能性を認めている。

「そもそも満員電車はスマートなソリューションによって解決されるべき社会課題である、ということだ。たとえば、イギリスではビッグデータとAIを活用して、乗客の移動をリアルタイムで把握し、人員や車両の分配を最適化することで、満員電車の発生を抑制するシステムが開発されている」(一三八―一三九)。

もし技術論の観点を一貫させるのであれば、こうした解決法が示す「スマートさ」の特徴や問題点などが議論の対象になってもよさそうである。しかし、戸谷氏はこうした方向へは進まずに、以下のように述べる。

「しかし本書が述べようとしているのは、そうしたことではなく、むしろスマートな悪が今日においても息づいており、現在進行形で、わたしたちを脅かしているということにほかならない」(一三九)。

たしかに、戸谷氏が章末で述べているように、「こうした暴力性に対して無自覚であり、絶え間ない自己批判を怠る」（一三九）からこそ、日本では、満員電車が長い間当たり前の日常の一齣として受け入れられてきたのであり、その異常さを十分意識することもなく、変革の試みは進まないできた。

それでは、「絶え間ない自己批判」はどのような仕方で可能なのだろうか。そもそもこの場合の「自己」とは、誰、ないし、何が意味ある仕方で担いうるのだろうか。

まず気がつくのは、戸谷氏が述べているように、すべての勤労者が定刻に勤務先に集合することを自明視した社会システムへの最適化が満員電車における暴力の背景にあるとするなら、この社会システムの変革が問題となるだろう。

したがって、自己批判は、たんに電車の運行システムの最適化のみならず、背景となっている都市の社会システム全体の変革に結びつくようなものでなければならないはずである。

ここでヒントになるのは、コロナ禍によって期せずしてオンライン会議やインターネットを使った在宅勤務などの普及によって、満員電車という現象が一時的にではあれ、緩和されたことである。つまり、別の形態の社会システムが垣間見られたということができるだろう。換言すると、コロナ禍という特別な事態が発生することによって、満員電車の技術的解決の試みは、電車の運行システムの改善という枠を越えて、社会システム自体の変更を問題にする可能性が垣間見られたというわけである。そして、社会システムの変更は技術と同時に政治の中心課題のひとつである。したがって、技術を含む社会システムの変更に関して議論できる政治的な公共空間こそが、不断の自己批判がなされねばならない場所だということになるだろう。

ここで注意しなければならないのは、社会システムの変更は政治の課題だといったときに、社会も政治も技術と無関係に考えられてはいないという点である。上記のコロナ禍での経験が社会システムの変更可能性へとわたしたちの眼を向け変えさせたのは、すでに、インターネットなどの技術システムが広く使われていたからであり、変更を求められているのは、技術を含んだ社会／技術システムであり、政治の課題は、この複合的なシステムの変更である。したがってこの場合の政治的な公共空間のなかには、新たな技術開発の仕事も不可欠なものとして含まれていなければならない。つまり、新たな社会システムの形成はつねに同時に技術の創造性を前提として成り立つものなのであり、それゆえ、問われているのは新たな社会／技術システムなのである。スマートな悪に対抗するために必要なのは、戸谷氏が強調するような個人の「思考」と「責任」のみならず、むしろ、技術的・政治的な問題を討議、研究するような公共空間でなければならないのではないだろうか。つまり、「思考」は製作に関与する技術的なものでなければ責任は果たせないのではないだろうか。

システムの閉鎖性と開放性について、もう一点だけ付け加えておきたい。

コロナ禍によって、都市システムが部分的に麻痺したことは、このシステムが完全に閉じられたものではなく、ウイルスの進入に対して脆弱であることを示している。現実の都市システムは、サイバー空間に位置するモデルとは違って、自然のなかにあり、ウイルスの進入のほか、地震・台風などの災害に対しても閉じられてはいない。どれほどスマート化されても、わたしたちが現実の世界に生きているかぎり、こうした予期せぬ出来事の襲来を避けることはできないのである。

そしてまさにこうした感染症、地震、台風など、多くの災害に襲われる可能性があるということが意味しているのは、都市の社会システムは予測不可能な他なるものに開かれたシステムであるという点で、いわば、ガジェット的性格を不可避的に帯びているということである。そのように言うことも不可能ではないだろう。社会システム自体が自然システムとの結びつきを完全に切断することはできない以上、ガジェット的性格をもたざるをえないのである。

❷人工物のガジェット性と設計の倫理

ここまで、どんな技術（システム）もスマートさとガジェット性を備えているという考え方を、戸谷氏の議論も借りながら述べてきた。他方で戸谷氏自身は、システムの閉鎖性に抵抗する技術の可能性を示すために、ガジェット性を取り上げながら次のように述べる。

「筆者は次のようなアイデアを提示したい。すなわち、わたしたちは自らもまたガジェットとしてシステムに帰属するべきである」（一七三）。

そして、われわれがガジェットになることの具体例として「ガジェット性を規準にして人工物をデザインする」（一八三）という設計の指針を提案している。

この指針のもとでは、「これがあればいろいろなことに活用することができる」、「使う人のアイデア次第でまったく違った可能性が開かれる」ことが、ガジェット性に照らしあわされたときに優れた技術の価値になる」（同前）といわれている。

ここで強調されているのは、人工物の製作過程は、製作者で終わりではなく、使用者による多様な使い方にまで続いているという点である。しかしこの点に関しては、本論ではすでに前節で「設計者をもとにする誤謬」といった言葉とともにどんな技術に関しても成り立つことを確認した。したがって、戸谷氏が使用者の役割重視という設計の指針をガジェット性の原理として取り出したことは、新しい原理を提起したというより、どんな技術にも属している特徴にあらためて光を当てたと考えることができるだろう。

以上、本論の最後にあたり、最初に述べた、技術におけるスマートさとガジェット性の不可分性という見方を再確認することになった。

以下残りの部分で、ガジェット性を重視する設計についての考え方のいくつかの具体例を参照することによって、本論のテーゼから導かれるいくつかの含意を垣間見て、議論を閉じることにしたい。

(a) 参加型のデザイン

イタリアの設計者エッツィオ・マンツィーニの考え方を受け継いだオランダの技術者集団「エターナリー・ユアーズ（Eternally yours）」の技術者たちは、技術的製品の製造によって生じる環境負荷を減らすために、使用者が製品を使用可能な段階で廃棄することなく、できるだけ長く使えるようにする設計を目標に据えた。具体的には、製品の使用者が愛着を持つように工夫する。修理やアップグレードのサービスが手軽に利用できるようにするほか、製品に使われた素材の特質を生かして、使うと古びてしまうのではなく、新たな魅力を発揮できるようにすることなどが考えられる。また、スベン・アドルフによって設計された参加型のセラミックヒーターなどが知られている。このヒーターの発熱体は、高さの違う何本かの円筒形のセラミックの覆いによって囲まれており、覆いの位置は変えられるようになっている。したがって、どの方向へ熱を放射するかに関して、使用者は、状況に応じて工夫しなければならない。つまり、このヒーターの使用者は、スイッチを入れるだけではなく、その機能に参加しなければうまく使えないようになっている。これらの事例が示しているように、技術的製品は世話を必要とする植物のようにみなさねばならないと同時に、使用者の人生のパートナーという意味をもつようになることが目指される（詳しくは、フエルベーク 2015：一七一以下参照）。

ⓑユニバーサルデザインからのヒント

ユニバーサルデザインは、デザインの公平性や柔軟性という理念を掲げているが、現実に起こる事態は多様であり、つねにその理念を実現できるわけではない。したがって、設計者と使用者との間での相互作用を通して、不断に製品を改良していく開かれた設計プロセスが不可欠となる。しかも改良の対象は、設計された人工物の利用者（障碍者）にとってのスマートさのみではなく、社会を構成する人々による障碍者への対応の仕方の改善を不可欠に含むことによって、人々の生き方を含む倫理の問題へも関係することになる。これはすなわち、使用者は同時に設計者であるということを意味しており、ユニバーサルデザインにおけるこの設計の考え方は、先にあげた参加型のデザインとも共通している。

ⓒ事故と災害の不可避性

技術的人工物は、どれほど注意深く作られたものでも、実際の使用での失敗や事故の可能性を完全に排除することはできない。先にみたように、技術システムとして成立している社会システムの場合も、他者である自然システムと切り離すことはできない。したがって既成のシステムへ最適化するスマートな社会であっても、この意味では、事故や災害の起こる可能性は不可避とみなして、安全に関して不断に点検と改良を重ねることが不可欠になるだろう。この意味で、技術的人工物の設計は、つねに予期しえないものを予期するという、いわば矛盾した活動であるという面を不可避的にもつことになる。こうした事態を念頭に置いてのみ、設計の倫理は可能なのである。

本論の最初に確認したように、わたしたちは、何らかの問題を前にした場合、問題を解決するために作られた人工物や人工システムを使って解決を図り、そのスマートさを享受する。しかしこの享受の過程は、同時に、既存の社会のあり方への最適化の過程であり、社会のあり方の閉鎖性を強化し、他の可能性を排除する暴力に加担しているかもしれない。この最初に確認した議論の出発点に対して、ここまでの議論によって何が言えるようになったのだろうか。あえて一点のみを繰り返しておきたい。

わたしたちの多くは、技術的製作物の使用者であるが、技術の使用は、決して、設計や製作過程から切り離されているのではなく、むしろ製作過程の不可欠の一要素なのである。この点にこそ、わたしたちの思考すべきことと責任の起源があるのではなかろうか。

文献

Ihde, Don (2008) *Ironic Technics*, Automatic Press, VIP.
フェルベーク、ピーター＝ポール（2015）『技術の道徳化』鈴木俊洋訳、法政大学出版局
ラトゥール、ブルーノ（1999）『科学が作られているとき――人類学的考察』川崎勝・高田紀代志訳、産業図書
ロス、ハナ（2023）『自転車と女たちの世紀――革命は自転車に乗って』坂本麻里子訳、Pヴァイン
戸谷洋志（2022）『スマートな悪――技術と暴力について』講談社
西田幾多郎（1949）『西田幾多郎全集』第9巻、岩波書店

おわりに

橋爪大輝

矢野久美子は、3・11から約一年経つ二〇一二年三月に掲載した「いま日本でアーレントを読むということ」という論考を、前年一二月にドイツで上梓されたばかりの『アーレント・ハンドブック（*Arendt Handbuch*）』（Heuer et al.（Hrsg.）2011）の紹介から書き起こしている（矢野 2012：二七）。矢野は、「遺稿をふくむアーレント著作集」の出版が迷走し、「共通の典拠となる全集がない」状況のなかでの『ハンドブック』の公刊には大きな意義があると述べる。すでに『ハンナ・アーレント批判版全集』の出版が開始され、四冊が刊行されている現時の状況に照らせば、その意義づけそのものがひとつの時代のドキュメントとなっているが、その点は措こう。矢野は、けれども、とことばを接ぐ。とりわけ3・11を経たこの国でアーレントを読むとき「惜しまれることがある。それは『ハンドブック』の事項のどの部分にも、アーレント思想における「技術」の問題に関する論稿、それに準ずる解説が入らなかったことだ」（二八）。

たしかに『ハンドブック』の目次に「技術」や「テクノロジー」の項目は見当たらない。こうした状況はその他の基本的概念を扱った論集でも同様である。*The Cambridge Companion to Hannah Arendt* (Villa ed. 2000) や *Hannah Arendt: Key Concepts* (Hayden ed. 2014)、*The Anthem Companion to Hannah Arendt* (Baehr and Walsh eds. 2017) と目を移していっても、少なくとも目次に徴するかぎり、「技術」や「テクノロジー」を主題的に論じた章は見当たらない。*1「アーレントの技術・テクノロジー論」を主題とした論文集も管見のかぎり存在しない*2(個別の論文はもちろん存在するとしても)。ある研究の意義を称えることばとして、「研究史上の落丁を埋める」という「決まり文句《ストック・フレーズ》」が用いられることがあるが、こと「アーレントの技術論」という領域にかんしては、文字通りこの「落丁」という表現が過不足なく当てはまるように思われるのである。

本論集の各論考は、その意味で、従来研究における未踏の領域に光を当てるものである。それぞれの論考が、理論と応用の両面においてさまざまなテーマを取り扱ってきた。「宇宙開発」「人間本性の変容」「デジタル」「原発」「AI」「人工妊娠中絶」「出生前診断」「農業技術」「スマート社会」……。それぞれの論点については各論で十分論じられたので、ここでそれらを蒸し返すことは屋上屋を架すに等しいだろう。ここでは本書全体の議論を踏まえて、全体として見えてきたことはなにかということを簡単に考察したい。

＊

本論集を通して見えてきたのは、アーレントにおいて技術論はけっして〝傍流〟に位置づけられるものではなく、中核的な意義を有している、ということである。では技術論は、いかなる理論的必然性によって、彼女の思想のうちに位置をもつことになったのだろうか。——その答えは、彼女の人間観にあるように思われる。

本書のなかでは渡名喜執筆の第2章において詳細に検討されたとおり、アーレントは主著『人間の条件』で人間の〈本質〉や〈本性〉の定義不可能性を主張し、その代わりに普遍的な〈条件づけられた〉あり方を見出そうとする。[*3]

> 人間の条件は人間本性と同じではない。また、人間の条件に対応する人間の活動性と能力の総計は、人間本性のようなものを構成するわけではない。というのも、私たちが本書で論ずるもの〔労働・仕事・活動〕も、思考や理性のように私たちが省いたものも、たとえ活動性と能力を微に入り細を穿つまで数え上げたとて、それらは、それなくしては人間存在がもはや人間的でなくなるという意味で人間存在の本質的特徴を構成するものではないからである。人間の条件において私たちが想像しうるもっとも根本的な変化は、人間が地球から何らかのべつの惑星に移住することだろう。もはやまったくありえないとはいえないこのような出来事は、人間が人造の条件のもとで生きねばならないことを含意する。つまり、地球が人間に提供するのとは根本的に異なる条件のもとで生きるということである。労働も仕事も活動も、実際私たちの知るような思考も、そうなればもはや意味をなさないだろう。だが、こうした仮説上の地球からの放浪者たちでさえ、なお人間であるだろう。私たちが彼女・彼らの「本性」にかんして述べることができるのは、けれどもただひとつ、彼女・彼らはいまだに条件づけられた存在者であるということだけなのである。たとえその条件がいまやかなりの程度みずから作り出したものであるとしても、である。
>
> （『人間の条件』10：二八、傍点付加）

〈本質〉や〈本性〉ならば、それを除去したときに、人間であることが成立しなくなるような要素ということになる。しかし、現行の人間の条件や活動性が失われたとしても、人間は人間であることをやめはしないだろう。たとえ他なる惑星に移住したとしても、その存在は依然として、異なる条件のもとで異なる活動性を行う「人間」なのである。だとすれば、人間を規定するものは〈条件づけられてあること〉という消極的な規定を措いてほかにない。後年の講演「人間の条件について」（一九六六年）における規定を借りれば、人間とは「定義上そうであるように、条件づけられた存在者」（『手すりなき思考』326）なのだ。

ここで「条件」は、「生命そのもの」や「複数性」といった、ほぼ〝生得的〟なしかたで人間に与えられているものだけではない。「人間は、生命がそのもとで地上において人間に与えられた条件に加えて、あるいは一部はそれらの条件から、みずから作り出した自前の条件を絶えず創造している。それらの自前の条件は、人間的な起源をもち、しかも変わりうるものであるというのに、自然物と同じ条件づける力を有しているのである」（『人間の条件』9：二七）。人間はみずからさまざまな物や制度を作り出す。しかし、それらは〈作られた〉受動的な地位に留まることなく、むしろ〝主体〟的に振る舞い、人間を〈作る〉能動的な働きを為すことになる（この点に、第3章北野論考で参照された三木清や、第13章村田論考で参照された西田幾多郎と通底する要素を見出せるのは興味深い）。ふたたび後年の講演を参照するなら、アーレントはそこで（意外にもサイバネティクスの語彙を肯定的に用いて）こう説明している。

人間はただみずからの環境によって条件づけられるだけではありません。人間が環境を条件づけ、その後、今度は環境が人間を条件づける。この特有のサイクルは——今日「フィードバック」と呼ばれるものですが——人類の歴史全体を通してきわめて明白です。（『手すりなき思考』326）

人間が条件を形成し、条件が人間を成形する——人間はこの〈フィードバック・ループ〉のうちにはまり込んでいる。だとすれば、アーレントが『人間の条件』において、人間の〈本性〉を定めることはできないと述べた理由のいくぶんかも判然とする。この〈フィードバック・ループ〉のなかで、人間そのものがたえず環境を反照し変容する動的過程となるからである。[*4] さらに踏み込んでいえば、この〈フィードバック・ループ〉であることが人間であることだとさえ、言いうるかもしれない。では、この〈フィードバック・ループ〉において、人間が条件づけ／条件づけられる関係項の典型はなんだろうか。——技術こそがそれに他ならないように思われる。

アーレントはつぎのように例示する。「私が幼い子どものころには、馬に引かれた客車がまだ通りを走っていました。自動車が一般的な移動手段になりました。それから飛行機が発明されて、完成されました。私は人生のなかで、これらのかなり異なる条件にとてもうまく、ほとんど摩擦なしに適合してきたのです」（同前）。さきほどアーレントが語っていた「宇宙への進出」は、その極端なかたちのひとつといえる（三浦執筆の第1章を参照されたい）。私たちは技術を生み出し、その技術に適合して変容し、やがてふたたび新たな技術を生み出し、その技術にも適合していく。技術はそのかぎりで、まぎれもなく人間の条件の一部を、それも大きな部分を為すものだと考えられるのである。人間により技術が生成し、技術とともに人間が生成する。

そのように技術を捉えかえすとき、本書の各論考は技術のありようとともに、そのような意味での人間の条件を——ひいては〈人間〉を——浮かび上がらせてきたといえないだろうか。

たとえば農業は自然という条件との関係でもある。齋藤執筆の第9章が示したのは、まさに、自然という条件をある程度改変しつつ、その自然性を破壊しない形でかかわり続ける技法としての農業のあり方だった。他方、農業が養う生命は、人間が人間として生成した最初の時点から、つねに人間の条件であり続けたものだろう。奥井執筆の第7章や大形執筆の第8章は、その「生命そのもの」への技術的介入としての生殖補助医療を思想的に掘り下げるものだった。科学技術の発展が環境倫理や生命倫理という倫理学の新たなフィールドを開示せずにおれなかったのも、それらが人間存在へと跳ね返《フィード・バック》ってきたからだろう。

ところで原発や核技術の脅威は、そうした古来の人間の条件である生命そのものを放射性物質や放射線が毀損するところにある（西谷2009：一八〇以下参照）。3・11の核事故はその脅威を私たちに想起させる一方、仮に事故が起こらないとしても、原発は物としても制度としても、人間の生活を大きく制約する条件に他ならない。宮永執筆のコラムは現代日本という具体的な文脈においてそれを示した。木村執筆の第4章が示したのは、そのような技術が人間を条件づけつつ、ますます人間による制御を難しくしている事情であり、戸谷執筆の第6章はそのような技術をいかに人間的な理解の枠内に取り戻すかという試みを示したといえる。

いっぽう、私たちをとりまく環境としての条件がますます「手触り」を失っているという現実がある。北野執筆の第3章がデジタルなもののあり方を掘り下げて検討するなかでそのことを示し、アルゴリズムが独自の触知可能性を発揮しつつあるという診断を下した。百木執筆の第5章が取り上げたAIもまた、デジタルな存在として、私たちの環境を構成しつつある。戸谷・堀内・河合・村田によるシンポジウムの記録である第3部の各論考は、そのようなデジタルなものと物質的なものが入り混じる現代の条件（「スマート社会」）へ、どのように人間が適合していくべきか（あるいはすべきでないか）の、さまざまな可能性を問うたといえる。

人間の輪郭を実線で描くことはできない。人間は〈人間の条件〉という周縁を細かく描き込むことで、その内側にかろうじて浮かび上がるものだ。だから、現代の人間のありようを問うことは、その人間の条件をなす現代の技術を問うことなくしては、果たされえないのである。

＊

「はじめに」にもある通り、本書は科研費基盤研究(c)「テクノロジー時代の人間の条件――アーレント思想の応用可能性」(JP21K00042)という研究プロジェクトの研究成果であるが、この研究プロジェクトそのものが二〇一七年〜二〇二〇年にわたって実施された科研費基盤研究(c)「ハンナ・アーレント思想の哲学・倫理学的意義の総合的再検討」(課題番号17K02191、研究代表者・三浦隆宏)のいわば〝後継企画〟である。後者は、アーレント思想を哲学・倫理学的観点から問い直す〝基礎研究〟的な性格をもつプロジェクトであり、その成果は『アーレント読本』(二〇二〇年)として、本書と同じ書肆より刊行されている。それにたいし、本書のもととなる研究プロジェクトは、基礎にたいするいわば〝応用研究〟であった。そこで、前科研費のときと同様、本書をプロジェクト全体の成果として公刊するものである。なお本論集の成立にさいしては、前科研費のときと同じく日本アーレント研究会の各位にも非常にお世話になったことを、申し添えておく。

法政大学出版局編集部の郷間雅俊氏にたいへんお世話になったのも、『読本』のときと同じである。氏は、編者たちが繰り出す無理難題(とくに刊行スケジュールについて相当な無理をお願いしたという自覚がある)にも動ずることなく、「では〇〇の時期は××までにしましょう」と涼しい顔で応じ(内心のほどは知れない)、刊行可能なスケジュールを組んで、そのとおりに実現してくださった。心より感謝の意を示したい。ありがとうございました。

注

＊1　ほぼ唯一の例外は――本論集の編者や著者も多くがかかわっているのでいささか手前味噌ぎみだが――『アーレント読本』(日本アーレント研究会編 2020)である。同論集には平川秀幸執筆になる「科学技術」の項目が収められている。

＊2　モノグラフィーもほぼ存在しない状況であったが、二〇二四年一〇月に Mihaely (2024) が出版された。同書は、『人間の条件』の第6章を原典の章立てに忠実に、まえから順番に最終節まで読み解いて解説していくものであり、それほど新規な主張はないように見えるが、技術論、そして『人間の条件』第6章の研究が乏しいなかでは貴重な仕事といえる。

＊3　概念としての(書名としてのではなく)「人間の条件」を主題と据える論文はそれほど多くないなか、Schües (2012) は「条件」概念を細かく検討し、その基本的性格の幾分かを明らかにしている。ただし、シューエスは「条件」を強く「政治的カテゴリー」と読む方針を取っており、筆者はこの方針には賛同しない。

＊4　こうした人間像は、存外マルクス主義的なそれに近いように思われる点も興味深い。たとえば、マルクスから大きな影響を受けているピーター・バーガーの規定を見よ。「社会は一種の弁証法的現象である。その意味は、社会が人間の所産であり、人間の所産以外の何物でもないのだが、しかも社会は、たえず造る者に働き返すということである」(バーガー 1979：四)。私たちとは異なる点だが、バーガーとアーレントのある種の類似性は、林 (2023：三一四、注78) も指摘していた。こうした点に止目するかぎりで、『人間の条件』をマルクス的な「生産」の問題系の換骨奪胎と捉える牧野 (2023) の読みも、一見して思うほど、意外なものではないのかもしれない。彼女は――位置価の正負を逆転させてだが――マルクスの「物化」という概念もおのれのものとしていたのだ。

文献

西谷修（2009）『理性の探求』岩波書店
日本アーレント研究会編（2020）『アーレント読本』法政大学出版局
バーガー、ピーター・L（1979）『聖なる天蓋——神聖世界の社会学』薗田稔訳、新曜社
林大地（2023）『世界への信頼と希望、そして愛——アーレント『活動的生』から考える』みすず書房
牧野雅彦（2023）『精読 アレント『人間の条件』』講談社選書メチエ
矢野久美子（2012）「いま日本でアーレントを読むということ」『国際交流研究』第一四号、フェリス女学院大学、二七—四三頁
Baehr, Peter/Walsh, Philip (eds.) (2017) *The Anthem Companion to Hannah Arendt*. Anthem.
Hayden, Patrick (ed.) (2014) *Hannah Arendt: Key Concepts*. Acumen.
Heuer, Wolfgang/Heiter, Bernd/Rosenmüller, Stefanie (Hrsg.) (2011) *Arendt Handbuch: Leben – Werk – Wirkung*. J. B. Metzler.
Mihaely, Zohar (2024) *Man Confronts Himself Alone: Hannah Arendt and the Entanglements of Science, Technology, Economics, and Politics in Modern Life*. Wipf & Stock. Kindle ed.
Schües, Christina (2012) "*Conditio humana* – eine politisch Kategorie." K.-H. Breier/A. Gantschow (Hrsg.) *Politische Existenz und republikanische Ordnung: Zum Staatverständnis von Hannah Arendt*. Nomos. S. 49–72.
Villa, Dana (ed.) (2000) *The Cambridge Companion to Hannah Arendt*. Cambridge U.P.

人名索引

ア 行

カ 行

サ 行

タ 行

ナ 行

ハ 行

マ 行

ヤ 行

ラ 行

事項索引

あ 行

か 行

さ 行

た 行

な 行

は 行

ま 行

や 行

ら 行

アーレントとテクノロジーの問い

技術は私たちを幸福にするのか？

2025年1月25日　初版第1刷発行

編著者　木村史人／渡名喜庸哲／
戸谷洋志／橋爪大輝

発行所　一般財団法人　法政大学出版局
〒102-0071 東京都千代田区富士見 2-17-1
電話 03(5214)5540 振替 00160-6-95814
組版: HUP　印刷・製本: 日経印刷

Printed in Japan

IS3N978-4-588-13044-1

編著者

木村史人（きむら ふみと）

立正大学文学部哲学科准教授。博士（文学）。著書『「存在の問い」の行方――『存在と時間』は，なぜ挫折せざるをえなかったのか』（北樹出版），共編著『アーレント読本』（法政大学出版局），『ハイデガー事典』（昭和堂）。

渡名喜庸哲（となき ようてつ）

立教大学文学部教授。博士（パリ第7大学）。著書『レヴィナスの企て』（勁草書房），『現代フランス哲学』（筑摩書房），『レヴィナス 顔の向こうに』（青土社），共編著『カタストロフからの哲学』（以文社）ほか。

戸谷洋志（とや ひろし）

立命館大学大学院先端総合学術研究科准教授。博士（文学）。著書『ハンス・ヨナス 未来への責任』（慶應義塾大学出版会），『スマートな悪』『生きることは頼ること』（講談社），『原子力の哲学』『未来倫理』（集英社）ほか。

橋爪大輝（はしづめ たいき）

山梨県立大学人間福祉学部准教授。博士（文学）。著書『アーレントの哲学――複数的な人間的生』（みすず書房），共訳書『メタヒストリー』（作品社），『ハンナ・アーレント――〈世界への愛〉の物語』（みすず書房）ほか。

著　者（章順）

三浦隆宏（みうら たかひろ）

椙山女学園大学人間関係学部准教授。博士（文学）。著書『活動の奇跡――アーレント政治理論と哲学カフェ』（法政大学出版局），共著『〈悪の凡庸さ〉を問い直す』（大月書店），『生きる場からの哲学入門』（新泉社）ほか。

北野亮太郎（きたの りょうたろう）

立教大学大学院博士後期課程。論文「アーレントにおける「仕事」の活動力を通した公的領域形成の可能性――モニュメントの実例検討を通して」（『境界を越えて――比較文明学の現在』第24号）ほか。

宮永三亜（みやなが みあ）

京都大学大学院人間・環境学研究科博士後期課程。論文「アーレントの科学技術論――『革命論』における専門家主導の肯定について」（『社会システム研究』第27号）ほか。

百木　漠（ももき ばく）
関西大学法学部准教授。博士（人間・環境学）。著書『アーレントのマルクス』（人文書院），『嘘と政治』（青土社），訳書『ハンナ・アーレント，三つの逃亡』（みすず書房），共訳『アーレントと黒人問題』（人文書院）ほか。

奥井　剛（おくい ごう）
神戸大学人文学研究科特命助教。博士（総合学術）。著書『ハンナ・アーレントの政治哲学の射程――開発という活動の再考に向けて』（春風社），共著『実践する総合生存学』（京都大学学術出版会）ほか。

大形　綾（おおがた あや）
日本学術振興会特別研究員（RPD）。博士（人間・環境学）。共著『アーレント読本』（法政大学出版局）。共訳書『アーレント＝ショーレム往復書簡』（岩波書店），『アーレントと黒人問題』（人文書院）ほか。

齋藤宜之（さいとう よしゆき）
中央大学兼任講師。博士（哲学）。共著『3STEP シリーズ 5　倫理学』（昭和堂），『アーレント読本』（法政大学出版局），論文「農業とはいかなる営為なのか」（『環境倫理』第 3 号），共訳：『環境正義』（勁草書房）ほか。

堀内進之介（ほりうち しんのすけ）
立教大学特任准教授。博士（社会学）。著書『データ管理は私たちを幸福にするか？』（光文社）・『人工知能時代を〈善く生きる〉技術』（集英社），『善意という暴力』（幻冬舎），『知と情意の政治学』（教育評論社）ほか。

河合恭平（かわい きょうへい）
大正大学准教授。博士（学術）。共著『アーレント読本』（法政大学出版局），『モビリティーズのまなざし』（丸善出版），論文「H・アーレントのアメリカ革命論と黒人差別の認識」（『社会思想史研究』第 38 号）ほか。

村田純一（むらた じゅんいち）
東京大学名誉教授。著書『知覚と生活世界』（東京大学出版会），『色彩の哲学』『「わたし」を探険する』（岩波書店），『技術の倫理学』（丸善出版），『味わいの現象学』（ぷねうま舎），『技術の哲学』（講談社学術文庫）ほか。

アーレント読本
日本アーレント研究会 編 …… 3200円

ハイデガー読本
秋富克哉・安部浩・古荘真敬・森一郎 編 …… 3400円

続・ハイデガー読本
秋富克哉・安部浩・古荘真敬・森一郎 編 …… 3300円

レヴィナス読本
レヴィナス協会 編 …… 3100円

サルトル読本
澤田直 編 …… 3600円

メルロ＝ポンティ読本
松葉祥一・本郷均・廣瀬浩司 編 …… 3600円

ミシェル・アンリ読本
川瀬雅也・米虫正巳・村松正隆・伊原木大祐 編 …… 3100円

リクール読本
鹿島徹・越門勝彦・川口茂雄 編 …… 3400円

ベルクソン読本
久米博・中田光雄・安孫子信 編 …… 3300円

新・カント読本
牧野英二 編 …… 3400円

ライプニッツ読本
酒井潔・佐々木能章・長綱啓典 編 …… 3400円

＊

表示価格は税別です